학생 삶을 가꾸는 수업

학생의 기초소양과 성장을 이끄는 수업 원리

에듀니티

학생 삶을
가꾸는 수업

학생의 기초소양과 성장을 이끄는 수업 원리

에듀니티

온 세상이
풍성한 배움의 네트워크로
연결되어가는 신세계

이혁규 | 청주교육대학교 총장

나는 수업 비평가로서 좋은 수업 이야기를 접할 때마다 무엇과도 비교할 수 없는 행복감을 느낀다. 이 책을 읽는 동안에도 행복 바이러스에 감염되었다. 수업 이야기를 간접적으로 읽는 내가 그럴진대 실제 수업 현장에 있었던 교사와 학생들은 얼마나 아름다운 성장을 경험했을까? 궁금하다면 독자들도 책을 탐독해 보시기를 권한다. 이 책은 총 3부로 구성되어 있는데, 모든 내용이 한국의 수업 실천이 얼마나 풍성해지고 있는지를 여실히 보여준다. 내가 보기에 이 책을 관통하는 핵심어 중 하나는 '삶을 가꾸다'라는 말이다. 흔히 학교 교육을 비판하는 사람들은 배움과 삶이 유리되어 있다고 비판한다. 사실 거기에는 얼마간의 이유가 있다. 사물과 세상의 복잡성만큼 지식도 추상화되고 난해해질 수밖에 없기 때문이다. 학문의 분화와 전문화도 지식과 삶과의 거리를 확대한다. 이로 인해 점점 더 많은 학생이 배우는 것이 어렵고 싫다며 도피하는 문제를 해결하는 것이 오늘날 공교육이 안고 있는 무거운 과제이다. 그런데 이 책의 저자들은 이 과제들을 훌륭하게 해결하고 있다. 뛰어난 학자들이 현실의 복잡성에서 추상적인 원리와 규칙을 찾아내는 사람들이라면 뛰어난 교사들은 그것을 다시 학생들이 이해하고 탐구하고 체험할 수 있는 현상으로 되돌려놓는다. 학생들은 그곳으로 초대되어 풍성한 성장을 경험한다. 거기서는 분리된 지식과 경험들이 다시 통섭의 옷으로 갈아입고, 교실, 학교, 마을과 세계가 거대한 배움터로 탈바꿈한다. 이 책에 담긴 새로운학교네트워크 선생님들이 창조해가는 세계는 온 세상이 풍성한 배움의 네트워크로 연결되어가는 신세계이다.

교사 삶의 미학은 바로
'좋은 수업'

이수광 | 전 경기도교육연구원장

'좋은 수업'은 모든 교사들의 비원悲願이자 미완의 과제다. 표준 경로가 없는 탓이다. 왜 아니겠는가? '기본값이 서로 다른 존재'들의 널뛰는 마음과 되튀는 행동을 품어가면서, 학생들을 '이전에 전혀 감각하지 못했던 세계'로 안내해야 하니 말이다. 나아가 '좋은 수업'이 지향하는 종착점은 '공동적 삶의 구성'이다. 그렇다 보니 '좋은 수업'을 고민하는 교사들은 자기 인식과 실제 삶 사이의 긴장 관계에 노출된다. '좋은 수업'을 기획하고 실천하는 과정은, 교사들에게는 그 자체로 '교육적 곤혹'이다. 육체적·심리적·정서적·실존적 스트레스가 동반되는 과정이다. 그렇기에 '좋은 수업'은 미완의 영역이다. 그럼에도 역설적으로 교사 삶의 미학은 바로 '좋은 수업'을 위한 실천 노력에 있다. 이 책의 저자들이 구체적 질감으로 그 미학의 진수를 잘 보여준다. 기능·인력·경쟁 담론이 판치는 '교육적 우울'의 시대에, 이 책이 부디 학교 혁신의 밑돌 구실을 하길 기대한다. 저자들의 고민과 질문이 동료 교사들 사이에서 순환되고 토론되면 좋겠다. 그리고 교육혁신의 최일선에서 분투하는 새학교넷의 다음 기획서가 기다려진다. 바라건대, 선택적 무지selective choice 혹은 전략적 무지strategic ploy의 영역으로 쪼그라들고 있는 존엄교육, 인간교육, 혁신교육, 생태교육, 공화교육 등의 인식 창을 더 활짝 열어가길 기원한다. 파문의 진원지가 그리운 시절이다.

장인의 수작업과도 같은 수업

정바울 | 서울교육대학교 교수

이 책은 새로운학교네트워크(이하 새넷)에서 펴낸 네 번째 책입니다. 드디어 수업 이야기책입니다.

이미 서점 서가에 마치 '자기계발서'를 닮은 듯한 현란한 제목과 멋진 표지를 뽐내는 수업 관련 책들로 넘쳐납니다. 그런데 수업에 대한 책 한 권 더 보태는 것은 무슨 의미가 있을까? 하는 의구심이 드실 수도 있을 것입니다. 하지만 이 책은 그런 책들과는 조금 다른 책입니다. 왜냐하면, 이 책은 지난 20년간 교육운동을 해 온 새넷 선생님들의 눈물겹고 치열한 교육운동과 학교 혁신의 삶 그 자체에서 증류되고 응축되어 나온 수업 이야기이기 때문입니다.

새넷 선생님들은 우리나라의 척박한 교육 지형에서 자생적 교사 주도의 학교 혁신이라는 커다란 물길을 열었으면서도, 나로서는 도저히 이해할 수 없는, 수업에 대한 '근원적 자괴감'을 느꼈습니다. 또한 수업이 달라지지 않는다면 결국 교육운동도 끊임없이 변죽만 울리는 것에 지나지 않는다는, 내가 보기엔 완벽주의자의 편집증에 가까운 '의구심'을 품고 있었습니다.

이러한 실존적 고뇌를 공유하는 전국 새넷 선생님들의 고군분투한 산물이기도 한 이 책의 1부에서는 새넷의 교육운동 철학과 교육원리에 입각한 교육과정과 수업의 방향성에 대해 소개합니다. 2부와 3부에서는 이러한 새넷의 철학과 원리가 초등, 중등 수업 실제에서 구현하려고 했던 애타는 노력과 끝없는 서성임의 자취를 입체적으로 그려주고 있습니다.

수업 관련 책의 홍수 속에서도 이 책은 비록 투박하지만 결코 그 가치가 반감될 수 없는, 아니 그래서 오히려 더 깊은 울림이 있는 장인의 수작업과도 같은 보기 드문 책입니다.

교사다움을 찾아가는 교사됨의 기록

김주석 | 남한산초등학교 교장

모든 교사의 소망은 소박합니다. 아이들이 착하고, 참되게 자라길 바라고, 교사로서 사람답게 기르는 교육을 하는 데 보람을 느낍니다. 세상과 자신을 가치 있게 받아들이고 아름다운 신념을 세우는 데 도움을 주고 싶다는 교사의 바람은 이 책의 제목인 '학생 삶을 가꾸는 수업'과 같습니다.

새로운학교네트워크의 네 번째 총서인 '학생 삶을 가꾸는 수업'은 수업을 매개로 교사다움을 찾아가는 교사들의 삶의 이야기입니다. 어찌 희망만 있었을까요? 흔들림도 있고 끝내 못다 이루었다는 상처도 새겨져 있습니다. 낯설고 새로운 것을 배우고 익힌다는 것은 쉽지 않은 일입니다. 딱히 당장 필요하지도 않을 것을 가르치는 교실에서 도망치고자 하는 아이들을 붙잡고 감동을 불어넣어 주고 싶고, 정신없이 재미있게 흔들어주고 싶고, 새로운 기법으로 흥미진진한 수업을 쉼 없이 연구하는 선생님들의 모습이 눈에 선합니다.

선생님으로 '가꾸는 수업'과 함께 '좋은 삶'에 대해 계속된 긴장도 느껴집니다. 앞선 순위를 우선하는 관리의 공교육 체제에서 활력을 잃어가는 아이들

을 보듬어 안습니다. 우정도, 움직임도, 순수한 가치도 다 앗아가며 도달점을
위한 효율만 강조되는 현실에서 좋은 수업이 품어야 할 원리도 안내하고 있
습니다. 아이들의 호기심을 단단히 붙잡고, 생활에서의 깨우침을 자유롭게
표현하고, 귀 기울여 들으며 좋은 이웃으로 자라는 삶을 가꾸고자 한 수업을
체계화해보니 학교의 생생한 잣대가 되었습니다.

　모두가 똑같지는 않았습니다. 교과 본질에 집중하는 수업, 학생이 주도하
는 수업, 사회에 참여하여 문제를 해결하는 수업, 모두가 깨우침을 위해 배려
하는 수업, 협력하는 태도를 기르는 수업의 형태가 초등과 중등, 교과별로 쓰
여 있습니다. 교사다움을 찾아가는 교사됨의 기록입니다. 소중한 기록은 새
로운 이정표를 세워주었고, 이제 또 다른 길을 비추어줄 것입니다. 같은 것도
있습니다. 이 책이 소중하고 가치 있게 여겨지는 것은 학생 삶을 가꾸는 수
업안에 선생님들의 시간과 정성이 똑같이 배어있기 때문입니다.

　정성 어린 좋은 수업을 꿈꾸는 이들과 함께 읽고 싶습니다.

제3부 중등 수업

긴 호흡, 힘찬 걸음으로 가는
새로운학교운동

새로운학교네트워크 총서! 네 번째다.

첫 번째, 교사 학교를 바꾸다. 두 번째, 교사 학생을 날게 하다. 세 번째, 학교의 미래, 전문적 학습공동체로 열다. 에 이어 네 번째, 새로운학교네트워크 수업이야기까지.

물론 네 번의 총서로 20여 년의 새로운학교운동의 흐름을 충분히 엮기에는 아쉬움이 있지만, 네 번째로 이어오면서 새로운학교 운동의 지속성과 전문성을 담아내는 물줄기를 만든 셈이다. 네 번째 총서는 일상이고, 익숙하고, 그러기에 어쩌면 그러려니라고 할 수 있는 수업에 관한 이야기이다. 새로운학교란 무엇인가에 대한 지속적인 물음과 실천의 과정에서 구현해 낸 새로운학교운동의 원리를 수업안에서 스며들게 한 이야기에서부터 초등에서 중등으로 이어지는 수업의 맥락을 풀어내고 있다.

교육을 하는 모든 사람은 기-승-전-수업을 이야기한다. 맞지만 간과하는 것이 있다. 수업을 강조하지만 강요하는 듯한 느낌이랄까. 수업을 잘하기 위해 충족되어야 할 다양한 변인들과 고려되어야 할 것들에 대한 책임을 애써 회피하는 의도가 있는 것은 아닐까 하는 생각도 든다.

어떤 수업이 좋은 수업일까? 라는 물음 역시 늘 화두처럼 간직하고 살지만 그 뜨거움을 식혀내지 못하고 있다. 이는 아마도 끊임없이 좋은 방법의 추구와 확장성 사이의 그 어디쯤에서 서성거리고 있기 때문은 아닐까? 그런 면에서 이 책은 좋은 수업을 찾아 떠다니는 선생님들에게 수업 삶을 찬찬히 음미할 수 있도록 도움을 줄 것이다.

신영복 교수님이 '오래된 미래'라는 책의 이야기에서 '미래로 가는 길은 오히려 오래된 과거에서 찾아야 한다'라는 이야기를 하셨듯이 우리가 애타게 찾는 좋은 수업은 오래된 수업에서 답을 찾을 수 있다는 생각으로 교육의 본질, 수업의 본질을 이 책은 함의하고 있다고 감히 생각한다.

모든 수업이 그렇지만 특히, 초등수업은 선생님이 먼저 좋은 사람이 되고 좋은 삶을 사는 것이 중요하다는 의미로 다가온다. 그리고 두려운 것은 답을 틀리는 것이 아니라 내 안의 물음이 사라져버리는 것이라는 말처럼 교육은? 수업은? 답이 아니라 물음을 만들어 내는 것이라는 것을 말한다. 그리고 수업이 결코 교실에서 머물 수 없음을 새삼 이야기한다. 세상의 일과 일상의 삶이 결코 유리될 수 없음도 보여준다. 그것은 형식적, 기계적 연결이 아닌 아이들과 선생님의 삶의 맥락으로 스며들어야 함을 말한다.

수업은 선생님과 아이들의 삶이라는 의미로 읽힌다. 초등 - 중등으로 이어오며 씨줄과 날줄로 엮어지고 아이들의 삶의 성장과 연속성을 담아내야 함을 말한다. 그러기 위해서는 교사의 자발성이 일어나야 하고, 교육하는 자율성이 획득돼야 한다. 여전히 교실에서, 교과 안에서 고군분투하는 선생님들이 많다 이 책이 그런 선생님들에게 기운을 주고 여유를 주었으면 좋겠다.

네 번째 새로운학교운동의 잉걸을 만들기까지 수고해주신 센터 선생님들과 집필해주신 선생님들께 감사드린다.

역사의 발전은 되돌아가지 않는다. 새로운학교운동은 긴 호흡 힘찬 걸음으로 가야 한다.

이만주
새로운학교네트워크 이사장

제1부

학생 삶을 가꾸는
수업 철학

박혜진
성남여자중학교

학생 삶을 가꾸는 교육!
10년을 돌아보다

학생의 성장을 고민하고 학교 문화, 수업의 변화를 이끌기 시작한 지 10년의 시간이 훨씬 흘렀다. 이 시간 동안 학생에게 의미 있는 배움이 일어날 수 있도록 교육의 본질, 학교의 역할을 고민하면서 이를 교육과정과 수업으로 실행할 수 있었다는 것이 큰 성과이다. 처음 시작은 농어촌지역에서 폐교의 위기를 벗어나기 위해 교사, 학부모가 함께 시대에 부합하고 교육의 본질을 담아내는 학교의 모습에 대해 치열하게 고민하고 협력하는 것에서 출발하였다. 그 결과 새로운 학교 시스템과 학교 문화, 교육과정과 수업을 만들어 갈 수 있었다. 작은 학교의 성과를 바탕으로 지역의 특성, 학교의 규모에 맞게 우리는 교육과정과 수업에 대해 다양한 고민을 지속하였다.

자생적인 학교 공동체의 성과는 혁신학교, 미래학교라는 이름으로 여러 시도에서 정책화되어 학교 단위, 지역 단위로 함께 교육과정을 개발하는 단계에 이르렀다. 초등학교에서 중학교, 고등학교로 올라갈수록 교과 진도 나가기에도 버거웠던 시간들을 성찰하고 시대에 맞게, 학생의 상황에 맞게 '배움'이 제대로 이루어질 수 있도록 교육과정과 수업을 실현하고 있다. 학생은 자신의 삶과 연결되어 있고, 호기심을 가지고 있던 주제를 배울 때 흥미를 느낀다. 배움으로 자신과 세상을 더 이해하게 되고, 자신의 잠재력을 깨닫게 될 때 몰입을 경험한다. 이런 과정이 반복되면서 학생은 배움을 즐기고 배움이 삶 그 자체가 된다.

'삶을 가꾸다' 의미

코로나19로 인해 등교수업이 원격수업으로 대체되면서 학생들이 학교에서 서로 협력하고 배우는 과정이 줄어들 수밖에 없었다. 이후 다시 등교수업이 재개되면서 학생들은 온라인 세상이 아닌 오프라인에서 사람들과 관계를 형성하는데 어려움을 겪었고, 규칙을 만들고 협력하면서 문제를 해결하는 방법을 다시 배워야 했다. 전 세계적인 팬데믹 현상은 이웃의 안전과 행복, 공동체의 연대와 협력이 곧 개인의 안전과 행복에 직결된다는 점들을 깨닫게 되면서 사회 구성원들이 공동 운명체라는 것을 확인하는 계기가 되었다.[1] 우리의 삶에 대해 생각할 때 개인의 삶의 목적과 공동체 삶의 조화도 같이 고민해야 한다. 표준국어대사전에서 '가꾸다' 의미를 살펴보면, 「식물이나 그것을 기르는 장소 따위를 손질하고 보살핀다」, 「좋은 상태를 만들려고 보살피고 꾸려간다」라고 제시되어 있다. 즉 '삶을 가꾸다'는 자신의 삶과 공동체의 삶에 대해 세심하게 살피고, '바람직한 삶'을 성찰하면서 이를 실현해 나간다는 의미로 해석할 수 있다.

삶을 가꾸는 교육

학교는 교육적 관계가 역동하는 곳이다. 학교에는 문화적, 역사적 배경이 다양한 구성원들이 공존한다. 삶을 가꾸는 교육의 시작은 학생-교원-학부모가 공동체로서 학교의 현재와 미래를 꾸려가는 주체가 바로 '우리'라는 것을 인식하는 것이다. 학생, 교원, 학부모의 삶은 서로 영향을 주고받는다. 삶을 가꾸는 교육은 서로의 삶을 세심하게 보살피고 가꾸는 '과정'이 중요하다. 그동안 학교 교육은 '결핍'의 관점에서 이루어지는 '처방적' 교육이 많았다. 기초학력 미달 학생을 선별하고 지도하는 등은 교육의 공공성을 위해

---

1) 장하준(2021). 새로운 성장동력. 김누리, 장하준, 홍기빈. 최배근, 홍종호, 김준형, 김용섭, 이재갑(편). 코로나 사피엔스, 새로운 도약. 서울: 인플루엔셜

중요하다. 하지만 이보다 앞서 공동체가 함께 학생의 삶과 성장 방안을 논의하는 학교 문화와 시스템은 삶을 가꾸는 교육의 중요한 원동력이 된다.

좋은 관계는 삶을 가꾸는 교육의 기반이 된다. 우리는 학생 모두를 존엄한 존재로 인정하며 다양성을 존중한다. 어떤 학생도 교육에서 소외되지 않아야 한다. 각자의 삶이 특별하며 학생 누구나 강점이 있다. 능력이란 사전에 결정되는 것이 아니다. 실패해도 계속해서 도전할 기회와 주변의 격려, 꾸준한 노력을 통해 긍정적으로 자신을 인식할 기회가 많아질수록 성장 가능성은 커진다. 학생은 교육적 배려를 받는다고 느낄수록, 교사와 학생 간, 학생과 학생 간의 신뢰 관계가 형성되어 있을수록 상호작용을 활발히 하고 배움에 즐거움을 느낀다. 신뢰 관계는 공동체 모두가 학생의 성장 가능성을 믿고, 서로의 고유성을 인정하면서 소통할 때 형성될 것이다.

삶의 가치를 확립하기 위해서는 자신과 자신을 둘러싼 지역, 세계에 대한 이해가 있어야 한다. 자신이 어떤 사람인지 이해하는 것이 어렵다. 심리검사와 시험을 통해 알 수 있는 정보는 제한적이다. 교사는 학생이 자신을 제대로 인식하고 주도성을 발전시킬 기회를 많이 제공해야 한다. 주도성을 발휘할 수 있는 새로운 경험은 자신이 어떤 일에 관심이 있고, 자신의 강점이 무엇인지 파악할 수 있게 된다. 이 과정에서 교사는 학생을 면밀히 관찰하고 지속해서 피드백을 주고받으면서 삶을 살아가는 책임 있는 주체로서 학생이 자신의 가치를 발견할 수 있도록 해야 한다.

학생은 자신만의 삶을 넘어 다른 사람의 삶을 제대로 이해할 수 있어야 한다. 학생은 하나의 현상에 대해 단편적인 지식이 아니라 관점의 차이에 따라 여러 입장이 있음을 이해하여야 한다. 다양성에 대한 이해는 우리가 공동체적인 삶 속에서 마주치게 되는 문제들을 다각적으로 생각할 수 있도록 한다. 우리는 끊임없이 나와 내 주변의 삶을 살피고, 공동체로서 관계를 맺고 소통하면서 살아가는 방법을 배우고 익히고 있다. 삶의 주체로서, 공동체의 삶과 개인의 삶의 조화 속에서 삶의 문제 해결에 적극적으로 참여하며 이 순간에도 우리의 삶을 가꾸고 있다.

이 책은 삶을 가꾸는 교육의 다양한 사례들을 소개하고 있다. 교사가 모든 과정을 계획하지 않는다. 세상을 이해할 수 있도록 기회를 제공하고 세심히 학생의 성장을 지원하고 있다. 이 과정에서 학생들이 '우리가 원하는 미래'를 고민하며 개인의 삶과 공동체의 삶을 함께 가꾸고 있는 다양한 모습을 볼 수 있다.

더 나은 세상을 만드는
10가지 교육원리

학교는 삶을 가꾸는 교육공동체가 되어야 한다. 우리는 학생들이 세상을 다양하게 바라보고, 그들이 배운 것을 바탕으로 더 나은 삶을 고민하고 행동하는 힘을 갖기를 바란다. 이는 우리가 바라는 교육목적이라고도 할 수 있다. 학생은 학교에서 행복한 삶을 경험하면서 미래를 살아가는데 필요한 가치를 배우고 익힐 수 있어야 한다. 교육원리는 학교 교육의 기초와 뼈대이다. 새로운학교네트워크는 더 나은 세상을 만들기 위해 다음과 같은 10가지 교육원리를 실천하고 있다.[2]

---

2) 새로운학교네트워크 엮음(2020). 새로운 학교, 학생을 날게 하다. 새로운학교 총서 02. 살림터

더 나은 세상을 만드는 10가지 교육원리

01 학교는 민주주의에 바탕을 둔 교육공동체이며,
구성원은 학교 일에 민주적으로 참여하고 결정합니다.

02 학교 구성원은 서로를 믿고 존중하며,
학교교육을 위해 자기 책임을 다합니다.

03 학생은 자기 존엄을 바탕으로 서로 인정하는 관계를 맺습니다.

04 학생은 교육의 장 어디에서나 안전하게 생활할 수 있어야 하며
어떤 이유로든 차별받지 않아야 합니다.

05 학생은 배움의 주체로서 스스로 학습하고 협력합니다.

06 학교는 모든 학생에게 알맞은 배움의 기회를 제공합니다.

07 교사는 학생의 발달 단계와 특성, 관심, 생활환경을 반영하여
교육과정을 함께 만들고 실행합니다.

08 교사와 학생은 배움을 통해 인간, 사회, 자연을 이해하고
삶의 기술을 익히며 실천합니다.

09 교사는 전문성을 바탕으로 학생의 배움과 삶을 연결하는
교재를 준비하고 활용합니다.

10 학교는 삶의 터전인 지역사회와 협력합니다.

학교가 민주주의를 바탕으로 교육공동체로서 운영되는 것은 삶을 가꾸는 교육의 기반이다. 학교가 민주적인 교육공동체로 운영된다는 것은 교사, 학생, 학부모 등 교육공동체의 지속적인 노력으로 가능한 것임을 우리는 잘 알고 있다. 민주적인 교육공동체는 단순히 학교 문화를 바꾸거나 학생들의

자존감을 향상시키는 목적을 넘어선다. 구성원 모두 우리 사회를 만들어가는 시민으로 민주적 생활방식을 터득하고 실천할 수 있는 역량을 갖추도록 하는 것이 중요하다. 이를 위해 학생, 학부모, 교사 모두 서로의 다양성을 존중하고 공유와 협력하는 방법을 익혀야 한다. 이를 바탕으로 학생들이 삶 속에서 마주치는 여러 문제를 다시 돌아보고 함께 해결해 나갈 수 있도록 이를 교육과정과 학교 문화에 녹여내고 있다.

학생은 누구나 소외되지 않고 교육받을 수 있는 권리를 가지고 있다. 학생들의 흥미, 배경지식, 특성 등은 다양하다. 교사가 똑같은 수업을 하더라도 학생의 환경, 동료와 교사의 역동적인 상호작용에 따라 학습 과정과 결과는 달라진다는 것을 안다. 교사는 학생이 배움에서 차별받지 않도록 기본 개념에 대한 지식을 습득하고 학생의 삶과 연결 지어 탐구할 수 있도록 교육과정을 설계하고 있다. 최근에는 학생 맞춤형 교육, 개별화된 교육에 대한 요구와 필요성이 높아지면서 교사가 교육과정을 설계하고 실행하는 학교 교육과정, 교사 교육과정의 중요성은 더욱 커지고 있다.

새로운 학교를 꿈꾸면서 학교단위, 지역단위 네트워크와 연대하여 학생의 성장을 위한 교육과정-수업-평가를 창의적으로 디자인하며 실행해 왔다. 교사가 교육과정 전문성을 갖추었다는 것은 교육과정 재구성과 기획 능력에 국한된 것이 아니라 교육 내용에 대한 교육과정 책무성도 구현해야 한다는 것을 의미한다. 이는 교육과정 설계과정에서 교육과정 실행과 평가까지 고려해야 한다는 것이다. 수업을 통해 교사와 학생이 제대로 배우고 있는지 과정과 결과에 대한 피드백과 평가가 이루어진다면 학생은 자신의 성장 정도를 확인하고, 교사는 학생의 성장을 어떻게 지원할지 계획을 세울 수 있다.

최근 디지털 전환 등으로 사회변화 속도가 빨라지고 진로 다양성은 점점 커지고 있다. 이에 우리는 끊임없이 학생의 배움과 성장을 이끄는 교육과정을 고민하고 수업을 통해 학생이 삶을 바라보고 가꿀 수 있도록 노력하고 있다. 이 책은 10가지 교육원리를 기반으로 학생이 차별받지 않고 배움의 주체로 삶의 기술을 익히는 교육과정과 수업의 다양한 성찰을 담고 있다.

학생의 성장을 이끄는 수업

수업이란 무엇인가?

최근 한국교육개발원에서 발표한 교육에 대한 인식 조사를 살펴보면, 자녀교육 성공의 의미를 2010년에는 명문대학 입학이나, 좋은 직장에 취직한 것으로 생각했지만 2021년에는 학벌보다 좋아하는 일, 좋은 직장 등으로 바뀌었다. 직업에 관련해서도 '좋은 직장'에서 '좋아하는 일'로 초점을 옮겼다는 것을 알 수 있다.

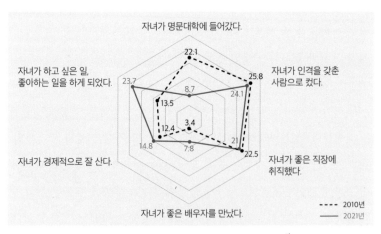

자녀교육 성공의 의미(KEDI POLL 2010, 2021)[3]

---

3) 임소현, 김혜진, 백승주, 김혜자(2022). '국민에게 듣다', KEDI POLL 20년을 통해 살펴본 교육에 대한 국민인식 변화. 한국교육개발원 창립 50주년 기념 제180차 KEDI 교육 정책포럼 자료집.

학생들에게 자료를 제시하고 열심히 가르치면 학생들은 배울 것이라고 기대하고 열정적으로 수업을 준비한 경험은 누구나 있을 것이다. 하지만 학생들이 제대로 이해하지 못하고, 중간고사나 기말고사 당일 머릿속에 간직한 지식을 쏟아내고 잊어버리는 상황을 목격하곤 한다. 초등학교를 지나 중학교, 고등학교로 올라갈수록 학생들에게 특정 교과 지식은 사회에서 활용할 일이 거의 없다는 말을 들으면서 수업의 목적에 대해 고민에 빠질 때도 있었다. 표준화된 교과 지식의 유용성은 예전보다 약해졌다. 우리는 지금까지의 학벌(학력)은 성공을 보장하지 않는다는 것도 알고 있다.

수업은 학생들이 단편적인 지식이나 정보를 주워 담게 하는 작업이 아니라 개념을 제대로 이해하고, 삶의 다양한 맥락에서 연결할 수 있도록 하는 작업이다. 학생들이 알아야 할 모든 것을 교사가 설명하는 것에서 벗어나 학생들이 스스로 알아낼 수 있도록 수업을 설계한다. 교사는 학생이 제대로 개념을 이해하고 있는지 파악하면서 사고를 확장할 수 있도록 전문성을 발휘해야 한다.

수업은 배움의 의미를 찾고, 협력의 즐거움을 경험할 기회를 제공한다. 배움은 교실에서만 머무르는 것이 아니라 학교 밖 일상적인 삶으로 확장될 수 있다는 것을 느낄 때, 지속성이 생긴다. 수업을 통해 학생들은 동료와 교사, 지역사회 다양한 사람들과 협력할 수 있으며, 문제를 해결하는 과정을 통해 학습의 즐거움을 경험하게 된다. 이를 통해 현재의 삶을 넘어 '더 나은 삶'을 위해 함께 협력할 수 있다는 것을 자연스럽게 체득하게 된다.

수업은 교사와 상호작용하고 피드백을 주고받으면서 학생이 자기 자신을 돌아보고, 스스로 치유하며 성장하는 과정이다. 교사는 학생이 자신의 감정과 새롭게 알게 된 것을 글로 표현할 수 있도록 독려하면서 자신의 감정을 돌아볼 수 있도록 끊임없이 피드백한다. 이 과정을 통해 학생이 자기 삶을 돌아보게 되고 나와 내 주변을 더 잘 이해하게 된다. 수업은 반복되는 이런 과정으로 학생들에게 안정감을 주고 사고력을 확장시킨다.

수업을 통해 교사도 성장한다. 수업을 하고, 피드백을 하면서 교사도 어떤 견해를 갖고 세상을 바라보고 있는지 다시 생각하게 된다. 이 과정에서 교사 역시 개념의 정확성과 개념의 부재를 깨닫게 되고 개념을 찾기 위한 공부를 시작하게 된다. 이런 과정을 통해 도달하는 것은 정교한 앎일 뿐만 아니라 자기 자신에 대한 앎이다.[4] 배움의 과정에서 학생과 교사는 같이 고민하고 서로에게 감화되면서 함께 성장한다. 학생의 성장 과정 속에서 교사도 다양한 사람들과 관계를 맺게 되고 우리가 배우는 궁극적인 목적이 무엇인지 생각하게 된다. 삶을 위한 교육의 다양한 모습을 만드는 것도 수업이다.

학교는 문화적, 사회적 배경이 다양한 학생들이 공존하는 장소이다. 교사는 수업에서 학생들이 주도성을 가지고 학습의 즐거움을 느끼기를 바라지만 모든 학생에게 만족할 만한 결과를 얻지 못할 때도 있다. 수업은 학생과 교사가 역동적으로 만나는 시간이며, 선형적으로 이루어지지 않기 때문이다. 수업은 학생의 사전 이해정도, 지역과 학생의 특성, 환경, 관계성, 상호작용 등에 영향을 받는다. 교사가 교육과정과 수업에 전문성이 있다는 의미는 끊임없이 학생에게 배움이 일어날 수 있도록 수업의 과정과 성과에 대해 성찰하고 학생에게 맞는 교육적 방법을 마련해야 한다는 것이다. 이는 교사 혼자 할 수 있는 일이 아니다. 동료성을 바탕으로 학습공동체를 통해 수업의 의미와 실천 방안에 대해 함께 고민하고 도전하고 있다.

수업을 통한 학생의 성장

학교 교육을 통해 학생의 배움과 성장이 일어나야 한다고 할 때 성장에 대한 견해는 다양하다. '민주주의와 교육'에서 듀이는 교육의 목적은 자기

---

4) 엄기호(2021). 미디어를 통해 시대와 만나는 교실. 오늘의 교육. vol.63.

자신이 교육을 계속할 수 있도록 하는 데 있으며, 학습의 목적과 보람은 성장의 능력이 계속 증대하는 데에 있다고 이야기하고 있다.[5] 즉 듀이는 성장의 과정growing이 중요하며, 학생이 삶 속에서 직접적으로 느끼고 지각하는 질적 경험이 이루어질 수 있도록 교육이 재구성되어야 한다고 강조하고 있다. '발견하는 즐거움'에서 리처드 파인만[6]은 아버지와의 일화를 통해 이름만 아는 것과 진짜로 아는 것의 차이를 드러냈다. "너는 이제 알고 싶은 모든 언어로 저 새의 이름을 알았어. 그런데 이름을 다 알았다 해도 너는 저 새에 대해 전혀 아는 것이 없단다. 다른 곳에 사는 사람들이 저 새를 뭐라고 부르는지만 알게 된 거지." 파인만은 학생이 성장하기 위해서는 사실적 지식의 암기보다는 학생의 삶 속에서 학생이 스스로 흥미를 느끼고 몰입하며 그 의미를 깨달아야 한다고 말하고 있다.

이 책의 수업사례들은 다양한 학생 성장의 모습을 보여준다. 학생은 수업에서의 배움을 삶과 연결시켜 배움의 필요성에 대한 자신만의 생각을 정립하기도 한다. 이는 개념을 충실히 이해하고 이를 삶에 전이시킨다는 의미이다. 예를 들어 "우리는 역사를 왜 배우는가?", "평화는 무엇이라고 생각하는가?"는 추상적인 질문에 자신의 생각을 구체화하기 시작하였다. 이는 삶 속에서 질문의 의미를 끊임없이 생각하며 새롭게 만나게 되는 낯선 상황에서도 사고를 확장하고 깊게 생각하게 할 것이다.

학생들은 자연스럽게 자신의 감정을 들여다보고 다양한 방법으로 표현하고 다른 사람들과의 소통을 즐기게 된다. 교사의 질문에 대해 학생들은 정해진 '정답'만이 존재한다고 생각하는 경우를 종종 보게 된다. 이럴 때 교사는 학교가 다양성을 인정하지 않고 하나의 정답만을 요구했던 것은 아닌지 반성하게 된다. '정답'만을 요구하는 세상에서는 나의 감정, 나의 생각은

---

5) 존 듀이(1987). 민주주의와 교육. 교육과학사
6) 리처드 파인만(2001). 발견하는 즐거움. 승산

중요하지 않았다. 자신의 감정을 솔직하게 들여다보는 것이 익숙하지 않은 학생들에게 자신을 제대로 이해하고 감정을 표현할 수 있도록 수업에서 반복적으로 질문하고 생각하게 했다. 이런 학생들이 어느 순간 나와 타인을 이해하면서 소통을 즐기고 공동체의 의미를 체득하는 모습에서 한 단계 성장하였음을 실감하게 된다.

학생들은 세상을 이해하는 것을 넘어 다양한 관점에서 세상을 바라보고 주체적으로 행동하는 시민으로서 모습을 보인다. 교실 속 프로젝트로 끝나지 않고 스스로 탐구하면서 다양한 단체들과 연대하고 학생의 목소리를 세상에 알렸다. 학생들은 주변의 삶에 더욱 관심을 가지고 삶의 문제를 해결할 수 있다는 자신감을 갖게 된 것을 볼 수 있다.

수업에서 발현되는 교사 전문성

교사는 교육과정 전문가, 수업 전문가에서부터 학생의 성장을 위한 조력자, 학부모 상담, 구성원과의 소통, 학생에 대한 지원자 등 다양한 역할을 수행하고 있다. 교사의 다양한 역할은 학생 한 명 한 명의 배움과 성장을 위한 교사의 전문성과 맞닿아 있다.

- 교사는 학생의 발달 단계와 특성, 관심, 생활환경을 반영하여 교육과정을 함께 만들고 실행합니다.[7]
- 교사와 학생은 배움을 통해 인간, 사회, 자연을 이해하고 삶의 기술을 익히며 실천합니다.

---

7) 새로운학교네트워크 교육원리 7, 8, 9

● 교사는 전문성을 바탕으로 학생의 배움과 삶을 연결하는 교재를 준비하고 활용합니다.

개별 학생의 성장을 이끄는 교육과정 전문성

학생은 교사가 가르치는 데로 배우는 존재가 아니다. 학생들은 이미 세상에 대해 선 개념을 가지고 학교에 오며, 학생마다 사전 이해 정도, 흥미, 생활환경은 다양하다.

교사는 학생마다 '의미를 만드는 과정'이 다르고, 이에 따라 '학습 경로'는 다양할 수 있다는 것을 안다. 교사는 매년 다양한 학생들을 만나고 새롭게 수업을 고민한다. 작년에는 학습 목표에 잘 도달했다고 생각했던 수업이 올해에도 성공하리라는 보장은 없다. 개별 학생의 배움과 성장을 이끄는 맞춤형 수업이 될 수 있도록 끊임없이 학생과 대화하고 수업 피드백을 받으면서 수업의 성공 사례와 실패 사례를 축적해 나간다. 배움과 성장은 교사와 학생의 상호작용과 관계 속에서 이루어진다. 이 과정을 통해 학생과 교사는 함께 교육과정을 만들고 실행하며, 이는 개별 학생의 성장을 이끄는 중요한 요소가 된다.

교사는 학생들이 삶의 과정으로 일상적으로 학습하고 즐거움을 느낄 수 있도록 노력해야 한다. 배움이 느린 학생, 학습에 흥미가 없는 학생은 흔히 우리 주변에 있다. 혹은 이미 다 배웠다고 생각해서 더 이상 학교 교육에 흥미를 보이지 않는 학생도 있다. 교사는 학생들이 배우는 것을 포기하는 경우를 가장 경계해야 한다. 우리는 어떤 학생도 배우는 것을 포기하지 않도록 정성을 쏟아야 한다. 탐구가 제대로 이루어질 수 있도록 학생의 주체성과 교사의 주체성에 균형을 찾아야 하며, 학생 활동의 질을 높일 수 있는 피드백이 적절한 시기에 이루어져야 한다. AI를 활용한 평가 등 에듀테크는 학생들에게 '맞다', '틀리다'라고 이야기할 수 있지만 학생들이 심층적으로 고민할 수 있도록 관찰하면서 멘토 역할을 할 수 있도록 하는 것은 교사의 전문적인 영역이다.

배움과 학생의 삶을 연결할 수 있는 교사 전문성

종래 학교 교육과정은 학문적 기반을 가진 '교과' 중심으로 설계되었다. 학년, 학급, 교과가 분절되어 있어 학생들은 교과별로 배우는 개념이 동일하더라도 교과에 따라 다르게 이해하는 경우도 발견된다. 단절적인 지식은 학생들이 살아갈 세상에서 특히 유용하지 않다. 학생은 배움이 자기 삶과 연계되어 '의미 있는 학습'이라고 느낄 때 몰입하게 된다. 학생이 삶을 연결시켜 총체적으로 의미를 파악할 수 있도록 분절적인 교과를 연결하여 학생이 맥락을 파악하도록 돕는 것이 교사의 일이다. 학생들은 지식이 삶에 적용되지 않는다고 느끼며, 우왕좌왕할 수도 있지만 제대로 길을 찾을 수 있도록 지원해야 한다. 초등학교의 경우, 인접 교과 간의 소통과 통합적 접근이 쉬운 편이다. 하지만, 중등의 경우에는 교과별로 가르치는 교사가 다르기에 통합적 접근 과정에 어려움을 겪을 수 있다. 따라서 학교 비전에 따라 학년별 비전을 세우고, 그에 따른 학년 교육과정 구성의 의미는 더욱 강조되어야 한다. 교사 학습공동체를 통해 주제 중심으로 통합적인 관점으로 교육과정을 함께 설계할 필요가 있다. 교사는 관련된 교과 교육과정 내용을 간파하고 학습공동체와 함께 주제중심으로 통합하고 구조화시키면서, 그 분야에 대한 폭넓은 배경지식을 갖고 있어야 한다. 이를 통해 교사는 분절적인 교과서를 벗어나 배움과 학생의 삶을 연결할 수 있도록 전문성을 발휘해야 한다.

생태적 조화를 이끄는 교사 전문성

교사는 교육과정을 생성하고 수업을 설계하면서 교육의 본질, 교육의 목적에 대해 먼저 성찰한다. '왜 가르치는가?', '무엇을 가르쳐야 하는가?'라는 질문에 대한 답은 교육의 시대정신[8]을 다시 생각하게 한다.

삶과 교육을 고민할 때, 삶이란 학생이 사는 지역만을 의미하는 것은 아니다. 지금 학생들의 삶과 가장 관련된 이슈를 생각할 수 있으며, 장기적으로 우리 세대가 풀어가야 할 과제도 포함할 수 있다. 최근 세계적인 팬데믹 상황과 기후 위기 등을 맞이하면서 무분별한 성장을 추구하는 경제 성장 중심의 사회구조를 돌아보고, 환경과 생태적 조화를 이루며 삶을 가꾸는 것에 대한 중요성이 커졌다. 쟁점이 되는 이슈와 과제에 대해 교사는 다양한 가치와 관점이 있다는 것을 학생들이 스스로 깨닫고 시민으로 성장할 수 있는 디딤돌 역할을 해야 한다. 이 과정을 통해 학생들은 삶의 균형을 찾기 위한 노력을 지속할 수 있을 것이다.

공간과 사람을 연결시킬 수 있는 교사 전문성

수업에서만 배움이 일어나는 것은 아니다. 교실에서 배움이 시작되었더라도, 교실 밖 일상생활에서도 연관된 질문이 생기고 생각이 확장될 수 있다. 이때 공동체는 함께 질문하고 토론하면서 꼬리에 꼬리는 무는 의문을 하나씩 해결하려고 노력한다. 이 과정에서 배움은 자연스럽게 일상생활로 전이되는 것을 볼 수 있다. 학생들이 생각을 확장하여 더 깊이 학습을 할 수 있도록 공간과 사람을 연결하는 사람이 바로 교사이다. 교사는 학생들이 세상과 연결될 수 있도록 다리 역할을 해야 한다. 우리는 사회에 이바지하는 활동을 통해 사회적 가치와 삶의 의미를 찾을 수 있다. 이는 학생들도 마찬가지이다. 하지만 학생들은 그 방법을 알지 못하여 배움이 삶과 연결되지

---

8) 시대정신은 "한 시대에 걸쳐 사회에 널러 퍼져있으면서 그 시대를 지배하거나 특징짓는 정신"이므로 "보편적 가치로서 한 사회 공동체가 당면한 시대의 문제점을 해결하기 위해 나아갈 방향을 제시할 수 있어야"함. 엄정식(2021). 시대정신과 계몽의 리더십. 철학과 현실. 131호

못하고 교실에서 머무르는 경우도 많았다. 교사는 배움을 확장하는 다양한 방법을 성찰하고, 지역사회와 다양한 전문가들과의 연계를 통해 필요로 하는 시기에 학생들과 연결할 수 있어야 한다. 이를 통해 학생은 지역 주민, 시민단체, 온라인의 다양한 사람들을 만나 배움을 확장하고 나의 삶과 공동체 삶이 조화를 이루는 방법을 자연스럽게 터득하게 될 것이다.

교육원리를 구현하는 수업 철학

교육원리는 학교 교육의 기초가 되는 학교 시스템, 학생과 교사, 학교의 모습을 담고 있다. 앞에서 제시한 10가지 교육원리 중 수업에 관련된 원리는 다음과 같다.

- 학생은 자기 존엄을 바탕으로 서로 인정하는 관계를 맺습니다.[9]
- 학생은 교육의 장 어디에서나 안전하게 생활할 수 있어야 하며 어떤 이유로든 차별받지 않아야 합니다.
- 학생은 배움의 주체로서 스스로 학습하고 협력합니다.
- 학교는 모든 학생에게 알맞은 배움의 기회를 제공합니다.
- 교사와 학생은 배움을 통해 인간, 사회, 자연을 이해하고 삶의 기술을 익히며 실천합니다.

교육원리는 존엄한 존재로서 학생을 배움의 주체로 인정하고, 인간·사회·자연을 이해하며 삶의 문제를 해결하는 힘을 기르는 수업이 필요함을 제

---

9) 새로운학교네트워크 교육원리 3, 4, 5, 6, 7

시하고 있다.

학생의 배움과 성장을 이끄는 수업 설계 이전에 교육의 목적, 학생에 대한 관점(학생관), 배움의 의미(학습관)에 대한 교사의 생각이 먼저 정립되어야 한다. 교육의 목적, 학생에 대한 관점, 배움의 의미를 생각하기 위해 교사는 스스로 "왜"라는 질문을 던지고 나름의 생각을 정리할 수 있어야 한다. 이 관점에 의해 교사의 수업 철학이 세워지고 이는 수업으로 구현된다. 수업 철학은 교사가 수업에 대해 최소한의 경계를 세우면서 지속적으로 수업에 대해 성찰하기 위한 기반이다.

● 교육의 목적: 교육을 통해 학생이 어떻게 성장하기를 바라는가?
● 학생에 대한 관점(학생관) : 학생이란 어떤 존재인가? 수업에서 학생을 어떤 관점에서 보아야 하는가?
● 배움의 의미(학습관) : 학생이 배웠다는 것은 무엇을 의미하는가?

우리는 학생들이 자신의 삶을 향유하면서 주체적인 삶을 살아가는 시민으로 성장하기를 바란다. 이를 위해 학생은 다양하게 도전하고 실패를 경험할 수 있지만 이를 바탕으로 학생 스스로 성취의 경험이 풍성해져야 한다. 이런 도전들과 의미 있는 성취들이 모여 더 나은 삶을 고민하고 행동하는 힘을 가질 수 있다.

교사는 학생의 고유성과 성장 가능성을 염두에 두어야 한다. 학생의 능력은 고정적인 것이 아니다. 학생에 대한 교사의 생각, 학생과 교사와의 관계성, 또래 친구와의 상호작용, 배움의 과정과 환경 등에 따라 학습 효과는 달라진다. 배움의 주체로서 학생을 인정하고, 학생 주도성을 높이기 위한 수업에 대해 다각적으로 고민해야 한다.

배움이 있다는 것은 개념을 제대로 이해하여 삶의 다양한 맥락에서 개념을 적용할 수 있다는 것이다. 또한 나에 대해 제대로 인식하고, 타인을 이해하면서 함께 소통하며, 문제를 해결할 수 있다는 것이다. 나아가 자신이 사회에 기여할 수 있는 존재이며, 시민으로서 삶의 문제를 해결하기 위해 노력한다는 것이다. 세 가지 관점을 바탕으로 수업 철학을 구체화하면 다음과 같다.

- 학생마다 학습 속도, 흥미, 학습 방식은 다양하다.
- 학생은 배움의 주체가 되어야 한다.
- 개념을 제대로 이해하는 것은 성장을 위한 필수 조건이다.
- 나를 인식하고 타인의 감정을 이해할 때 소통할 수 있다.
- 우리 삶의 문제를 해결하는 힘을 기른다.

수업 철학은 아래 그림과 같이 다양한 학습의 형태로 구현될 수 있다. 조금 더 중점을 두고 있는 수업 철학에 따라 학습을 구분하였지만 학생 맞춤형 학습, 학생주도 학습, 개념기반 학습, 사회정서 학습, 프로젝트 학습으로 명확하게 구분이 어려운 경우도 많다. 수업 철학은 교사가 수업에서 염두해두어야 할 기본 가치이며, 실제 수업에서 여러 학습은 같이 활용되는 경우가 많다.

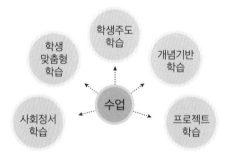

수업 철학을 반영한 다양한 학습

학생의 학습 속도, 흥미, 학습 방식은 다양하다

학생마다 흥미를 느끼는 분야가 광범위하고, 학생의 특성에 따라 선호하는 학습 방법, 학습 속도는 다를 수밖에 없다. 학생의 학습 지속성은 성공적인 학습을 경험하고 학습을 계속하려는 동기에 달려있다. 학습 속도, 흥미, 학습 방식, 학습 준비도 등이 다양한 학생들이 어떻게 배움에 이르게 할 것인가는 여전히 도전적인 과제이다.

학생 맞춤형 수업의 첫 단계는 형성평가, 관찰, 면담 등 형식적 혹은 비형식적 방법으로 학생의 특성들을 파악하는 것이다. 학생 맞춤형 수업을 고려할 때, 최종적인 학습 목표에 도달할 수 있는 학습 경로는 다양하다는 것을 염두에 두어야 한다. 학생 맞춤형 수업에서는 다음과 같은 활동을 고려할 수 있다.

- 서로 다른 과제에 대한 개별 활동 시간
- 서로 가르치거나 피드백을 제공할 수 있도록 이질적인 모둠 구성
- 모둠활동에서 어려움을 겪는 학생에 대한 지속적인 관찰과 개별 지원

교사는 학생의 특성에 따라 적절하게 지원하여 모두가 탁월함에 다다를 수 있도록 공평한 기회를 제공해야 한다. 학생들은 배울 권리가 있고 학교는 학생의 사회적·경제적 배경과 무관하게 모든 학생에게 평등한 공간이 되어야 한다. 우리는 위계가 강한 교과의 경우 한번 놓친 학습 내용이 이후에 모든 학습에 장애가 되어 버리는 경우를 많이 보았다. 앎과 모름의 문제보다 더 큰 문제는 무기력에 대한 학습이다. 무기력은 학습에 대한 심리적인 장벽을 만들고 결국 자신감 하락과 학습 부진의 고착화로 연결된다. 따라서 교사는 책임감을 갖고 학생들의 이해 정도, 잘못 알고 있는 내용, 이미 통달한 내용 등을 파악하여 한 아이도 학습 과정에서 소외되지 않도록 해야 한다.

학생은 배움의 주체가 되어야 한다

우리가 학생들에게 종종 듣는 질문 중 하나가 "선생님 이거 왜 배워요?"라는 질문이다. 교사는 열정을 가지고 설명했는데 학생들이 그런 질문을 하면 맥이 빠지면서 곰곰이 수업을 다시 돌아보게 된다. 모든 학생은 배움에 대한 욕구를 가지고 있다. 수업에서 발현되지 않는 경우는 지금 이 시간에 배움의 의미를 찾지 못하고 있기 때문이다. 인간의 뇌는 자신의 현재나 미래 삶과 관련이 있는(도움이 된다고 생각되는) 내용에는 주의를 기울인다. 학생 스스로 배움의 이유를 찾을 수 있도록 하기 위해서는 배우는 내용이 학생 자신에게 의미 있어야 한다.

OECD에서는 미래사회를 살아가기 위해 학생들이 갖추어야 할 필수 요소로 학생 주도성Agency을 언급하고 있다. 'Agency'는 자기 주체성, 행위 주체성으로도 번역할 수 있으나, 학생이 스스로 자기 삶의 목표를 정하고 그것을 달성하기 위해 학습하고 책임지는 역량을 표현하기 위하여 '학생 주도성'으로 표기하는 경우가 많다.

자기 삶에서 주체적으로 설 수 있는 것을 배우는 곳이 학교이며 배움을 통해 스스로 삶의 주인이 되어가는 과정이 교육의 목적이어야 한다. 이를 위해 먼저 학습자에 대한 인식 전환이 필요하다. 교사는 가르치는 자이고 학생은 배우는 사람이라는 이분법적인 관점에서 벗어나야 한다. 「페다고지」에서 파울루 프레이리는 교사는 더 이상 '가르치는 사람'이 아니며, 그 자신도 학생들과의 대화 속에서 배우는 사람이 되어야 한다고 제시하였다. 학생들 역시 배우면서 가르친다. 따라서 학생과 교사는 수업을 통해 함께 성장하며, 그 과정에서 공동의 책임을 진다. 교사는 학생을 배움의 주체이자 삶의 주체로 바라보아야 한다.

학생이 수동적으로 지식을 전수받는 존재가 아닌 배움의 주체로서 자신의 삶에 목표를 정하고 능동적으로 실현할 수 있는 존재이다. 이 과정에서 학생이 스스로 '의미를 만드는 것'은 중요하다. 주도성은 단순히 개인이 끈기를 가진다고 해서 길러지는 것이 아니며, 상호작용 과정에서 주도성은 더욱 발휘될 수 있다. 학생들은 교사와 주변 친구들과 상호작용하고 학습하면서 아이디어를 내고, 함께 발전시켜 나가면서 학습에 대한 흥미를 지속시킬 수 있다. 즉 학생 주도성이 제대로 발현되기 위해서 학습 과정에서 교사의 역할은 더욱 중요하다. 우선, 교사는 학생이 주도성이 발휘하기에 적합한 공간을 조성해야 한다. 주제에 따라 학생이 아이디어를 생각하고 실제로 구현할 수 있는 공간은 다양할 수 있다. 교사는 학생과 상의하면서 적합한 공간을 지원할 수 있어야 한다. 둘째, 교사와 학생이 지속적으로 소통하면서 학생이 학습 과정에서 지원이 필요한 부분을 찾아야 한다. 학생들은 나이에 상관없이 학생마다 주도성에 차이가 있다는 것을 염두에 두어야 한다. 학생에 따라 학생이 주도성을 가지고 학습을 잘 할 수 있는 경우도 있고, 교사의 안내를 좀 더 필요로 하는 경우도 있다. 교사는 학생들에 대해 더 세심하게 관찰하면서 학생에 따라 다양한 방식으로 학습 전략을 지도하고 수정하면서 배움의 주체가 되는 경험을 조금씩 확산해 나가야 할 것이다.

개념의 이해가 성장을 위한 필수 조건이다

학생에게 배움과 성장이 언제 일어날까? 교사의 학생들이 삶 속에서 생각하는 힘을 기를 수 있는 교육이 이루어지기를 희망한다. 교사는 학생들에게 생각하는 힘, 창의성을 길러주기 위해 모둠별 토론과 발표 수업을 하였다. 과연 학생 모두는 수업에 적극적으로 참여하고, 교사가 생각한 창의성 등의 역량은 향상되었을까? 삶에서 필요로 하는 역량이 학교 교육을 통해 강화되기 위해서는 개념을 제대로 이해하고 이 개념이 실제 상황에서 전이할 수 있을 때, 비로소 역량이 함양될 수 있다.

'개념에 대한 이해'는 학생이 사실적 지식을 바탕으로 법칙과 규칙성을 찾고, 그것에 대한 의미를 이해한다는 것이다. 학생은 개념을 제대로 이해하고 있다고 생각하지만 개념에 대해 자신의 언어로 설명하면서 한계를 느끼곤 한다. 이는 학생이 가지고 있는 개념이 충분치 않다는 것이다. 학생이 이를 깨닫게 환경을 조성하는 것은 교사의 역할이다. 교사는 학생이 개념을 제대로 이해할 수 있도록 지원해야 한다. '개념적 이해'가 제대로 이루어져야 삶과 연결된 깊이 있는 학습이 가능하다. 개념을 제대로 이해하기 위해 교사는 낮은 수준의 사고에서 높은 수준의 사고로 나아갈 수 있도록 적절하게 질문하고 안내해야 한다. 사실을 묻는 질문, 개념적 이해를 요구하는 질문, 나아가 논쟁할 수 있는 질문으로 질문의 수위를 높여가면서 사실과 기능을 기초로 개념을 제대로 이해할 수 있도록 해야 한다. 적절한 교사의 질문과 안내를 바탕으로 학생은 스스로 탐구하고 의미를 찾아가는 과정 자체가 학생의 성장 과정이 될 수 있다.

나와 타인의 감정을 이해하고 소통하는 것은 중요하다

학생은 다양한 사람들과 어울려 삶을 살아간다. 인간은 혼자 살아갈 수 없으며 끊임없이 다른 사람들과 소통하고 도움을 주고받으면 살아간다. 학생을 둘러싼 사회적, 정서적 요인은 학생의 학교생활 만족도에 영향을 주며, 결국 배움과 성장 정도에 결정적이다. 학생들은 지금 자신의 감정이 어떤지 파악하고 조절하는 것에 미숙할 수밖에 없다. 자신의 감정을 올바르게 이해하고 관리하고 타인의 감정을 공감하고 소통하는 것은 공동체가 함께 삶을 살아가기 위한 기본적인 능력 중 하나이다. 삶을 가꾸는 교육이 제대로 이루어지기 위해서는 학생들이 자신의 감정을 제대로 들여다볼 수 있도록 연습하는 것이 중요하다. 학교 교육을 통해 나 자신을 제대로 알고, 타인의 감정을 이해하는 방법을 배우고 익히는 사회정서학습Social and Emotional Lerning을 수업에서 활용하고 있다.

사회정서 역량은 사회적 역량과 정서적 역량으로 구분할 수 있다. 사회적 역량이란 타인과 더불어 조화롭게 살아가기 위하여 사회적 관계를 형성하고 유지하는 역량으로 정의할 수 있다. 정서적 역량은 자신과 타인의 정서를 정확히 지각하고 상황에 알맞게 표현하고 반응하며, 자신의 목표를 추구하기 위해 정서를 인지적, 사회적, 행동적 측면에서 조절하는 역량이다.

사회정서 역량 정의[10]

범주	하위요인	정의
사회적 역량	의사소통	다양한 의사소통 상황과 목적을 인식하고 언어적 혹은 비언어적 방식으로 상대방에게 자신의 생각이나 의도를 전달하는 능력
	대인관계	자신과 타인의 입장을 고려하면서 다른 사람들과 상호작용할 수 있게 하고, 사회적 관계를 유지 및 촉진하기 위한 인지적·정의적 절차에 관련한 지식과 경험
	협업	공동의 목표를 달성하기 위하여 구성원이 서로 돕고 지원하려는 동기와 행동 경향성
정서적 역량	자기정서 조절	목표 추구 과정에서 생기는 개인의 부정적 정서를 감소하고자 자기 정서 수용, 이완, 긍정 정서 전환, 주변의 지지를 추구하는 전략
	정서인식	자신의 신체 상태나 정서를 정확하게 파악하는 능력으로 정서에 대한 주의집중, 정서에 대한 지각과 인지, 정서의 명명 등을 포함하는 과정
	정서표현	자신의 정서를 외적 행동(얼굴에 나타나는 표정을 포함한 언어적인 것과 비언어적인 것)으로 표출하는 정서적 반응
	정서와 공감	타인의 정서 상태를 이해하고 공유하며 그 정서표현에 반응하는 능력

코로나19 기간 동안 초등학생과 중학생의 사회정서 역량을 살펴보면 다음 그림과 같이 대인관계, 정서표현, 자기정서조절 능력이 다른 능력보다 떨어짐을 알 수 있다.

---

10) 우연경, 최정순, 김경령, 노연경(2021). 코로나19 시기 경험에 따른 초·중학생의 사회정서 역량 특성. 한국교육과정평가원 이슈페이퍼.

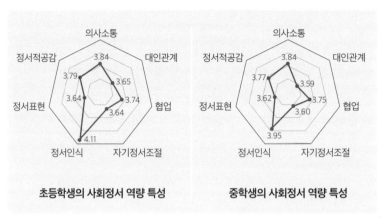

초등학생의 사회정서 역량 특성   중학생의 사회정서 역량 특성

출처: 코로나19 시기 경험에 따른 초·중학생의 사회정서 역량 특성(2021)[11]

한편, 코로나19 이후 '사회성'이라는 용어가 본격적으로 등장하기 시작하였고, 학교에서 학생들의 사회성을 회복하기 위한 다양한 방안이 추진되고 있다. 즉 '결핍'의 관점에서 사회성 회복 방안이 모색되어 왔다. 사회성은 사회생활을 잘하기 위한 인간의 사회적 기술을 의미하며 대인관계, 협업, 자기조절, 의사소통, 공감 등 사회정서 역량과 유사하다. 최근 MZ세대의 사회성 연구[12]를 보면 사회성에 대해 세대 간 이해가 다르다는 것을 확인할 수 있다. X세대(1965년~1982년 출생)는 책임감, 자율성, 근면성, 사교성, 안정성, 대인관계 등의 영역에서 높은 점수를, 후기 Z세대(2004년~2009년 출생) 학생 청소년 집단은 자기조절, 주장성, 의사소통 능력, 리더십 등의 영역에서 높은 점수를 받았다. 코로나로 인해 Z세대(1996년~2009년 출생)의 사회성이 떨어졌을 것이라는 예상과 달리 Z세대가 X세대와 비교하면 의사소통 능력이 높게 나왔다. 이는 Z세대들은 온라인 공간이 사회성을 기르는 중요한 장소가 되었음

11) 우연경, 최정순, 김경령, 노연경(2021). 코로나19 시기 경험에 따른 초·중학생의 사회정서 역량 특성. 한국교육과정평가원 이슈페이퍼.
12) 최정원, 이지연, 김현수, 박지숙(2022). 코로나19 시대 MZ세대의 사회성 발달 연구. 한국청소년정책연구원.

을 나타내고 있다. Z세대 학생들은 디지털 네이티브 세대답게 온라인에서 소통하는 것이 너무나 자연스럽다. Z세대가 X세대에 비해 의사소통 능력, 리더십 등이 높다는 것은 '사회성'을 결핍의 관점과 '회복'해야 한다는 관점에서 벗어나 Z세대의 강점을 살리면서 사회성을 향상시킬 수 있도록 소통의 대한 관점 확대를 제시하고 있다.

초등학교 단계부터 자신의 감정을 제대로 표현하고 감정을 올바르게 조절하는 방법과 소통하는 기술을 학교에서 끊임없이 연습해야 한다. 배움은 관계 맺기부터 시작한다. 우리는 관계 맺기, 소통의 장소를 오프라인에 한정하지 않고, 온라인 공간으로 넓혀 오프라인과 온라인에서 알맞는 사회적 기술에 대한 교육이 함께 이루어져야 한다. 학생들은 주변 친구, 교사, 흥미를 가진 관심 분야에 종사하는 다양한 사람들과 관계를 맺으면서 호기심이 생기고 더 깊게 알고 싶어 한다. 나와 타인의 감정을 제대로 이해하고 소통하기 위한 교육이 더욱 필요한 이유이다.

삶의 문제를 해결하는 힘을 기른다

삶 속에서 우리는 많은 질문과 도전을 받게 된다. 일상에서 만나는 다양한 문제를 발견하고 다양한 방안을 모색하기 위해 무엇이 '연결'되어 있는지 발견하는 것은 중요하다. 우리는 학생에게 지식을 소개하고 이를 바탕으로 개념을 이해하는 방식의 수업은 지속적인 동기 부여가 어려울 때도 있다. 학교는 학생이 직접 삶에서 곤란을 느끼거나 관심 있었던 문제를 발견할 수 있도록 해야 한다. 우리는 끊임없이 다른 사람과 협력하고 소통하며 삶의 여러 문제를 해결하곤 한다.

학생의 배움과 성장은 하루아침에 일어나는 것이 아니라 다양한 경험을 통해 누적되면서 어느 순간 진정한 배움이 일어나게 된다. 자신의 생각을 나누고, 다른 사람의 이야기를 들으면서 내가 미처 생각하지 못한 것을 깨달게 되면서 한 단계 성장하게 된다.

　교사는 프로젝트를 진행하기에 앞서 학생 간, 학생과 교사 간의 관계성 형성에 집중한다. 누구 한 명이 모둠에서 소외되는 것이 아닌지 소통하지 않고 학생 간에 서로 가르치고 배우는 과정이 무시되는 것은 아닌지 꼼꼼히 살펴봐야 한다. 프로젝트를 성공으로 이끄는 상호작용은 교사와 학생 간, 학생과 학생 간의 신뢰 관계가 형성될 때 이루어진다. 교사와 학생 간의 신뢰 관계는 일방적 주입식 교육이 아니라 학생의 성장을 제대로 바라봐주고, 피드백을 주면서 독려할 때 더욱 활성화된다. 서로 간의 신뢰 관계 형성은 수업의 가장 기본이 된다.

　초등학교 단계에서는 한 명의 선생님이 여러 교과를 하기에 하나의 주제를 중심으로 여러 교과를 통합하면서 학생들이 총체적으로 문제를 바라보는 힘을 길러주기 위해 노력한다. 중학교와 고등학교 단계에서 여러 교과 선생님들이 융합할 수 있는 주제를 고민하고 교과마다 다양한 각도로 문제를 들여다보고 해결할 수 있도록 지원한다. 나 혼자 해결하지 못한 문제를 학교 선생님, 동료와 해결하기 위해 노력하는 과정 자체가 자기 삶에 '주체'로 서는 과정이라고 할 수 있다.

교육과정 개발과 수업 설계에서
고려할 과제

교육과정 재구성을 뛰어넘는 학교 교육과정

　6차 교육과정 이후 교육과정 자율화가 강조되었지만, 형식적 차원에 교육과정 자율화에 그치는 경우가 많았다. 학교 교육과정을 살펴보면 '교육과정 재구성'을 통해 교과서 내용을 일부 덜어내고 새로운 자료를 추가하거나, 교과서 순서를 변경하는 차원에 머물러 있는 경우도 많다. 이는 학교 교육 과정 개발이라기보다는 기존의 국가 수준 교육과정 범위 내에서 이루어지 는 소극적 차원의 재구성이라고 할 수 있다.[13] 하지만 혁신학교의 원조로 알 려진 남한산초등학교처럼 2000년대 초반부터 무학년제를 기반으로 주기 집 중형 교육과정, 교과 통합수업을 위한 블록제 수업을 운영하며 학교 교육과 정을 제대로 운영하는 학교도 많이 존재하고 있다.

최근 고시한 2022 개정 교육과정 총론[14](2022. 12. 22. 고시)에는 학생의 특성 과 학교 여건에 맞게, 학습자의 전인적인 성장과 발달이 가능하도록 학교 교육과정을 '설계'하여 운영할 것을 제시하고 있다. 2022 개정 교육과정 이 전까지 학교 교육과정은 국가 수준 교육과정을 학교 실정에 맞게 '편성·운 영'하도록 되어 있었다. 하지만 2022 개정 교육과정에서 학교 교육과정을 '설계하여 운영'할 것이 제시되고 있다는 것은 학교에서 실질적으로 교육과 정이 생성되고 구현되는 학교 교육과정의 중요성을 반영한 결과라고 할 수 있다.

학교교육과정은 학교의 학생들이 경험하는 교육과정의 총체를 의미한다 고 할 때, 학교 교육과정은 국가 수준 교육과정보다 학생의 삶의 맥락에 맞 게 훨씬 풍부해져야 한다. 따라서 민주적 학교 공동체 문화를 기반으로 학 교의 비전에 맞게 교사, 학생, 학부모의 소통과 협업을 통해 교육과정을 함 께 설계하는 것은 중요하다. 학교 교육과정 개발에 앞서 학교 구성원은 지 역의 특성, 학생의 특성, 교육의 방향성 등을 고려하여 학교의 비전을 같이 고민하고, 우리 학교가 더욱 중점적으로 추진해야 할 주제에 대해 깊이 있게

---

13) 이형빈(2020). 학교의 공동체적 가치에 기반한 학교 교육과정 개발 가능성 탐색. 통합교육과정연구, 2020, 제14권 2호(55-81)
14) 교육부(2022). 초·중등학교 교육과정 총론. 교육부 고시 제2022-33호 [별책 1]

논의하고 있다.

삶을 가꾸는 교육이 이루어지기 위해 교육을 통한 사회적 책임과 실천은 강조될 수밖에 없다. 나아가 학교 교육과정 실행에 대한 평가와 환류 방안도 구성원들에게 공유되는 것은 중요하다. 우리는 교육과정 평가회를 통해 교사, 학생, 학부모 모두 학교 교육과정에 대해 다양한 성찰을 하고 있다. 이를 바탕으로 학교 교육과정은 교육의 시대성신, 학생의 특성에 따라 우리 학교 학생에게 맞는 최적의 교육과정으로 구성하고 필요성에 대한 공감대를 높여갈 수 있다.

교사 교육과정의 의미 생각해보기

교사 교육과정은 무엇을 의미할까? 교사 교육과정이라는 용어가 나온 배경은 표준화된 국가 수준 교육과정을 넘어 학생에게 더욱 의미 있는 배움이 일어날 수 있도록 교사의 교육과정 개발자 역할을 강조한 의미라고 할 수 있다.

문서로 제시된 국가 수준 교육과정은 학생의 상황(가정환경, 준비도, 흥미, 교실 내 상호작용 정도)과 교사의 수업 설계에 따라 실행되는 과정이 달라진다. 교사는 주제에 따라, 학생과 지역의 특성에 따라 교육과정을 새롭게 설계하여 운영할 수밖에 없다.

교사는 수업 철학을 바탕으로 국가 수준 교육과정의 성취기준과 학생의 상황을 고려하여 새롭게 교사 교육과정을 설계한다. 교사 교육과정을 설계하면서 성취기준을 분석하고 통합하여 기존 교과서 중심의 수업에서 벗어나 교사가 스스로 학생의 삶을 반영한 교재를 만들기도 한다. 교사교육과정 설계에서 학생에 대한 분석은 철저히 일어나야 한다. 이를 바탕으로 우리는 학교와 수업을 관통하는 교육원리에 맞게 학생들의 배움과 성장 지점을 고민하면서 그림과 같이 학생에게 맞는 수업을 설계하고 실천하고 있다. 교사

교육과정은 수업을 통해 더욱 구체적으로 실현되고 있다. 다음 그림은 교사가 어떤 측면을 강조하여 교육과정을 설계했는지 예시로 제시한 것이다. 교사 교육과정을 설계할 때 개별 학생에 맞는 수업이 이루어질 수 있도록 교육과정을 설계할 수 있고, 학생 주도성, 개념이해, 사회정서 역량 함양을 강조하여 교육과정을 설계할 수도 있다.

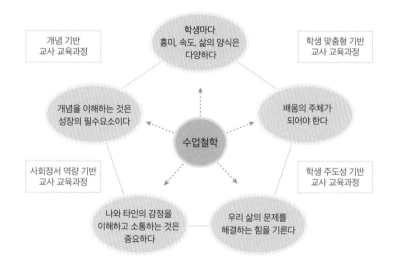

수업철학과 교사 교육과정 관계

평가에 대한 관점 세우기

평가는 학생이 학습의 목표 도달 정도를 확인하고, 부족한 부분을 보충하면서 학습을 지속적으로 성찰하고 개선할 수 있도록 한다. 평가를 통해 학생이 자신의 성장을 점검할 수 있도록 하는 것은 학습에 대한 권리를 충족시키기 위한 것이라 할 수 있다. 즉 「헌법」 제31조에 제시된 교육을 받을 권리는 평가와 관련되어 있다.

과거에는 학습 결과에 따라 비교와 서열화를 중시하던 평가 방향이 우세하였다면, 최근에는 학습 과정에서 지속적인 관찰과 소통, 피드백을 통해 학생의 성장을 확인하고 지원하는 과정중심평가관이 우세하다고 할 수 있다.

과정중심평가란 교수·학습 과정에서 학생의 변화와 성장에 대한 자료를 다각적으로 수집하여 적절한 피드백을 제공하는 평가이다.[15] 이를 위해 개별 학생의 학습 과정을 관찰하여 성취기준을 효과적으로 달성하고 있는지 확인하고, 제대로 성취할 수 있도록 지원해야 한다. 과정중심평가는 학생의 성장과 발달을 지원하는데 초점이 있다. 과정중심평가는 능동적인 학습자를 강조하고 있는데 이는 OECD 교육 2030 프로젝트[16]에서 학생 주도성을 강조하면서 학생이 적극적으로 참여하고 혁신성과 책임감을 가진 사람으로 성장해야 한다는 것과 연관된다.

교사는 수업 설계단계부터 학생이 배워야 할 학습 내용과 기대하는 총체적인 역량을 고려하고 있어야 한다. 과정중심평가가 제대로 이루어지기 위해서는 현재 학생의 특성, 준비도, 학습양식 등에 대한 정보를 가지고 있어야 한다. 학생의 특성, 학교와 지역의 여건 등을 고려하여 성취기준을 재구조화하고, 학습 과정에서 학생의 현재 상태와 학습 목표 사이의 간격을 줄일 수 있도록 해야 한다.

핀란드 교육과정 문서에서도 학교 일상에서의 평가를 통한 교사의 피드백을 강조하고 있다. 피드백의 목적은 학생의 배움을 촉진하는 상황을 창출하는 것이며, 이러한 피드백은 본질적으로 질적이고 서술적이어야 한다고 명시하고 있다. 학교 일상에서의 평가를 통해 제공해야 할 정보는 다음과 같다.[17]

---

15) 경기도교육청(2022). 중등 학생평가 및 학업성적관리 이해하기.

16) OECD(2019). Concept note: OECD Learning Compass 2030.

17) 이형빈, 김성수, 조성희(2021). 세종형 학력 평가 도구 개발 연구. (사)충남교육연구소, 세종특별자치시교육청

● 배워야 할 것은 무엇인가?

● 이미 배운 것은 무엇인가?

● 어떻게 학생들의 배움을 증진하고 수행 능력을 향상하게 시킬 것인가?

과정중심평가 방법은 다양하다. 모둠 토론 학습지, 학습일지, 포트폴리오, 사전시험, 과제물, 학생 의견 조사 등 학습 상황에 맞추어 다양한 평가 방법을 사용한다. 학생들은 결과로서 점수만이 아니라 자신이 부족한 부분이 무엇인지, 어떻게 하면 개선·발전할 수 있는 것인지에 대한 교사의 피드백을 받기를 원한다. 학교는 사고력을 향상시키고 학생의 강점을 잘 살릴수 있는 다양한 평가 방식뿐만 아니라 평가 결과를 기록하고 피드백을 제공하는 데에도 많은 노력을 기울이고 있다.

학생 활동에 대한 교사의 피드백은 학습을 극적으로 향상시키는 강력한 도구가 될 수 있다. 그러나 피드백의 질 확보는 필수적이다. 성공적인 피드백이 이루어지기 위해서는 피드백 전에 학생들과 충분히 피드백의 필요성, 평가 기준을 파악할 수 있어야 한다. 피드백은 학생들의 사고가 다음 수준으로 나아갈 수 있도록 적기에 이루어지는 것도 중요하다. 피드백은 단순히 "아직 학습 목표에 도달하지 않았어"라고 말하는 것이 아니라 학생이 현재 자신의 학습 상태, 목표에 도달하는 데 필요한 전략 등에 대해 구체적으로 제시해야 한다. 또한 학습에 어려움을 겪는 학생들에게 자기효능감을 높이고 동기유발을 일으킬 수 있는 피드백과 학습자의 사고를 확장하고 학습이 개선될 수 있도록 다각적으로 피드백할 수 있다.

성공적인 피드백의 조건

피드백 준비	• 명시적으로 학습 과정과 피드백의 가치에 대해 학생들과 논의함 • 학생들이 피드백이 학습을 위한 것이며 배우는 과정이므로 '실수해도 좋다'라는 심리적 안정감을 가질 수 있도록 함 • 평가 시행 이전에 학생들이 평가 기준을 파악할 수 있도록 함
시기의 적절성	• 시기(수업 중, 평가 후 등)와 상황에 알맞은 피드백 제공 • 학생들이 받아들일 준비가 안 된 상황에서는 충분히 기다린 후 피드백을 진행함
피드백 내용	• 성취기준을 바탕으로 학업 성장을 알 수 있는 학습의 증거에 초점을 둠 • 학생의 일반 정보보다는 학생의 수행에 관해 진술함 • 학습자의 특성에 대한 피드백 • 핵심 오류나 오개념에 대해 구체적, 기술적으로 피드백
학습자 중심	• 자아관리, 자기효능감, 목적지향에 긍정적인 영향을 줌 • 개인에 따라 차별화된 피드백을 함 • 구체적이고 기술적인 내용으로 피드백함 • 학생들이 주어진 피드백을 바탕으로 자기 조정(검토, 수정, 연습, 개선, 재시도 등)이 가능한 피드백을 제공함

출처: 경기도교육청 「중등 학생평가 및 학업성적관리 이해하기」(2022)

학생은 과정중심평가를 통해 자신의 학습 과정을 점검할 수 있어야 한다. 이를 위해 교사의 피드백뿐만 아니라 학생 스스로 자기평가를 하거나 동료평가를 활용할 수 있다. 학생이 자기평가를 잘 할 수 있는 방법을 학습하는 데에는 시간이 필요할 수 있다. 교사는 자기평가의 필요성과 방법을 명확히 제시하고 가르칠 필요가 있다. 학생은 자기평가를 통해 자신의 현재 위치를 파악하고 성공적인 수행 기준을 이해한다. 학생은 학습 전과 중간, 후에 실시하는 루브릭[18]을 통해 자기평가를 할 수 있고, 체크리스트, 교사의 질문, 전년도 학생 작품 등을 통해 자기평가를 실시할 수 있다.

학습 과정에서 다양한 과정중심평가를 바탕으로 학생이 수행하는 학습

---

18) 루브릭은 낮은 수준에서 높은 수준까지의 학생 수행 수준을 판단하기 위한 기초를 제공한다.

이 마무리되는 시점에서는 총괄평가로 학생의 성장을 공식적으로 기록한다. 총괄평가는 시험, 구두 발표, 보고서 등의 다양한 형태일지라도 학생이 학습단원의 목표를 달성한 정도를 확인하는 것이다. 진단평가, 형성평가, 총괄평가 등 평가의 목표와 시기에 따라 평가 방법은 달라진다. 궁극적인 평가의 목표는 결과의 측정이 아니라 학생의 성장이 되어야 한다. 이를 위해 학생들이 이해하기 쉽게 명료하고 일관된 기준의 평가, 학생 관찰, 계속적인 피드백이 필수적이다. 평가는 학생들이 제대로 이해하고 있는지, 무엇을 했는지, 앞으로 무엇을 할 수 있는지 보여주도록 돕는 것이어야 한다.

제2부

초등 수업사례

평생 학습의 기반을 다지는
초등 수업

최봉선 | 동암초등학교

평생학습시대의 초등교육

한 인터넷 카페에 올라온 심심한 사과에 대해 '심심深深하다'(마음의 표현 정도가 매우 깊고 간절하다)를 '하는 일 없이 지루하고 재미없음'으로 이해하여 벌어진 문해력 논란[1]을 보고 수업 중 교사와 학생의 언어를 주의 깊게 살펴보았다. 보도하는 바대로 젊은 세대의 문해력이 떨어지고 있다면 그 책임의 상당부분은 초등교육에 있다고 생각한다. 초등학교 3학년 국어 교과에서 낱말 뜻을 찾기 위한 사전 활용 방법을 배우는데 요즘에는 종이 사전이 아닌 온라인 사전을 찾거나 검색을 하는 것이 자연스럽다. 사전의 낱말 풀이에 모르는 한자어가 이어지기는 하지만 찾고 설명하는 과정을 반복하면서 어려움 없이 문맥을 이해한다. 초등학교 1, 2학년까지는 모르는 낱말의 뜻을 알기 위해 부모나 교사에게 질문을 한다. 3학년이 되어 사전 활용 방법을 배운 후에

---

1) 한국의 실질 문맹률이 75%로 심각하다는 내용이 다시 언론에 보도되고 있다. 잊을 만하면 나오는 '실질 문맹률 75%'라는 기사 내용이 왜곡·과장이며 최신 통계가 나왔음에도 이를 반영하지 않은 언론의 문제가 크다는 지적이 나왔다. 출처 : 미디어오늘(http://www.mediatoday.co.kr)

도 여전히 질문을 많이 한다. 사전 활용이나 검색 같은 새로운 문제 해결 방법을 배웠다고 해서 바로 익숙해지지는 않는다.

학교에서의 배움이 일상의 삶에 영향을 주도록 문제해결력을 키우려면 어색한 낱말 때문에 불편한 감정이 생기고 불편한 감정을 해결하려는 욕구가 생겨야 한다. 어색한 낱말 때문에 생기는 불편한 감정을 해결하는 방법은 학교에서 배운 대로 사전을 찾거나 검색하는 것이다. 학교에서 배운 대로 문제를 해결하지 않고 비난하는 댓글을 쓴 것이 문해력의 문제일까? 일상생활에서 잘 쓰지 않는 한자어를 쓴 글쓴이의 태도가 문제일 수도 있고 무조건 비난하려는 정서의 문제일 수 있다. 그런가 하면 심심한 사과를 오해한 것이 단순히 초등교육의 문해력 교육 부족만으로 보기에는 단순하지 않은 여러 요인이 있다.

어떤 문제의 원인이 한 가지가 아니라는 것은 널리 알려진 상식이 되었지만 복잡한 원인을 따져서 갈래를 짓고 여러 가지 방안을 고려하는 문제 해결 과정은 익숙해지기 어려워서 시간이 많이 드는 숙고보다 한 가지 원인에 책임을 전가하는 방식을 선택하게 된다. 하지만 그러한 방식은 빠르게 복잡해지는 사회변화에 대응하지 못하고 오히려 문제를 더 키우는 결과를 만들기도 한다. 그래서 세상은 생각보다 훨씬 더 뒤죽박죽이라고 한다.[2] 하물며 언어표현이 미숙한 학생을 학습으로 이끄는 초등교육의 어려움을 몇 가지 관점으로 설명하기는 어렵다. 그래서 초등교사는 성장기 6년의 변화와 9개 교과 내용을 엮어 교육과정을 설계하고 수업을 실행하는 빠르고 효과적인 방법을 매일 고민한다. 평생 배워야 하는 세상이라고 한다. 우리 아이들이 배움의 즐거움을 배울 수 있도록 내가 먼저 배움이 즐거운 교사가 되고 싶다.

'우리 글 바로 쓰기'를 쓰신 이오덕 선생님도 지난 글을 다시 읽으면 부끄

---

2) 대니얼 카너먼(2018), 생각에 관한 생각, (이창신, 역). 경기:김영사(원서출판 2012)

럽다고 하셨다는데 나는 수업에 관한 깨우침이 생길 때마다 지난 아이들에게 미안하고 부끄럽다. 배움이 힘들었던 아이들에게 적절한 도움을 주지 못했거나 좀 더 수월하게 배우는 방법을 알려주지 못한 미안함이 크다. 미안함을 줄이기 위해 새로운 이론과 교수법을 연구하고 있는 중에도 내가 생각하지 못한 아이디어를 만들거나 내 생각보다 훨씬 너른 마음의 품을 보이는 아이들은 나를 새로운 고민에 빠뜨린다. 흔히 우수하다고 평가받는 학생들을 만드는 요인은 뭘까. 물론 우수함의 기준도 따져야 하지만 아이들을 행복하게 하는 성취의 주요 요인이 학교에서의 배움과 나의 도움이었길 바라며 효과적인 교수전략을 만들기 위한 학습과 실천을 한다.

아이들마다 정도의 차이는 있더라도 타고난 자질과 가정환경의 영향에 평생 휘둘릴 것이니 초등교육은 자신의 가능성만으로 충분한 성취감을 가지는 경험을 주어야 한다. 결과만으로 잘했다는 피드백보다 교사가 같이 도전할 과제를 만들고 해결하는 성공 경험을 쌓도록 도와야 한다. 세상을 향하는 문이 하나가 아니고 여러 가지라고 알려주기 위해 초등학교 교사는 여러 교과를 다루어야 한다. 초등 교과에 담겨 있는 정보의 양이나 난이도를 고려해서 한 교사가 감당할 수 있는 교과 수를 정했을 거라고 짐작한다. 그러나 배움이 처음인 학생들에게 학문적, 사회적, 경험적 개념의 영속적 이해를 습득하도록 교수하기에는 어려움이 크다. 교과마다 교과의 내적 필요와 문법이 달라서 교사가 완전하게 이해하고 아이들이 습득하도록 돕는 교수법은 학습하는 과정과 내용에 대한 이해를 전제로 가질 수 있는 전문성이다.

교과를 처음 만나는 아이들은 좋아하는 과목, 싫어하는 과목을 갈라서 교사를 곤혹스럽게 한다. 맛도 보기 전에 싫어질까 봐 여러 방법을 고안해서 교과의 매력을 보여줘야 하는 초등교사의 수고를 통해 아이들은 끊임없는 노력과 헌신을 통해 능력이 발전할 수 있다고 믿는 성장형 사고방식[3]을 가질 수 있다.

알면 사랑한다는 말처럼 아이들을 이해하기 위한 노력의 결과는 아이들에 대한 새로운 발견과 그로 인한 대견함, 기특함이다. 아이들을 이해하기 위한 다양한 시도가 수업이 되고 여러 가지의 시도가 쌓이면서 6년 동안 글쓰기를 하는 과정, 말하기 능력이 한 문장, 두 문장 늘어나서 근거와 주장이 들어가는 과정이 보였다, 이미 배운 내용을 회상하여 교사의 질문에 대답하면 어깨를 으쓱하고, 앞으로 더 복잡해질 것이라고 하면 몸서리를 치면서 호기심을 보이는 아이들을 이해하기 위한 여러 가지 시도와 배움의 맥락을 만드는 과정을 이야기하려고 한다. 해마다 6학년 졸업식에서 씩씩하게 자신의 길을 만드는 아이들의 모습을 환영처럼 보았다. 꽃길일지 흙길일지 알 수 없으나 씩씩하고 용감하기를 바란다. 나와 함께 한 배움으로 인간, 사회, 자연을 이해하고 삶의 기술을 익히고 실천하여[4] 당당한 배움의 주체가 되길 바란다.

발달과 역량의 관점에서 본
초등학생의 배움

한글과 수를 익히는 1학년부터 교사보다 큰 6학년까지 성장의 폭이 큰 초등학교인데 해마다 다른 학년을 만나서 아이들의 정서적, 지적, 신체적 성

---

3) Nancy Frey, Douglas Fisher, and Dominique Smith(2021), 학생들의 성공적 삶과 사회정서학습(안찬성, 역). 서울:밥북
4) 새로운학교네트워크 교육원리 8

장을 어느 정도 도울 수 있을까. 어느 면은 자연적 발달에 기대어 크면 다 할 테니 놔두라는 면도 있을 것이고 타고난 기질이나 가정환경의 탓으로 돌리는 면도 있다. 쉬운 것을 가르치지만 쉽지 않은 초등교사의 어려움은[5] 학생의 배움을 알아채기 어려워서 생긴다. 언어로 생각을 표현하는 것이 서툰 아이들이 알아가는 과정과 습득하는 낌새를 알아채는 것이 어려우니 교구에 기대어 만들기만 잔뜩 쌓을 수도 있고 점수에 기대어 시험지만 쌓을 수도 있다. 교사가 학생 이해를 위한 다양한 관점을 숙지해도 막상 맞닥뜨리는 아이는 어느 관점 하나로 해석되지 않는다. 아이가 보내는 다양한 메시지를 알아채는 교사의 노력과 함께 아이들에게 능숙한 자기표현 능력을 가르쳐야 한다.

초등학생 6년간의 변화를 알고 싶어서 1학년부터 6학년까지 연속해서 담임한 경험을 바탕으로 6년의 성장을 발달과 역량의 관점으로 정리했다.

발달의 관점에서 보는 배움

초등학교 1학년과 6학년을 함께 세워놓으면 마치 아기와 어른 같다. 지적인 발달과 더불어 신체적, 정서적으로 자라는 모습이 눈에 보일 정도여서 방학이 지나고 오면 부쩍 크기도 한다. 아이마다 다른 개별적인 성장은 따로 다룰 내용이지만 학습자로 성장하는 과정인 학년의 특성에 대해 교사는 정확하게 이해하여야 한다. 우리나라 교육과정은 초·중·고 내용의 난이도에 대해서는 기술이 되어 있으나 학생의 인지적, 정서적, 신체적 발달의 특성에 따른 교수법 등에 대한 안내는 부족하다. 교사는 수업에서 아이들이 이해할 수 있는 용어를 사용하고 발달에 적절한 수행과제를 제시해야 수업의 효과를 높일 수 있다. 학습 기능이 순차적으로 발달한다고 보기는 어렵지만, 학

---

5) 이혁규(2021), 한국의 교사와 교사 되기. 서울: 교육공동체 벗

년에 따라 이해의 수위가 달라지는 것은 분명하다.

2009 개정 교육과정에서 도입한 학년군 교육과정은 성장의 단계에 맞는 교육목표를 명확하게 보여준다. 초등학교 1~2학년은 학생이 되어가는 과정으로 학교라는 공간과 시간에 적응하는 것을 목표로 한다. 대규모의 인원과 복잡한 공간, 많은 교사와 급식실 사용과 같은 환경의 변화는 아이들에게 위협적일 수 있다. 학교에 안정적으로 적응하여 시간 지키기, 화장실 사용이나 준비물과 책을 챙기는 능력을 갖추도록 지도하여야 한다. 유치원에서 배운 내용이 초등학교와 연계되도록 저학년 교사는 유치원 교육내용을 알아야 한다. 유치원에서 배운 내용을 계속 환기해 주어 나날이 성장해가는 모습을 실감 나게 보고 느끼도록 해야 한다. 배움을 지속하게 하는 특성인 탐구심과 호기심을 만들기 위해 특별히 노력해야 하는 때이다.

3~4학년은 학습을 학습하는 기술을 발달시키는 기간으로 학생 개별의 학습 습관과 기술을 파악하여 발전시켜 나가는 때이다. 어느 정도 자유로운 탐색이 허용되었던 공책 정리와 학습 용구 사용 방법에 대해 엄격한 숙달의 시간이 필요하다. 유아어의 흔적을 없애고 문장으로 말하고 여러 장르의 글의 특징을 알고 쓰기 등 기본 학습훈련이 정착되는 시기이다. 또한 교과 내 단원 설계로 프로젝트 학습의 과정을 밟아 학습 내용을 선정하거나 결과물을 예측하는 기획을 해볼 수 있다. 고학년이 되어 프로젝트 학습의 열매를 맺기 위한 준비과정이다.

5~6학년은 숙련된 학습 방법을 이용하여 내용적 탐구가 가능한 때이다. 다양한 주제를 선정하고 교과 간 통합으로 멋진 결과를 만드는 프로젝트가 가능해서 6학년의 졸업프로젝트를 시도한다면 의미 있는 마무리를 할 수 있을 것이다. 이러한 발달의 과정은 학교 안 교사학습공동체가 함께 이끌어가야 한다. 개인차가 있는 자연적 성장과는 달라서 학습을 위한 인지와 기능의 성장은 교사가 의도적으로 지도해야 한다.

국가교육과정과 교과서 내용을 발달의 관점으로 분류하면 교수법을 다르게 해야 하는 지점이 보인다. 예를 들면 미술 수업에서 교사가 제시하는 예시 작품은 모방 심리를 자극하므로 1, 2학년은 예시 작품 없이 교사가 함께 작업을 하는 것이 효과적이다. 대체로 3학년부터 모방 심리가 약해지면서 아이디어를 조합하는 능력이 생긴다. 예시 작품에서 아이디어를 얻는 3, 4학년은 다양한 예시 작품이 필요하지만, 고학년은 교사가 준비하지 않아도 다양한 자료에서 아이디어의 원천을 찾는다. 아이디어의 원천은 문학과 음악 등 다른 교과와의 융합을 통해서 풍부해진다. 학년에 따라 교수 자료의 제시 방법만이 아니라 말투까지 바꿔야 하는 초등교사의 수고가 번거로워서 가능하면 학생과 같이 학년을 올라가는 방법을 택했다. 학생과 함께 성장의 시간을 공유하는 은밀한 유대는 매력적이다.

역량의 관점에서 보는 배움

학생은 교사가 말로 가르친 대로 배우지 않는다. 허공으로 흩어지는 말을 붙잡기 위해 여러 가지 방법을 쓰지만 배움을 확인하기에 충분하지 않다. 새로운 것을 배우는 의식적 자각은 삶의 유동적인 행동 패턴 속에 녹아들어야 한다.[6] 학교 공동체가 공유하는 역량 지표는 학생의 삶에 녹아들도록 일상적으로 다루어야 한다. 해마다 새롭게 진단하고 사회변화와 아이들의 성장을 반영하여 수정하는 과정에 학생이 참여한다면 주체적이면서 책임 있는 태도를 가지게 될 것이다. 교사가 학생의 발달 단계와 특성, 관심, 생활환경을 반영하여 교육과정을 함께 만들고 실행하는 학교[7]는 학교의 비전을 공유하는 학습공동체를 꾸린다. 학교가 처한 사회적 환경, 시대적 요

---

6) Brent davis, Dennis Sumara, Rebecca Luce - Kapler(2017), 마음과 학습(한승희 양은아, 역), 서울:교육 과학사
7) 새로운학교네트워크 교육원리 7

구와 학생의 특성을 고려하여 학교가 키우고자 하는 학생역량을 설정하고 세분화해서 교육과정에 반영해야 한다. 학생 핵심역량은 구성원이 바뀌기도 하고 사회가 요구하는 바가 달라지기도 하는 변화를 고려하여 해마다 성찰하는 시간을 가져야 한다. 경기도 혁신교육 정책의 도움으로 한 학교에서 10여 년을 근무하며 아이들 성장의 과정을 가까이서 볼 수 있었다. 무엇보다 두드러진 변화는 아이들 관심의 다양성이다. 초반에 아이들 관심사는 체육 수업을 늘려달라는 정도였는데 점점 다양한 분야와 방면으로 확장되어 자율 동아리 수가 늘어나고 교육과정은 풍성해졌다. 이런 변화를 고려하여 기초학습 능력에 치중하던 역량은 문화예술 향유 능력으로 비중이 옮겨가게 되었다.

경기도 솔뫼초등학교 핵심역량 지표의 일부분

핵심역량	하위역량	학년	역량 지표
지적 능력	기초학습 능력	1	• 학교가 즐거운 곳임을 안다. • 한글과 수를 깨친다.
		2	• 한글을 깨쳐 글을 쓴다. • 수를 익숙하게 다루어 수학적으로 생각하는 힘을 가진다.
		3	• 글쓰기의 즐거움을 알고 다양한 글쓰기에 도전한다. • 사칙연산을 능숙하게 사용하여 수학적 사고력을 키운다.
		4	• 짜임새 있게 문단을 구성하여 글을 쓴다. • 수학적 원리를 알고 설명한다.
		5	• 글의 주제를 파악하며 글을 읽는다. • 글의 유형에 따라 짜임새 있게 글을 쓴다. • 수학·과학의 기초개념을 파악한다.
		6	• 풍부한 어휘를 활용하여 여러 장르의 특징을 살려 글을 쓴다. • 수학적 원리를 이해하고 문제 상황에 알맞게 적용한다.

		1	• 일상생활에서 궁금한 것을 질문한다.
지적 능력	문제 해결력	2	• 일상생활에서 접한 문제의 해결 방법을 구한다.
		3	• 일상의 문제에서 탐구 과제를 찾는다.
			• 조사, 관찰의 방법을 익혀서 결과물을 만든다.
		4	• 자료를 수집하여 해석하고 활용한다.
		5	• 자료에서 필요한 정보를 찾아 정리한다. • 여러 매체 안의 문제 상황에서 내가 할 수 있는 행동에 대해 생각한다.
		6	• 세계시민으로서 국제 사회의 문제에 관심을 가지고 해결하는 과정에 참여한다.
	비판적 사고능력	1	• 문제가 발생했을 때 침착하게 행동한다.
		2	• 문제 해결을 위한 나의 의견을 만든다.
		3	• 정보에 대한 사실과 의견을 구별하여 궁금한 것을 정리하고 질문한다.
		4	• 습득한 지식이나 정보를 새로운 상황에 적용한다.
		5	• 일상생활의 문제를 다양한 관점에서 바라보려고 노력한다. • 기존의 문제를 새로운 시각으로 바라본다.
		6	• 근거가 되는 자료의 타당성을 검증한다. • 방법이나 의견을 평가하고 합리적인 선택인지 재점검한다.

바쁜 와중에 일부러 보지 않으면 하늘을 올려다보기 힘들다. 모두 당면 과제를 해결하느라 정신이 없으면 학교공동체가 목적을 잃고 안정성을 잃을 수 있다. 초등학교는 아이들이 개성을 뿜는 장면과 학습의 기초체력을 만드는 측면이 공존해야 한다. 학생역량은 학년과 교과 간 연계를 만드는 좌표의 역할을 하여 성장을 가늠하는 잣대가 된다.

배움의 조건

사람은 습관의 동물이라서 실제적인 편리나 효율과 상관없이 익숙한 방법을 선택한다고 한다. 자유의 반대 개념은 부자유가 아니라 관성[8]이라는 말은 깊은 사고로 자유에 이르는 길이 사람의 본성을 거슬러야 할 만큼 어려

---

8)　고병헌(2020), 존재가 존재에 이르는 길. 서울:이다북스

운 일이라는 것을 보여준다. 심층 이해나 깊이 읽기와 같은 활동은 연습이 필요하다. 내 생각이 익숙한 관성을 따르는 것인지 의심하며 학습에 이르는 사고방식은 배워야 한다.

또한 심층 이해를 거쳐 만든 생각은 말하거나 쓰는 언어활동을 거쳐야 기억에 남는 경험으로 다음 학습과 연계된다. 이외에도 학습을 위한 기능은 수없이 많지만 초등학생에게 사고력과 의사소통 능력은 학습의 기초를 다지는 주요한 능력이다. 위축되거나 긴장하기 쉬운 초등학생의 특성을 고려해 안전한 분위기를 만들어서 사고력을 기르고 탐구, 탐색하는 습관을 기르기 위해 사회정서학습을 활용하였다. 유아어를 벗어나는 과정과 능숙한 대화법을 연습하는 과정이 혼재돼있는 초등학생과의 대화는 어디로 튈지 모르는 탁구공 같은 재미가 있다.

1. 안전한 분위기

학습이 일어나는 과정에 대한 과학의 발전은 표현이 서툰 초등학생의 교육에 시사한 점이 많다. 초등학교에 입학하는 환경의 변화를 설렘과 기대로 맞이하기를 기대하지만 대부분 학생은 두려움과 긴장으로 힘들어한다. 교사는 두려움과 배움이 함께 춤출 수 없다고 이해하지만 배움의 도구로 두려움을 사용하는 과오를 수시로 저지른다. 하지만 아이를 두려움에 빠뜨려서 뇌의 활동이 위축되면 교사가 원하는 배움이 일어나지 않는다. 긴장한 아이는 정말 아무것도 할 수 없다. 그렇지만 수업은 계속 이어진다. 아이들은 항상 내면으로부터의 욕구를 억누르는 것을 학습 받는 것과 마찬가지이고 이것이 이루어지면 아이는 어른이 원하는 행동을 혼자서 할 수 있게 된다. 어른은 훈육이 잘 됐다고 기뻐하지만 실은 그 아이는 내면으로부터의 욕구를 항상 억누름으로써 「자기부정」의 덫에 빠지게 된다.[9]

---

9) 텐게 시로(2016), 살아갈 힘(장현주, 역). 서울:오리진하우스

교사의 수용적인 태도는 아이들의 다양한 표현을 촉진한다. 그러나 실제 현장에 한 가지 태도로 해결할 수 있는 문제 상황은 없다. 허용적인 교사가 빠지기 쉬운 신뢰의 문제를 해결하기 위해 정서와 심리에 대한 깊은 이해가 필요하다. 교사가 판단하는 수용과 허용의 구별도 학생 입장과는 별개일 수 있다. 이러한 현장의 복잡한 상황을 해결하기 위해 경험이 많은 선배 교사와 후배 교사와의 학습공동체는 매우 효과적인 방법이다.

2. 탐구하는 습관

초등학교 국어과의 말하기·듣기는 6년간 꾸준하게 지도해야 한다. 아이의 생각도, 행동의 이유도 알 수 없다는 보호자가 전문가에게 털어놓는 아이들의 생각을 알고 때늦은 후회를 하는 대중프로그램이 인기 있는 것을 보면 아이들이 자신의 생각을 만들고 표현하기가 쉽지 않음을 보여준다. 초등학생이 감각으로 인식한 경험의 내용을 언어로 생성하기 위해서는 경험을 회상해야 한다. 감정을 나타내는 다양한 언어에 익숙하지 않은 아이들은 쾌, 불쾌의 정동[10]으로 인식하여 좋다, 나쁘다는 이분법적 감정만을 표현한다. 감정을 세분하여 다양한 감정으로 표현하면 경험을 입체적으로 설명할 수 있다. 다양한 감정을 떠올리기 위해 차분해지고, 생각에 몰입하면 메타적 사고를 할 수 있다. 특별한 이벤트와 같은 경험이 아니어도 어떤 경험에서든지 배울 수 있는 학습 태도를 연습하게 된다. 대부분의 부모들이 다양한 체험학습을 데리고 다니지만 정작 자신의 경험을 언어로 설명하는 시간을 갖지는 않는 것 같다.

활동이 많은 수업을 마치고 학생에게 소감을 물으면 대부분 재미있었다고 대답한다. 사실 학습은 재미있는 상황과는 거리가 있다. 교사의 질문에

---

10) 리사 펠드먼 배럿(2017), 감정은 어떻게 만들어지는가 (최호영, 역), 서울:생각연구소

대답하기 위해 이미 가지고 있는 기억이나 경험을 떠올리고 그 안에 대답할 만한 내용이 없으면 책을 찾거나 검색을 하거나 혹은 교사에게 다시 질문을 해야 한다. 이런 탐색의 과정은 즉각 답을 하고 싶은 반사적인 행동을 참고 생각하는 시간을 견뎌야 한다. 생각의 물꼬를 터주기 위해 감정 단어를 활용하는 사회정서학습[11]은 사고력 향상에 도움을 준다.

수업사례 1. 감정 단어로 생각 만들기

사회정서학습에 대한 관심이 높아지면서 다양한 감정 카드를 판매한다. 저학년이 활용하기 좋게 표정과 낱말이 함께 있는 카드도 있다. 4학년 아이들이 이해할만한 감정 낱말을 사용하는 제품을 골라 처음에는 어떤 상황에서 나오는 감정인지 이해하는 수업을 한 후 가족과 함께 보낸 경험을 떠올려 감정을 매개로 이야기하거나 글쓰기 하는 수업을 마치면 여러 교과의 수업에 활용할 수 있다.

- 감정 카드 중 하나를 골라 어떤 상황에서 일어나는 감정인지, 어떤 느낌인지 설명하기
- 아침, 급식 전 등 일정 시간에 자신의 감정을 상황과 함께 설명하고 친구의 설명 듣기
- 자신이 자주 느끼는 감정을 근거로 자신의 성향이나 성격 파악하기
- 이야기에 나오는 등장인물의 말과 행동, 사건을 감정과 연결하여 설명하고 인물의 성격 알기
- 감정을 나타내는 낱말을 사용하여 글쓰기
- 주말에 있었던 일, 사건에 따른 감정 카드를 고르고 사건과 감정을 연결하며 떠오른 생각을 정리하여 발표하기

---

11) Nancy Frey, Douglas Fisher, and Dominique Smith(2021), 학생들의 성공적 삶과 사회정서학습(안찬성, 역) 서울:밥북

"엄마와 형과 함께 옷을 사러 대형마트에 갔는데 엄마와 형이 싸워서 창피했다. 창피해서 모른 척했는데 오늘 생각해보니 싸움을 말릴 걸 하는 생각이 들었다."

"친척 집에 갔는데 배가 고프다고 생각을 하는 중에 엄마가 치킨을 시켜줘서 내 생각을 알아채는 엄마가 고마웠다."

"가족과 놀러 간 곳에서 만난 친척 언니가 나이가 많아서 잘 놀지 못할 거 같았는데 재미있게 놀아서 생각한 거랑 실제 노는 거랑 다르다는 것을 알았다."

"친구네 집에 가서 무서운 영상을 보면서 깜짝 놀랐다. 집에 와서 생각하니 친구가 무섭다고 눈을 가리면서 손 틈으로 무서운 것을 보는 이유가 궁금해졌다."

사건과 감정을 연결하여 생각을 만드는 연습은 구체적인 생각을 떠올리는 데 효과적이다. 그리고 '생각'을 만들기 위해 의식적으로 생각하면 객관적인 관점이 활성화되면서 대체로 긍정적이거나 논리적인 생각을 하게 된다.

수업사례 2. 공감 연습을 통한 사고력 기르기

교사로 발령받은 초기에 선배 교사들이 학생에 대해 이야기를 나누면서 공부를 잘하는 아이들은 다른 것도 잘한다거나 가르쳐도 못 하는 아이들이 있다고 하는 말을 들으면서 의문을 가졌다. 이미 모든 것이 정해져 있다면 교사가 수업을 하는 이유가 무엇일까 하는 생각이었다. 지금 생각하면 아마도 심리학적 고정주의에 머물러 있던 것이라는 생각이 든다. 지금은 사람이 평생에 걸쳐 새 뉴런을 만든다는 사실이 밝혀지면서 심리학적 유동주의를 가진 교사가 많아졌다.

아이들이 학교와 수업을 자신의 가능성을 확장하는 공간으로 인식하고 배움에 몰입하는 과정을 공감 능력을 높이는 수업으로 설계하여 진행하려고 교육과정과 교과서를 살펴보았다. 3학년부터 배우는 사회과를 싫어하는 학생이 많아서 사회과 수업을 설계하기로 하고 사회과를 싫어하는 이유를 먼저 알아보았다. 우선 사회과 단원명은 초등학생의 흥미를 끌 만한 내용을 보여주지 않는다. 4학년 2학기 3. 사회변화와 문화 다양성은 학위 논문 제목이어도 될 만큼 포괄적이다. 국가교육과정의 성취기준[12] 또한 내용의 범위와 깊이를 짐작하기 어렵다. 그런데 이렇게 포괄적인 성취기준에 도달하기 위한 교과서의 내용은 넘치게 많아서 빈칸 채우기 활동지를 활용하는 수업을 해서 내용을 모두 다루려고 하다 보면 학생이 흥미를 잃게 된다.

사회과에서 흔히 쓰는 괄호 넣기나 외우기는 정작 사회과 교과 목표인 '책임 있는 민주시민 육성'과는 거리가 있다. 책임이나 시민성은 계량하기 어려운 역량으로 학생에게 내면화되는 가치와 태도가 된다. 그리고 가치와 태도는 일상에서 내면화되어야 하므로 가정학습과 연계하는 게 효과적이다. 그런데 가정학습과의 연계가 어려워서 학교에서 배운 가치와 태도가 가정의 일상과 충돌하면 아이는 이중적인 가치관을 가지게 되거나 학습에 어려움을 겪게 된다. 학생의 배움과 삶을 연결하는 교재를 준비하고 활용하여 깊이 있는 배움이 돼야 한다. [13]

사회과에서 기르려는 책임과 민주성과 같은 정서적 능력과 인지적 내용 이해를 포괄하는 공감 능력은 다른 사람의 관점에 대한 구체적 증거를 아는

---

12) [4사04-05] 사회 변화(저출산·고령화, 정보화, 세계화 등)로 나타난 일상생활의 모습을 조사하고, 그 특징을 분석한다.
[4사04-06] 우리 사회에 다양한 문화가 확산되면서 생기는 문제(편견, 차별 등) 및 해결방안을 탐구하고, 다른 문화를 존중하는 태도를 기른다.
13) 새학교네트워크교육원리 9. 교사는 전문성을 바탕으로 학생의 배움과 삶을 연결하는 교재를 준비하고 활용합니다.

인지적 공감과 타인에게서 관찰한 감정을 간접적으로 자신도 느끼는 정서적 공감, 타인의 마음을 직접적으로 풀어 주는 공감적 배려로 나뉜다.[14] 4학년 2학기 사회과 3. 사회변화와 문화 다양성 단원의 학습을 위해 사회변화를 보는 관점에 대한 사실적 지식을 배우는 인지적 공감 단계와 가정에서 가족이 경험한 사회 변화를 이야기하고 학교에서 경험을 나누는 정서적 공감, 인지적 공감과 정서적 공감이 충분히 쌓이면 공감적 배려를 실천하는 과정으로 설계하여 진행했다.

학습 과정	수업의 실제
인지적 공감	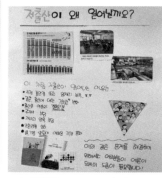 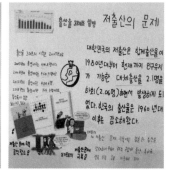   사회 변화에 대해 저출산, 고령화, 정보화, 세계화로 나눠서 조사보고서를 작성하고 모둠에게 설명한다. (설명하는 사람은 남고 모둠원은 돌아가며 설명 듣기)

14) 자밀 자키(2021), 공감은 지능이다(정지인 역), 서울:도서출판 푸른숲

사회변화에 대한 가족의 경험에 대해 이야기를 듣는 주말 과제를 제시하여 가족의 이야기를 듣고 와서 친구들에게 설명한다.
가족이 경험한 차별과 편견의 상황에 대해 듣고 당시에 느꼈을 감정을 듣고 써온다.

정서적 공감	

주말 과제를 친구들에게 설명하며 공감의 범위를 확장한다.
친구들의 이야기를 듣거나 교과서에 제시된 차별과 편견의 상황 중 한 가지를 선택하고 공감 지도[15]를 활용하여 차별과 편견에 놓인 사람의 말과 행동, 감정과 생각을 짐작하여 공감한다.

공감적 배려	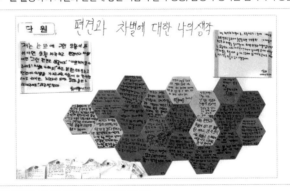

편견과 차별의 원인을 알고 자기 생각을 만들기
해결하는 방법을 보여주는 역할 놀이 시연하기

---

15) 디자인씽킹에서 사용하는 공감 지도를 수업 내용에 따라 변형한다.

감정을 다루면서 보여주는 아이들의 모습은 매우 다양하다. 상황과 내용에 따라 다른 모습을 보여줘서 한 아이의 특성이나 고유함이라고 범주화하기 어렵다. 흔히 성격이라고 말할 때 쓰는 몇 가지의 표현이 얼마나 단순한지 실감한다. 평소의 조심스러운 행동과 다르게 무대에 서면 발랄해지는 아이는 규칙이 싫어서 안 지킨다고 하는데 누구보다 품행이 방정하다. 친구들과 장난하며 놀다가도 의견을 묻는 교사의 질문에 얼음이 되는 남학생에게 '생각이 안 만들어져? 생각은 있는데 말하기 어려워?' 라고 했더니 생각이 없다고 한다. 어느 날 의젓하게 자신의 생각을 이야기할 수 있을 거라고 기대하지만 아직 때가 안 됐을 거다. 교사의 짐작은 편협할 때도 있고 위험할 수도 있다. 아이들이 나의 수업으로 변화를 거듭하여 타고난 기질쯤은 너끈히 뛰어넘기를 바란다.

3. 진지한 대화 습관

수업 시간 외의 대화에서 아이들은 자신을 드러낸다. 불러서 질문을 할 때도 있지만 학년 초에 교사에게 와서 말을 거는 모습을 보면 학생의 주된 관심이 무엇인지 보인다. 학년 초 한 아이는 '회장 선거를 언제 해요?'를 시작으로 '상장은 언제 와요?', '사회자는 언제 뽑아요?'라고 질문한다. 주로 자신을 자랑하는 일에 관심이 있는데 배움의 과정은 꼼꼼하지 않다. 교사의 행동과 옷에 관심을 보이는 여학생이 수업 시간에 교사를 보지 않고 시선을 돌리는 경우가 있다. 주된 관심거리가 수업 내용은 아닌 것 같다. 수업 내용에 따라 모둠활동을 하자고 하면 아이들은 무엇을 어떻게 하느냐보다 누구와 하느냐로 금방 소란스러워진다. 초등학생은 고학년이 되어야 내용에 대한 관심이 생기는 것 같다.

친절하면서 단호한 교사의 원칙은 칠판 앞에 서 있을 때만 작동하고 개별적으로 만나는 순간에는 무용지물이 된다. 수학책과 수학익힘책의 틀린 부분을 살피지 않고 모르겠다는 아이, 숙제를 안 해오거나 준비물을 챙기지 않았다고 말하러 온 아이, 친구를 이르러 온 아이를 대할 때 친절과 단호함의 경계를 정하기 어렵다. 어떤 교사는 잘못한 학생이 울어야 감정이 순화된다고 하는데 눈물의 끝이 감정의 순화일지, 아린 상처로 남을지는 알 수 없는 일이다. 교사가 심판관이 되거나 수사관이 되어야 하는 상황을 벗어나기 위해 먼저 질문을 한다. '선생님이 어떻게 해줄까?' '저 친구가 어떻게 하길 바라?' '이런 경우에 선생님은 어떻게 해야 하지?' 감정적 동요를 호소하던 아이들은 이런 질문을 받으면 판단하기 위해 생각하기 시작한다. 초등학생은 생각을 만들고 자기 생각을 말로 표현하는 능력을 기르면서 성장한다.

3학년까지는 완성된 문장으로 말하는 것이 서툴렀지만 고학년이 되면서 공식적 말하기인 토론이 가능하다. 하루에도 여러 번 실랑이가 벌어지는 교실 상황을 토론의 소재로 삼으면 아이들의 정서를 건드려서 진지한 대화로 이끌 수 있다. 찬반이나 옳고 그름을 가리는 토론보다 단순한 결론에 도달하기 어려운 상황에 대한 논의가 더 많은 인지 노력을 기울이게 만들어서 깊이 생각하게 된다.[16] 토론의 형식은 다양한데 형식에 따르기보다 일상생활에서 벌어지는 문제에 대해 사실과 의견을 가리고 자신의 의견에 대한 근거를 만드는 연습을 쌓는 것이 먼저다. 토론보다는 대화에 가까운 질문과 대답, 되묻기가 이어지면서 아이들은 여러 가지를 판단하고 번복한다. 명확한 결론이 어려운 문제는 조심스럽고 깊이 있게 생각하게 만든다.

수업사례 3. 일상적 대화의 진지함 높이기

4학년 1학기에 자치회의 형식을 배우고 2학기에는 월 1회 자치 회의를 하기로 하고 공식적인 말하기를 연습했다. 회의 연습을 시작하는 단계에서

---

16) 스타니슬라스 드앤(2021), 우리의 뇌는 어떻게 배우는가(엄성수, 역), 서울:로크 미디어

는 말하기가 부담스러운 아이들도 흥미가 있어 왈가왈부할 소재면서도 선불리 판단하기 어려운 주제를 선정해서 대화하는 중에 문제 해결의 쾌감을 경험하는 것이 관건이다. 토의 주제를 무엇으로 할지, 동의와 반박을 위한 감정의 동요를 일으킬만한 내용이 무엇일까 고민하는 중에 학급 단체 대화방에 올라온 글이 있어서 토의 주제로 삼았다. 학급 단톡방의 규칙은 '9시가 넘으면 하지 않기'이다. 그런데 밤 9시 54분에 글이 올라왔다. 학교에서 마무리하지 못한 수학 교과서를 집에 가져간 학생 A가 '수학 다 했습니다.' 하는 글이 올라오자 다른 학생 B가 '이 시간에 하면 안 될걸?' 다시 A가 'sorry' 그리고 다음 날 아침에 두 학생이 글을 올렸다.

"B도 그랬네. B도 9시 넘어서 말했잖아요"
"그건 알려주려고 그런 거 아니야?"
"그렇지. 근데 9시 넘어서 말했지 않아?"

B는 규칙 위반을 한 건가? 알려주려고 한 거니까 규칙 위반이 아닌가? 상황에 대해 공유하고 의견을 물으니 규칙 위반이라는 학생이 3명, 아니라는 학생이 20명이었다. 아침에 의견이 갈린 두 학생의 의견을 들은 후 다시 물으니 규칙 위반이라는 학생이 13명, 아니라는 학생이 10명이었다. 돌아가며 말하기로 반박하거나 동의하는 의견을 순서 없이 들었다. 토론하는 과정에서 의견이 바뀐 학생이 있어서 규칙 위반이라는 학생은 14명이 되었다. 아이들의 의견에 따라 개인별 성향이 드러나기도 하고 단순한 동의와 반박이 아닌 새로운 관점이 드러나기도 한다.

"개인톡으로 알려주면 된다."
"무대응하면 알아첼 것이다."

"자신의 톡에 무대응하면 상처받을 수 있다."

"규칙을 어기는 A에게 알려 주려는 착한 뜻이다."

"다른 방법을 생각해야 했다."

"착한 뜻이라도 다른 사람에게 피해를 줬다."

"규칙은 무조건 지켜야 한다."

"경고를 하지 않으면 A가 길게 쓸 거 같아서 비상 경고를 준 것이다."

"경고가 굳이 필요했나?"

"경고가 아니라 비난하려는 것이 아니었나?"

"이전에도 9시 넘어서 톡을 한 학생이 있었다."

"그전에 규칙을 어긴 학생이 있었다고 지금도 된다고 할 수 없다."

모두의 의견을 확인한 후 찬성과 반대, 옳고 그름을 판단하는 선을 긋기 힘든 일이 많다는 이야기로 마무리하는데 몇 명이 소감을 말하고 싶다고 한다.

"단톡방의 한 마디로 이렇게 많은 생각을 할 수 있다는 것이 놀라워요."

"아주 작은 일인데 큰일이 되었어요."

"생각하는 방법을 배운 거 같아요"

학급의 구성원이 학습하는 팀이 되려면 모든 사람의 말을 깊이 그리고 진정으로 듣는 능력을 기르는 대화를 실천해야 한다. 그러기 위해서 먼저 아이들이 흔히 빠지는 다른 사람의 말을 무시하는 신호를 하고 신호를 포착한 학생이 무시를 당했으니 복수한다는 사이클을 끊어야 한다.[17] 외부의 자극에 즉각 반응하는 학생들이 많아지는 실태를 고려하여 교사는 아이들이 이

---

17) 피터 센게, 넬다 캠브론-맥카베 티모시 루카스, 브라이언 스미스, 제니스 더튼, 아트 클라이너(2019), 학습하는 학교(복잡성교육연구회,역) 서울:씨아이 알

야기할 때 생각할 기회를 허용하고 다른 사람이 끼어드는 것을 막는 역할을
해야 한다.

주도성을 기르는
맥락 만들기

공부를 좋아하는 사람도 없고 하고 싶어 하는 사람도 없다고 정설처럼 말
하는데 좋고 싫음에 대해 이야기해서 얻을 수 있는 것이 없다고 본다. 좋아
하거나 싫어한다는 판단은 이어지는 생각을 만들지 못하고 집착하거나 회
피하는 행동으로 이어진다. 초등학교 1학년이 그림 그리는 시간에 '그림 못
그려요.', 2학년이 '수학 못 해요.'라고 말하는 것을 보면 학교에 들어오기 전
부터 많은 고정관념을 가지고 있는 것으로 보인다. 공부에 대해 잘못된 고
정관념이 어디서 비롯되었는지를 짚는 일은 따로 할 일이다. 적극적이고 호
기심 많고 과업에 몰두하는 자율적인 아이가 보여주는 학습자 주도성을 기
르기 위해 우선 부정적인 느낌으로 오염된 공부 대신 '배움'이라는 말을 사
용하여 결과보다 배우는 과정이 의미 있음을 아이들과 공유한다. 누구나 무
언가를 잘하고 싶은 소망은 있으므로 짧은 시간과 노력으로 많은 성취를 할
수 있음을 경험하여 성취감을 쌓는 성공의 경험을 설계하고 효율적인 학습
법을 연구해야 한다.

학습은 현재 발생하고 있는 삶을 이해하는 사고방식을 형성하는 과정으
로 이러한 학습은 단계를 밟기도 하고 우연히 총체적으로 발생하기도 한다.
학교 수업은 단계를 밟는 교육과정 설계와 우연적 배움을 포착하는 교사의
안목을 기반으로 진행된다. 배움의 시작 단계인 주의는 학생이 중시하는 정

보를 확대시킨다.[18] 주의를 끄는 대상을 학생 스스로 선별하거나 그에 따른 자료와 정보를 찾는 과정을 반복하면서 내용과 기능, 지식이 구조화되어 내면에 축적된다. 배움에 있어 지적인 흡수, 질서 정연한 연결, 풍요롭고 질서가 잘 잡힌 정신의 점진적인 통합을 맥락이라고 이해한다.[19] 인간은 예측할 수 없는 상황을 접할 때 두뇌 기능이 위축된다고 하니 맥락을 파악하여 미래를 예측하는 주도성을 길러야 한다.

해마다 새로운 아이들과 익숙해질 만해서 어려운 공부 좀 할까 싶으면 헤어져야 한다. 학년, 학급, 교과가 분절된 현재의 시스템은 배움의 맥락을 형성하기 어렵게 한다. 학교의 비전이 공유되고 학년 교육목표와 학급 목표, 교과 목표가 연계되어 있다는 것을 아이들이 확인하면서 학습의 주도성을 가지게 된다. 가정교육에서도 양육하는 어른의 일관된 방침이 중요하다고 하는데 학교는 많은 사람이 모여 사는 공적 공간이니 더욱이 일관된 목소리가 필요하다. 뚜렷한 목표는 동기를 만들고 성취감을 강화한다.

배운 내용이 기억으로 저장되려면 분석하고 연습하고 응용하는 과정과 학습의 결과인 글과 보고서, 작품, 발표 등이 연계되어야 한다. 연계가 곧 힘이라고 말한 학자는 많이 기억하는 것보다 질서 있는 기억과 기억을 활용하는 기술의 습득이 중요하다고 한다. 분절적인 교과와 내용을 연결하여 학생이 맥락을 파악하도록 돕는 것이 교사의 할 일이다.

전통적 학습인 암기는 논란이 되어서 소홀하게 다루어지더니 다시 중요하게 언급된다. 모두에게 통하는 방법은 없겠지만 잘못된 방법으로 시간을 낭비하는 일은 없어야 한다. 초등학교 교과는 1, 2학년의 통합교과가 3학년부터 분화되어 여러 교과가 되는데 6교시마다 다른 교과를 하면 아이들이 힘들어한다. 교과마다 다른 사고방식과 탐구 방법을 요구하는데 하루에 6번

18) 스타니슬라스 드앤(2021), 우리의 뇌는 어떻게 배우는가(엄성수, 역), 서울:로크 미디어
19) 앙토냉 질베르 세르티양주(2013), 공부하는 삶(이재만, 역), 서울:유유

의 변신을 하려면 많은 에너지를 써야 한다. 아이들과 이야기를 해보니 하루에 3교과가 넘으면 힘들다고 한다. 많은 혁신학교에서 시도하는 블록 수업으로 몰입하는 수업을 할 수 있고 학습하는 내용의 맥락을 학생 스스로 구성할 수 있다.

국어 능력을 기반으로 교과 내용과 맥락 잇기

학습 능력의 기반을 다지는 초등교육의 가장 많은 시수를 차지하는 교과가 국어이다. 앞서 이야기한 문해력과 관련한 논란은 종종 기사화되어 관심을 끈다. 사고력을 평가하는 논술 시험과 발표 능력에 대한 관심은 국어 능력 향상의 중요성을 보여준다. 종이 매체만이 아닌 다양한 매체를 접하는 아이들에게 생각하며 읽기, 낱말의 뜻을 떠올리며 읽는 능력은 연습을 통해 숙달되어야 한다. 문제의 뜻을 몰라서 엉뚱한 답을 하는 저학년의 시험지를 보고 교사는 웃기 어렵다.

4학년의 국어 교과서는 학기별로 9~10개의 단원으로 이루어진다. 국어과 영역인 말하기·듣기, 쓰기, 읽기와 문법, 문학을 반복하며 배우는 방식으로 편성되어 있다. 도구교과로서의 역할에 중점을 두어 단원의 주요 개념과 기능을 중심으로 유목화하고 다른 교과의 내용과 기능을 연계하여 국어 수업에서 국어 능력을 심화하고 다른 교과에서 활용했다. 국어과의 주요 기능인 말하기 듣기와 읽고 쓰는 능력은 다른 교과 수업에서 다루지는 않지만 계속 활용되는 능력이다. 국어 수업에서 기능을 배우고 익숙해지는 숙달의 시간을 편성하고 다른 교과의 수업에서 활용하는 방식으로 연계하여 기초학습 능력을 기른다.

4학년 1학기 국어

중심 개념	교과서 단원	개념이해와 기능 숙달
언어와 한글에 대한 감각적 이해	<독서 단원> 9. 자랑스러운 한글 7. 사전은 내 친구	• 문자의 발생과 활용 • 한자어 이해 • 어휘력 확장을 위한 활동
글의 구조에 대한 이해와 글쓰기	2. 내용을 간추려요 1. 생각과 느낌을 나누어요 4. 일에 대한 의견	• 장르별 글의 구조 알기 • 장르별 글의 감상 • 사실과 의견 구별하여 읽고 쓰기
창작과 교정	3. 느낌을 살려 말해요 10. 인물의 마음을 알아봐요. 5. 내가 만든 이야기	• 역할극 하기, 소개하기, 설명하기 • 사건, 감정, 성격을 연결하여 작품 감상 • 이야기 창작
토론과 논리적 주장	6. 회의를 해요 8. 이런 제안 어때요	• 공식적 말하기, 절차적 말하기 • 근거를 들어 의견 말하기

4학년 2학기 국어

중심 개념	교과서 단원	개념 이해와 기능 숙달
정서적 공감과 공감적 표현	9. 감동을 나누며 읽어요 3. 바르고 공손하게 2. 마음을 전하는 글을 써요	• 경험을 시로 표현하기 • 다양한 감정을 사용하여 말하기 • 정서적 공감을 표현하는 글쓰기
독서 후 설명하기와 감상문 쓰기	6. 본받고 싶은 인물을 찾아봐요 7. 독서 감상문을 써요	• 인물 조사하고 발표하기 • 독서 감상문 쓰기
창작과 연극	4. 이야기 속 세상 1. 이어질 장면을 생각해요	• 이야기의 구성 요소 이해 • 연극 대본 창작 • 연극하기
토론과 논리적 주장	8. 생각하며 읽어요 5. 의견이 드러나게 글을 써요	• 논리적 말하기 • 근거를 들어 의견을 말하고 논설문 쓰기

1. 다양한 글쓰기

3학년에서 다룬 사전 찾기와 연계하여 인터넷 검색 기능을 학습하면 각종 조사학습을 효과적으로 할 수 있다. 특히 어휘력 확장을 위한 활동은 한자어가 많이 등장하는 사회과 수업을 거부감 없이 접하는 데 도움이 된다. 글쓰기 능력은 모든 교과에 활용되는 능력인데 짜임새 있게 글을 쓰는 능력은 단시간에 길러지지 않는다. 각종 보고서와 설명하는 글, 감상문을 짜임새 있게 문단을 나누어 쓸 수 있어야 한다. 아이들이 어려워하는 수학 교과서의 풀이 과정을 설명하는 글이나 현장학습 후의 소감문, 책을 읽고 쓰는 독서 감상문을 쓰는 방법을 국어과에서 충분히 배우고 다른 교과에 적용하는 순서로 교육과정을 편성한다.

글쓰기는 고등 사고 능력이 필요한 어려운 활동이다. 충분히 기능을 익혀서 글을 사용한 표현의 즐거움을 경험하지 않은 학생에게 주어지는 감상문 쓰기는 학습이 되지 않고 거부감을 가지게 할 수 있다. 다양한 방법을 동원하여 글쓰기 기능을 숙달하도록 도와주어야 하며 관행처럼 알려진 교수법이 모든 아이들에게 적절하지 의심해봐야 한다.

초등학교에서 논설문을 주장하는 글이라고 하거나 의성어, 의태어를 흉내 내는 말이라고 하는 이유는 한자어에 익숙하지 않은 아이들이 알기 쉽도록 풀어 쓴 것이다. 그런데 오히려 이렇게 풀어 쓴 말이 아이들의 이해를 제한하기도 한다. 가령 시 단원의 흉내 내는 말은 시의 함축성과 비유보다 단순한 말장난을 배우는 결과를 초래하기도 한다. 중학교 1학년 학생들이 각 교과에서 고유하게 쓰이는 용어가 낯설다고 한다. 새로운 용어에 익숙해지는 시간을 이중으로 사용하니 초등학교에서 충분히 익숙해지는 것이 나을 수 있다.

2. 해석하는 읽기

초등학교의 도서관에서 가장 많은 자리를 차지하는 분야는 문학이다. 대체로 그림책과 이야기책이 꽂혀 있는 곳의 책이 가장 먼저 닳는다. 각종 도감류와 전기문, 역사서는 교사가 수업 중에 활용해야 아이들이 읽거나 대출하게 된다. 저학년이 대출을 가장 많이 하고 고학년으로 갈수록 수업에 필요한 경우에만 대출한다. 읽기 능력의 성장이라는 관점에서 이러한 현상은 바람직하지 않다. 감상을 위한 읽기와 정보수집을 위한 읽기 능력은 구별해서 지도해야 한다.

일상생활에서 활용되는 정보를 알기 위해 읽거나 조사보고서를 작성하기 위해 읽는 읽기 전략을 배워야 한다. 간추리며 읽기, 표로 정리하며 읽기, 중요키워드로 메모하며 읽기 등의 방법을 배우고 다른 교과에서 활용하여야 한다. 사실과 의견을 구별하여 읽기는 어느 교과와도 연계가 된다. 의견의 근거를 사실에서 찾는 수업은 일상생활에서 뜬소문 만들지 않기, 변명하지 않기와 연계하여 지도할 수 있다. 잘못한 행동을 비난하지 않고 사실을 따져 물어 문제가 된 부분을 스스로 바꾸는 생활 지도와 연계할 수 있다.

문학 작품이 많은 교과서의 특성을 감안해서 다른 교과의 텍스트를 가져와서 정보를 해석하는 수업을 할 수 있다. 수학 교과에서 배운 각종 그래프가 들어간 신문 기사를 읽는 수업은 도움이 된다.

3. 문장으로 말하기

교사의 질문에 낱말로 대답하거나 고개를 끄덕이는 행동으로 의사를 표현하는 아이들은 교사가 의식하여 지도하지 않으면 6학년이 되어도 바뀌지 않는다. 근거를 들어 세 문장 이상으로 말하는 것은 한참을 지도해야 능숙해지는데 제대로 지도가 안 되면 우기기, 변명하기가 심해진다. 말하고 듣기는 주요한 소통 능력으로 분명한 목표를 가지고 적절한 방법을 구안해서 지도해야 한다.

교사의 질문에 대한 대답을 미리 써서 발표하면 말하기가 아니고 읽기가 된다. 오히려 먼저 말하고 말한 내용을 쓰면 내용이 풍부해지기도 한다. 말할 내용이 준비되어야 하므로 과제로 제시한 각자의 개별적인 경험을 돌아가며 말하기, 감정 카드를 고르고 감정에 대해 설명하기, 수학 문제 풀이 과정을 설명하기, 만들기의 제작 과정을 설명하기 등 지속적인 말하기 연습이 수업에 포함되어야 한다.

역할극은 영어 수업과 도덕 수업에 늘 쓰이는 활동이다. 이 또한 대사를 미리 쓰면 대사를 외우느라 자연스러운 말하기가 되기 어렵다. 상황을 설정하고 역할을 나누어 자연스럽게 말하기를 연습할 수 있다. 바르고 공손하게 말하기를 배우고 자치회의에서 활용하는 방식으로 국어과에서 배운 기능을 다른 교과에서 활용하도록 수업을 설계할 수 있다.

일상생활과 학교 배움과의 맥락

앎과 삶의 관계를 바라보는 관점은 여러 가지다. 알고도 행하지 않으면 아는 것이 아니라는 왕양명의 지행합일과 성공을 폭넓게 다층적으로 규정하여 다른 결과, 더 나은 결과를 위해 모든 교과를 아우르도록 능력에 관한 정의를 더 넓게 표방하여 학교 밖까지 배움을 확장하라는[20] 관점도 있다. 그런가 하면 전체는 부분의 합보다 크다고 한 아리스토텔레스의 말을 빌려서 앎의 조각이 모인 삶은 훨씬 복잡하고 크기 때문에 지속적으로 연결해서 살펴야 한다는 관점도 있다.

코로나19로 인한 단절과 결손의 흔적을 매일 마주하는 교사로서 학교에서의 배움과 일상을 연결해야 하는 필요성을 절감한다. 초등학생의 삶은 대부분 가정과 학교 인근의 마을이 배경이 되는데 초등학교의 특성상 가정에서의 양육과 학교 교육의 경계를 세우기 어렵다. 교사는 기초생활 습관이라고 하면서 가정에서 습관으로 정착되어 학교로 오기를 바라지만 각자 다른 발달의 과정에 놓여있는 아이들에게 일괄 적용할 수 있는 기초 생활 습관의 기준을 설정하는 것은 불가능하다. 교육과 돌봄처럼 경계를 세우기 어렵지만 경계의 기준을 학생의 배움과 성장에 두어 학생의 배움에 필요한 부분이

---

20) 엘리엇 워서 외 (2014), 넘나들며 배우기(이병곤 역), 서울:민들레

라면 가정과 협력하여 해결하고 학교 밖으로 나가 마을과 협력할 일이다.

1. 한목소리를 내는 교사와 부모님

3살 때 버릇이 평생 간다는 말은 자기도 모르게 고착된 여러 가지 습관을 바꾸기 어렵다는 것을 말한다. 학교에서 배우기 전에 이미 아이들은 교사에 대해, 친구에 대해 선입견을 가지고 온다. 잘 배우려면 주의의 정향 시스템이 활성화되어 교사가 주려는 메시지를 인지해야 하는데 이미 가지고 있는 관심과 흥미로 분산된 주의력은 학습에의 주의를 방해한다.[21] 잘한다는 칭찬을 듣는 영역이나 과목의 수업만 능동적으로 학습하려고 하는 고착형 사고방식은 다양한 영역에 대한 시도와 도전을 막을 수 있다. 특히 초등학교의 수업은 특정한 영역의 재능을 찾기보다 학습을 위한 호기심을 발동하기 위해 주의를 기울이는 능력을 향상시키는 전면적 발달의 측면이 강하다. 학교 수업을 가정의 경험과 연계하여 수업에 대한 주의력을 강화해야 한다.

초등학교 저학년은 알림장을 가정에서 확인하거나 준비물을 챙겨주는 등 관심을 두지만, 학년이 올라갈수록 학부모의 관심이 멀어진다. 학년이 올라감에 따라 부모의 역할 또한 변해야 한다. 3학년이 되면 시간을 맞추거나 등교 준비를 스스로 할 수 있어야 하는데 학교에서 지도하는 내용을 가정에 알려서 한목소리로 지도해야 한다. 아이의 특성에 따라 생활교육은 잠재적 교육과정으로 눈에 보이는 성과가 나타나지 않는다. 꾸준하고 일관되게 지도해야 한다. 4학년부터 부모와 주제를 정해서 대화하고 글쓰기를 하도록 과제를 주었다. 처음에는 자유로운 주제를 정해서 대화하도록 하였는데 대청소의 역할 분담, 여행 장소 정하기, 학원을 줄이는 문제 등 다양한 주제로 대화했다. 이후에는 교과 내용과 연계하여 우리나라의 통일에 대한 부모의

---

21) 스타니슬라스 드앤(2021), 우리의 뇌는 어떻게 배우는가(엄성수, 역), 서울:로크 미디어

의견 듣기, 가족이 경험한 차별과 편견, 가족의 소비생활에 대한 가치관 등 가정의 대화를 수업의 교재로 활용했다.

백문이 불여일견이라는데 학교에서 할 수 있는 체험활동은 한계가 있다. 가족여행의 한 꼭지에 학교 수업과 관련 있는 일정을 넣을 수 있도록 미리 안내하면 박물관이나 미술관 관람 등은 무리 없이 다녀온다. 초등학교의 수업 내용은 대체로 일상생활에 필요한 지식이어서 부모님과 마트에 다녀오면서 소비의 우선순위를 따지고 여행지의 주소를 정확하게 아는 것도 수업의 내용이다. 준비할 수 있는 여유가 있도록 안내하고 수업 내용으로 써먹으면 된다. 방학 과제로 국어 교과서에 수록된 도서를 안내하면 방학 동안 읽어서 국어 수업이 수월하게 진행될 수 있다.

학부모와 소통하는 방법은 다양한데 소통의 효과보다 부작용을 우려하는 걱정이 크다. 학급 밴드와 문자, 카톡, 알리미 등 다양한 방법을 시도했다. 아직 부작용이라고 할 만한 어려운 상황은 없었지만 몇 번씩 고쳐쓰는 수고를 감당해야 한다. '아'다르고 '어'다른 한국말 아니던가.

주말과제입니다. 1. 전기문에 대해 공부하는 중입니다. 집에 있는 전기문 중 한권을 읽고 월요일에 가져옵니다. 훌륭한 어른을 만나는 계기가 되길 바랍니다. 2. 차별과 편견의 상황에 대해 원인을 알고자합니다. 학교에서 수업하기 전에 부모님과의 대화는 수업효과를 높입니다. 대화를 나눠주시기 바랍니다. 아이들과 즐거운 주말이 되시길 바랍니다.

아이들과 의논한대로 주말과제가 있습니다. 사회와 경제단원 공부중입니다. 부모님께 경제활동을 위한 선택과 판단기준인 가치관이 무엇인지 질문하고 글쓰기하는 과제입니다. 아이들의 가치관은 학교에서 썼으니 참고해서 이야기를 나누시기 바랍니다. 참고로 학습목표는 현명한 소비가 아닌 책임지는 소비입니다. 즐거운 대화를 나누시기바랍니다. 늘 고맙습니다.

가정에 안내하는 문자

2. 삶의 여정에 힘이 되는 마을의 경험

우리 모두 경험하는 어린 시절의 거주지와 초, 중등학교의 기억은 삶에 영향을 준다. 특히 어렸을 때의 기억은 사는 내내 남몰래 혼자 꺼내 보는 보물 상자와 같다. 예전에는 마을 근처로 소풍을 갔고 운동회는 마을 잔치였다. 추억으로 남는 긍정적 경험을 주어야 하고 수업 내용이 가정에서 마을로, 마을에서 지역으로 공간이 확장하는 구조로 짜여 있으니 마을에 대해, 마을을 이용하여 학습해야 한다. [22)

초등학교 2학년의 마을에서 일하는 사람들에 대해 배우기 위해 학교 인근 상점과 결연하여 방과 후에 모둠별 수업을 했다. 5모둠을 일주일 내내 데리고 다니고 몸살이 날 지경이었지만 아이들이 매일 다니는 길을 교사와 함께 다니는 경험은 서로를 매우 가깝게 느끼게 한다. 아이들이 방문하는 상점 주인에게 인터뷰하면 아이들도 상점 주인도 평소와 다른 태도를 취하게 된다.

대형 버스를 타고 전문 체험학습장에 가서 서비스 받는 체험학습은 만들어진 상품을 소비하는 일이다. 초등 고학년이 되거나 교과 내용에 따라 전문 체험학습장이 필요한 경우가 있지만 탐구와 탐색을 위한 체험학습은 걸어가거나 대중교통수단을 이용하여 예측하기 어려운 상황에 던져져야 한다. 학교 밖으로 조금만 나서면 산으로, 강으로 이어지는 탐색의 나들이를 자주 가고 싶다. 주말에 만남의 장소가 특정 마트인 아이들과 대중교통을 이용하여 도서관에도 가고 미술관도 가고 싶다. 온 국민의 어린 시절을 행복하게 할 수 있도록 초등학교 교사에게 시간을 주고 지원해 주었으면 좋겠다.

---

22) 의정부혁신교육실천연구회(2019) 2019경기혁신교육학술대회 보고서

3. 자기 맥락을 만드는 피드백

교육경력이 10년쯤 되던 해에 4단계 평가와 서술형 평어가 30여 명의 학습 이력을 정확하게 나타내었을까 하는 의문과 교사의 평가가 학생의 배움에 어떤 도움을 주었을지 의심이 되었다. 그래서 평가 후에 오답 노트를 쓰게 하고 오답 노트를 개별적으로 살펴주었다. 그렇지만 오답 노트는 평가지의 내용에 국한되었고 아이들의 배움의 흔적은 평가지에만 있지 않다. 결국 평가해야 하는 장면에 대해 기록하기 시작했다. 교과마다 달리 나타나는 아이들의 특성은 순식간에 지나가서 얼른 녹음하거나 수행평가 장면을 녹화하기도 한다. 여러 가지 방법과 도구를 동원해야 한다.

방학을 일주일 남긴 때에 아이들에게 통지표를 보는 방법을 설명하고 가정에 배부하여 이의 제기할 수 있는 시간을 준다. 교사의 평가는 가혹한 선고가 아닌 학생의 학습에 대한 격려와 조언이어야 한다. 평가는 학생들에게 무엇을 어떻게, 얼마만큼 더 공부해야 하는지를 알려주는 피드백의 역할을 하여 시험도 학습의 일부가 된다고 한다.[23] 교사의 피드백으로 자신도 몰랐던 개성을 발견하기도 하고 습관이 되어 반복되던 시행착오를 끊는 계기가 되길 바란다. 나날이 새로워지는 모습을 만드는데 교사의 피드백이 기여하기를 바라면서 지속하는 몇 가지 방법이 있다.

<u>명료한 학습 목적과 피드백 연계하기</u>

수업의 시작은 동기유발인데 요즘은 일찌감치 어린이집과 유치원을 다닌 경험으로 배움에 대한 설렘과 신비감이 없는 것으로 보인다. 그러다 보니 학생의 흥미를 일으키기 위해 다양한 활동이 중심이 되는 수업을 설계하고 학생은 재미있다는 반응을 보이지만 학습의 분명한 지적 목표에 도달하

---

23) EBS 최고의 교수 제작팀(2008) 최고의 교수, 서울:예담

지 못하거나 효과적인 학습의 중심에 놓인 핵심 질문에 대답하지 못하는 결과를 낳는다. [24]

교과의 수가 많아지는 3학년부터 다양한 교과의 특성에 대한 관심과 호기심이 생겨야 하는데 오히려 교과에 대한 호불호가 나뉘기도 한다. 특히 모든 교과를 한 교사가 가르치기 때문에 교사가 선호하는 교수 방식에 따라 특정 교과에 대해 스스로 못 한다고 생각하여 기피할 수도 있다. 초등 수업의 특성상 많은 교재와 교구를 다루게 되어 아이들이 교재와 교구에 주의가 쏠리면 학습 목표를 잊고 놀이로 흐를 수 있다. 단원이 시작할 때 단원의 목표를 성취하기에 적절한 학습 방법을 아이들과 의논하고 스스로에게 효과적인 학습 방법을 정하는 선택권을 주면 학습에 몰입할 수 있다.

학습의 목표가 교사가 제시하는 성적이 아니고 학생이 달성해야 할 변화로 인식하도록 명시해서 단원을 마치거나 수업을 마칠 때 스스로 점검하는 자기평가와 교사의 피드백이 일치되도록 교육과정을 설계한다.

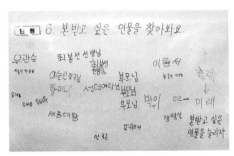

전기문을 공부하기 위한 동기유발이다. 인물을 선택한 이유를 돌아가며 말하고 전기문을 읽을 수 있는 위인을 선택했다.

아이들은 대체로 학습의 목표를 명료하게 알고 있다. 스스로 평가의 준거를 만들고 수업을 하면 좀 더 주의를 기울일 수 있다.

24) Grant Wiggins & Jay McTighe(2008) 거꾸로 생각하는 교육과정 개발(강현석 외 역), 서울:학지사

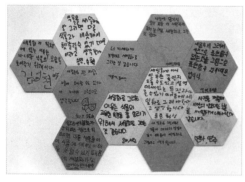

다양한 학습 방법을 제시하는 것이 아니라 학습 방법의 효과를 스스로 찾을 때 학습 효과가 크다.

학습 내용과 방법 등을 선택하면 기억에 남는 경험을 하는 데 유리하다.

즉시, 개별적 피드백하기

피드백은 학습의 책임을 학생에게 되돌리는 것으로 학생의 입장에서 유용해야 한다. '잘했다'와 같은 칭찬은 더 이상의 학습이 필요 없다는 암시가 될 수 있고 좀 더 노력하라는 모호한 피드백은 학습을 이어 갈 에너지가 없어질 정도로 낙담시킬 수 있다. 이후 학습에 필요한 추가 지침을 제공하거나 학생이 시도하여 성공한 부분, 시도하였는데 부족한 부분에 대해 유용한 정보를 주어야 한다.[25]

초등학생의 특성상 까먹는 일이 빈번하므로 가능한 한 즉시, 개별적으로 피드백해야 한다. 시간의 부족으로 자세한 피드백은 지면을 활용하여 이루어지는데 가능하면 수업 중에 즉시 개별적 과제수행에 대해 질문을 한다. 주제가 무엇인지 설명해줄래? 풀이 과정을 설명해줘. 연습을 어느 정도 했지? 이 이야기의 중요 사건은 뭐지? 학생과의 수업 대화에 관한 부분은 따로 논의해야 할 만큼 중요하다. 교사의 질문을 위협이나 질책이라고 여기지 않을 만큼 잦은 피드백의 시간이 쌓여야 아이들이 변명이나 둘러대기가 아닌

25) 낸시 프레이 더글러스 피셔(2021) 피드백 이렇게 한다. (강정임 역) 서울; 교육을 바꾸는 사람들

문장으로 자신의 수행을 설명할 수 있다.

시험지에 점수를 매기는 방식의 평가를 선호하지 않는다. 2학기 첫 학급 회의에 학습의 성과를 확인하는 방법을 찾아보자는 안건을 제안했다. 회의 의제로 선택이 되어 실천 사항으로 단원 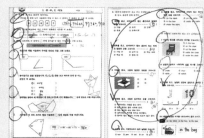 평가를 하자는 의견과 단원 평가는 부담스럽다는 의견이 있었다. 단원 평가의 방법으로 퀴즈나 빙고와 같은 방법도 있다는 교사의 조언에 그런 방법은 재미는 있는데 공부는 되지 않는다고 하며 교사가 시험지를 출제하여 단원 평가하자는 실천 사항을 채택했다. 교사의 수고를 염려하는 의견도 있었다. 덕분에 교과별로 단원 평가하다 보니 일주일 건너 한 번씩은 단원 평가하고 피드백 하여 만점을 만들어 주는 방식으로 진행하고 있다. 3개월이 지나고 학급 회의에서 힘드니까 그만하자는 의견이 안건으로 제출되었는데 23명 중 3명만 찬성하여 안건으로 채택되지 않았다. 힘들다는 3명에게 물어보니 단원 평가가 자신의 실력을 쌓는 도구인 것은 인정하지만 문제를 해결하고 피드백을 받아 다시 들여다보는 과정에 들이는 에너지가 부담스럽다고 한다. 학습에 대한 주도성을 가질 필요성을 실감하지 못하는 아이, 다른 부분의 주도성에 관심이 넘쳐서 학습에 쏟을 열의가 없는 아이들이다. 이 아이들이 학습에 부정적 인식을 갖지 않도록 힘들면 하지 않아도 된다고 했다. 아마도 부담은 여전히 자신들의 몫일 테고 교사의 강요로 인한 역효과보다는 빼먹는 것이 나을 수도 있다.

수학 포기자에 대한 언급은 수도 없이 많다. 수포자가 처음 생기는 시기가 초등학교인 만큼 수포자에 대한 책임이 무겁다. 원인이야 여러 가지겠지만 아이들의 발달보다 수준이 높고 학습량이 많은 것은 모두 인정한다. 원인을 개선하는 것과 별개로 어렵다는 편견으로 수학의 재미조차 모르고 포기하게 할 수는 없다.

그래서 선택한 방법은 수학책과 수학익힘책을 완벽하게 이해하는 것이다. 아이들이 어렵다는 말은 개념을 이해하기 위해 익숙해지는 시간이 필요하다는 것이다. 수라는 추상적 개념을 이해하고 익숙해지는 시간을 좀 더 투자해서 차근차근 밟아나가다 보면 수학책에서 문제를 제시하는 수학적 의사소통 방식과 수학적 문제 해결 방식에 대해 익숙해진다.[26] 아이들에게 해결하는 과정을 꼭 교과서에 나타내도록 지도하고 제출한 교과서의 해결 과정에 고쳐야 할 부분이 있으면 표시를 하고 포스트잇을 붙여준다.

혼자 다시 해결하기도 하지만 모르겠다고 들고 오는 학생에게 문제를 소리 내서 읽으라고 하며 단서가 될 만한 부분을 가리키면 별다른 설명 없이도 아하! 한다. 혼자 풀이할 때는 안 보이던 부분이 선생님 앞에서 보이는 이유는 주의의 정향 시스템의 활성화 때문이다. 수학책의 문제를 소리 내어 읽으며 문제를 해결하기 위한 단서를 찾으려고 주의를 기울이는 행위가 반복되면 환경의 영향을 받지 않고 몰입하는 능력이 생긴다. 이럴 때는 교사도 입을 다물고 관찰만 해야 하는데 참으로 아름다운 순간이다.

성장의 과정을 깨닫는 퍼포먼스

아이들이 칭찬을 받으면 춤을 출까. 실제로 춤을 춘다. 그 칭찬의 힘은 다음 학습을 위한 동기가 될까? 다음 학습은 좀 더 많은 시간과 에너지가 필요할 테니 칭찬을 받으면 끈기와 에너지가 생겨서 도움이 된다. 주변에서 받는

---

26) 마거릿 스미스 메리 케이 스테인(2013) 효과적인 수학적 논의를 위해 교사가 알아야 할 5가지 관행(방정숙 역) 서울:경문사

피드백은 다음 학습을 위한 길잡이가 되어야 하는데 그 피드백에 칭찬을 한 줌 얻어서 에너지를 높일 수 있다. 결과에 대한 칭찬과 더불어 수고와 노력, 도전과 시도에 대해 칭찬한다면 자신의 학습 과정을 돌아보는 계기가 된다.

학기에 한 번 통지되는 통지표에 담을 수 없는 아이의 수고와 노력에 대해 부모가 칭찬하는 시간을 주면 아이들의 학습 몰입도가 올라간다. 학기의 중간에 활동지 모음집을 가정에 보내고 부모와 대화한 후 글쓰기를 한다. 학부모에 따라 한 장 한 장 분석하는가 하면 총량의 부족에 대해 질문하기도 한다. 학습 결과물의 총량을 문자로 알려주어 아이들이 성과를 평가하게 한다. 총량에 못 미치는 결과를 갖는 아이들이 있지만 대체로 부모의 피드백은 기특함, 대견함에 따른 칭찬이고 이런 과정은 다음 학습에 몰입을 높인다. 칭찬의 효과에 대해 동료 교사와 이야기하는 중에 칭찬할 거리가 하나도 없는 아이에게 피드백하기 어렵다는 말이 나왔다. 그러나 자세히 보면 예쁘고 오래 보면 사랑스러운 아이들에게서 칭찬거리를 찾아내는 일이 교사의 일일 것이다.

아이들의 학습 결과물을 게시하는 것은 학습 동기를 유발하는 데 효과적이다. 완성도를 높여서 작품처럼 게시하고 눈에 띌 때마다 언급하여 다음 학습과 연계하면 아이들의 주의를 끌 수 있고 아이들은 학습과 결과물의 맥락을 만들어 배움에 몰입하게 된다.

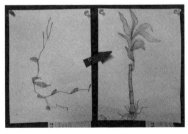

활동이 다양하면 어느 것이나 잘하는 아이는 없다는 것을 알게 된다. 여러 가지 아이디어로 성장을 증명하는 퍼포먼스를 해서 에너지 넘치고 긍정적인 아이들로 성장하기 바란다.

세상을 만나고
일상의 이치를 깨닫는
1학년 수업

조현민 | 거산초등학교 교사

1학년 초대하기

처음 시작, 모든 것이 새로운 1학년

새로운 시작은 긴장되지만 설레고, 두렵지만 기대로 가득하기 마련이다. '모두 첫 아이[1]' 동시 속 지율이처럼 새로운 기대와 설렘으로 교실에 앉아있는 1학년은 모두 이 세상에 단 한 명밖에 없는 소중한 첫 아이다. 학교생활의 시작, 첫 아이, 첫 학교, 첫 선생님, 첫 학부모 처음이라는 단어만으로도 1학년은 충분히 특별하다.

1학년은 호기심 가득 찬 눈으로 세상을 바라본다. 모방하여 따라 하고 그런 반복되는 과정 중에 성장한다. 유아기가 뜨거운 그릇을 만졌을 때 본능적으로 손을 놓는 것과 같이 몸이 먼저 반응하는 단계였다면 초등 저학년의 시작인 1학년은 사고가 막 시작되는 단계이다. 이 시기의 학생들은 다른 감

---

1) '모두 첫 아이' 송선미 『옷장 위 배낭을 꺼낼 만큼 키가 크면』(문학동네, 2016)

각보다 시각적인 것에 예민하다. 그래서 사물과 사건의 내용을 그림으로 인식하고 받아들인다. 혼자 생각하고 있는 어떤 상황의 내용을 옆에 있는 다른 사람들이 함께 공유하고 인지한다고 생각하기도 한다. 1학년에게는 판타지가 살아있다. 판타지 속에서 어른들이 이해하지 못하는 이야기에 빠져든다. 1학년 시기의 학생들은 모든 것을 살아있는 것으로 받아들인다. '나'를 열고 세상을 보고 있는 것이다. 머리로 배우는 것이 아니라 눈으로, 움직임으로, 이야기로, 모방을 통해 배운다.

1학년들은 날마다 마주하는 선생님을 따라 말과 몸짓을 흉내 내며 선생님 놀이를 하고, 때로는 자기 머릿속 생각과 상상이 마치 텔레파시가 통하듯 선생님도 그 세상에 함께 있다고 믿는다. 국어 시간에 갑자기 벌떡 일어나 태권도 발차기를 보여주기도 하고 운동장에서 무슨 작은 소리라도 들릴 때면 어느새 교실 창문에 붙어 서서 운동장을 쳐다보고 있다. 선생님 설명 뒤엔 어김없이 "선생님", "선생님!" 저마다 손을 들고 금방 한 설명을 앵무새같이 묻고 또 묻는다. 온종일 뛰어다니고 신나게 놀다가도 조그만 상처 하나에 피를 쥐어 짜내며 세상 무너질 듯 아프고 속상한 것도 많다.

그럼에도 학교는 즐거운 곳이다. '오늘은 학교에서 무엇을 할까?' 학생들은 기대를 안고 개구쟁이 표정으로 오늘도 학교에 온다. 이렇게 모든 것이 새로운 1학년 학생들을 교실로 초대하고 곁에서 함께 살아주는 이가 바로 교사이다.

1학년 속으로 들어가는 수업

학생들이 가장 많은 시간을 보내는 곳은 학교와 가정이다. 가족과 함께 식사를 하고 잠을 자고 집에서 사는 것처럼 하루 절반의 시간은 선생님과 함께 학교에서 산다. 그 시간이 곧 학생들의 삶이다. 모든 것이 새로운 1학년들은 학교에서 살아가는 모든 시간 속에서 배우고 성장한다. 학교라는 새로운 공간에서 공적인 사회생활의 시작과 동시에 사람을 만나 관계를 맺고, 감정을 표현하고, 자기 역할을 찾아 책임을 다하는 세상을 살아가는 방법을 배우게 된다. 이것이 곧 수업이 교과를 넘어 학생들의 삶에 어우러져야 하는 이유이다.

몸으로 스며드는 배움

초등학교 교실에서의 배움은 그 시작과 끝을 무 자르듯 잘라 나누기 쉽지 않다. 매일 아침 얼굴을 마주하고 교실에서 만나는 순간부터 수업, 점심시간, 쉬는 시간, 하교 시간까지 그 모든 시간이 배움의 순간이 된다.

한때, 나는 어떻게 하면 국어를 더 잘 가르칠 수 있을지, 또 수학을 더 잘 가르칠 수 있을지 교과교수법을 배우는 데 많은 시간을 보냈다. 하지만 나와 함께 생활하는 우리 반 학생들은 1교시, 2교시, 차시별 수업 시간에 따라 국어, 수학 각기 다른 교과의 기능과 특성에 맞게 변신해가며 적극적으로 배우려 애쓰지 않았다. 지금 생각해보면 우리 교실 맨 앞에 앉아 눈을 반짝이던 한 학생은 통합교과 수업은 누구보다 재빠르게 준비물을 챙기고 창의적으로 작품을 만들어 자기 생각을 자신 있게 말할 수 있지만 국어 시간 한글을 배워 읽고 쓰기는 싫어했다. 수학 수업을 할 땐 덧셈, 뺄셈 기호를 보기만 해도 짜증이 일어 손도 까딱하고 싶어 하지 않았다. 받아 올림이 있는 덧셈 문제를 반복해서 여러 번 풀게 했지만 언제나 처음 보는 것처럼 제자리걸음이었다. 통합교과 시간, 국어 시간, 수학 시간, 아침 활동 시간, 점심시간, 다른 교과 시간에도 늘 같은 자리를 지키고 있는 우리 반 학생이었는데 그동안 나는 그저 주어진 교과를 잘 가르치고 싶은 교사였다는 것을 한참을 지나야 알게 되었다. 뒤늦게 깨닫고 나니 그때야 우리 반 학생들이 보이기 시작했다. 결국에는 국어, 수학, 분절된 교과 지식을 배우게 하는 것이 아니라 학생들이 살아가는 삶의 리듬 속에서 각자의 색깔로 살아있는 자기 모습을 드러내며 배우게 해야겠다는 생각을 했다.

　교실에서 끊임없이 '배려'에 대해 설명하지만 정작 학생들은 어떻게 다른 사람을 배려해야 하는지 알지 못했다. '배려'라는 용어의 개념은 몰라도 괜찮다. 어떻게 사는 것이 배려하는 것인지 교사가 학생들 곁에 살면서 실천하는 모습을 보이면 된다. 다양한 교실 상황에서 말하고 행동하는 방법을 자세히 안내하고 일상에서 알아차리고 실천하며 살면 되는 것이다. '배다'는 '배우다'의 어원이라고 한다. 새하얀 천에 물이 배듯 어린 학생들의 몸에 배움이 자연스럽게 배인다는 것을 깨달았을 때라야 비로소 교사는 1학년 담임으로 비로소 자격을 갖출 수 있다. 아울러 학생은 몸에 깊이 배어 사라져 버린 줄 알았던 배움이 문제상황을 해결하는데 쓰였을 때 그 가치를 깨달 수 있을 것이다. 결국 배움은 머리로만 익히고 단련하는 죽은 지식이 아니라, 학생 몸에 배고 스며들어 결정적인 순간 드러나 말과 글, 행동으로 주어진 삶을 해결하고 풍요롭게 하는 것이라 할 수 있다.

　공감과 관계를 잇는 국어 수업

　1학년 국어교육과정은 전체의 과정이 한글 교육과 맞닿아 있다. 최근에는 기초 문해력이라는 용어로 한글 교육을 더욱 강조하고 있다. 하지만 문해력을 의미하는 리터러시는 단순한 한글 깨치기가 아닌 생각과 삶의 방식을 의미한다.[2]

　단순한 한글 깨치기가 아닌 문해력을 기르는 한글 교육을 위해서는 방법과 과정이 달라져야 한다. 교사는 학생들이 삶의 맥락 속에서 글자를 익히고 활용할 수 있도록 안내하고 수업과 일상 속에서 다양한 기회를 만들어야 한다. 다양한 기회 속에 학생이 스스로 깨닫게 되는 과정은 수많은 경우의

---

2)　조병영 『읽는 인간 리터러시를 경험하라』(쌤앤파커스, 2021) p.63

수가 있다. 결국 그 과정이 가치 있는 것으로 만드는 것은 학생이다. 그러기 위해 1학년 학생들에게 배움의 과정은 자신에게 가장 가까이 있는 학습재료인 몸을 잘 쓰고, 즐거운 놀이가 되어야 할 것이다.

> ... 글자를 깨치고 글 내용을 이해하는 것을 넘어서서, 그것으로 삶을 배우고 앎을 다집니다. 그들은 자신과 공동체의 삶을 더 좋게 만들기 위해서 '읽기와 쓰기'라는 행위를 적극적으로 수행합니다. 능동적으로 텍스트를 탐색하고, 그것으로 세상을 읽고 쓰면서 당면한 생활의 문제를 해결하고 중대한 사회적 숙의 과정에 참여하며, 첨예한 토론의 과정에 기여합니다. 그리고 이 모든 것들을 자발적이고 지속가능한 방식으로 실천합니다. 이렇게 우리는 '제대로 읽고 쓰는 사람들'이 되어갑니다.[3]

하지만 지금까지 학교에서 이루어지는 대부분의 1학년 한글 수업은 글자를 읽고 쓰는 것에 초점이 맞추어져 있다. 단순히 학습의 도구로만 익힌 한글은 학생들의 삶의 맥락 속으로 들어가지 못하고 문장 끝에 마침표인지 느낌표인지 통째로 외워서 쓰는 받아쓰기 문제로만 남게 되었다. 우리가 학교에서 치르는 받아쓰기가 의미 없는 것은 받아쓰기를 100점 맞고서도 학생들이 쓰는 일기에서는 여전히 고쳐지지 않는 것과 같다. 결국 일기장 속 일상의 언어로 옮겨가지 못하고 100점 받은 받아쓰기는 학습의 도구에만 머물러 있다. 학생들에게 삶의 맥락 속에서 학습 내용을 몸으로 배우고 즐거운 놀이가 될 때 배움은 학생 일상에 스며든 일상의 도구가 된다. 학습 내용을 자유자재로 활용해 자기 삶을 언제든 다양하게 표현할 수 있는 일상의 도구가 될 때, 학생들은 일상이 된 자신의 말과 글로 다른 사람과 이야기하고 편지도 전하며 공감하고 소통하는 새로운 관계를 맺고 성장한다.

---

3) 앞의 책 p.34

놀이와 몸짓으로 배우는 수학 수업

수학으로 세상의 아름다움을 느끼고 삶을 살아가는 힘을 기르게 하고자 했다. 하지만 학생들에게 수학은 전혀 아름답지도 않고 삶을 살아가는데 전혀 상관없는 것들이었다. 사실 내가 본 수학의 세계는 학생들과 아주 가까이 있었다. 가만히 들여다보면 태어난 아기들이 말을 하기 시작하면서, 손가락을 꼼지락 움직이기 시작하면서 형제, 자매, 친구들과 놀이를 하면서 시작되었다. 몇 개인지를 세고 가르고 나누어 먹으며 어린이들은 스스로 자기가 살아가는 세상에서 수학과 날마다 만나고 있었다. 1학년 학생들을 만나면서 나는 누가 몇 층에 사는지, 친구가 자기보다 더 높은 층에 사는지, 누가 몇 살인지, 몇 연도에 태어났는지, 무슨 띠인지, 몇 살이 더 많은지 등 셀 수도 없는 많은 질문 세례를 날마다 받고 또 받았다. 처음엔 궁금해서 묻던 질문들이 몇 달이 지나서는 새로운 놀이가 되었다. 돌이켜보면 학생들에게 신나게 몸을 움직이며 노는 것은 곧 학생들의 삶 자체였다. 그 삶 속에서 학생들은 자신만의 규칙을 찾아냈고 자신만의 규칙을 세상에 대입해보며 또 다른 놀이를 만들고 신나게 논다. 혼자 퀴즈 문제를 해결하듯 주변의 모든 사람의 나이와 출생 연도를 캐내고 그렇게 학생들은 머릿속에 자기만의 알고리즘을 만들어 나갔다.

일상이 곧 수업이 되는 준비

교사의 준비. 교실의 일상 바꾸기

교실은 학생들이 가장 오랜 시간 생활하는 공간이다. 정성을 담아 아름답게 만든 공간은 사람의 마음을 움직이기 마련이다. "우와! 예쁘다." 눈에 담은 예쁜 교실 공간은 1학년 학생들이 생활하는 동안 정성껏 예쁜 글씨로 공책을 쓰고, 자기 공간을 정리·정돈하고 다른 사람들을 부드럽게 대하게 하는 바탕이다.

1학년 교실 한 모퉁이에는 봄, 여름, 가을, 겨울을 느끼게 해주는 계절탁자가 있다. 일주일에 한 번 학교 주변을 산책하는 산책길에 주운 꽃과 솔방울로 계절탁자는 조금씩 바뀐다. 날마다 학교 가는 길에 피어있는 민들레를 보지 못하는 일상을 가진 무심한 학생들에게 계절탁자는 잃어버린 삶을 돌려주는 것과 같다. 머리로 배우는 통합교과의 봄, 여름, 가을, 겨울을 학생들의 삶에 어우러지게 한다.

일상에서 꾸준히 반복되는 활동(루틴)은 학생들에게 삶의 리듬을 갖게 한다. 그 활동에 음악과 움직임이 더해지면 효과는 훨씬 크다. 리듬이 있는 교실 생활은 학생들에게 마음의 안정감을 느끼게 해준다. 활동을 계속 반복하면 안정감이 학생들의 몸과 마음에 스며들게 된다. 삶의 리듬에 익숙해지면 학생은 수업에 더욱 열심히 참여하게 되고 배움이 몸 한구석에 조금씩 터를 잡게 된다. 그리하여 새로운 교과와 리듬이 있는 활동을 만나면서 학생들은 좀 더 너른 배움의 세계로 들어선다.

한 차시의 수업, 하루, 일주일, 달, 계절, 학기, 일 년의 리듬은 학생들을 둘러싼 자연과 학교에서의 배움을 하나로 이어준다. 교사는 자연과 더불어 몸으로 익히고 마음에 담아 배움을 즐기고 스스로 기록하는 과정을 강조한다. 이렇게 생활 속에서 반복하며 움직이고, 실천해가는 동안 어느새 1학년들은 모르는 사이에 학교에서 배워야 하는 많은 것들이 몸에 스며들게 될 것이다.

지속적인 연구와 실천하기

교사의 안목

세상에는 늘 어린이가 있다. "어린이는 어른보다 더 새로운 사람입니다." 소파 방정환의 말처럼 앞선 사람인 어린이를 존중하고 이해하는 데에서 교실 이야기는 시작된다. 처음 발령을 받고 나는 잘 가르치는 교사가 되고 싶었다. 그런 마음이 앞서니 교실에서 수업을 방해하는 학생들만 눈에 띄었다. 교실 안 학생들이 큰 하나의 덩어리로 여겨지고 규칙과 질서를 지키지 않는 학생들을 보면 나는 그 학생들을 틀 속에 다시 집어넣으려 혼내기도 하고 달래는데 많은 시간을 써야 했다. 그런데 교사로서 수업이 무엇이고 어떤 수업을 하고 싶은지, 학생들은 어떻게 배움이 일어나는지를 고민하면서 우리 반 교실에 있는 학생 한 명 한 명이 보이기 시작했다. 학생들이 하나하나 보이기 시작하니 학생들의 모든 행동에는 저마다의 이유가 있었다. 그 이유를 알게 되니 너그러워지고 이해의 폭이 넓어졌다. 학생들의 말에 귀를 기울이고 학생들을 존중할 수 있게 되었다. 존중받는 학생들은 자연스럽게 자존감이 높아졌다. 그리고 교사에 대한 신뢰가 커졌다.

앎을 얻으려는 노력은 경이로움에서 시작해야 한다. 경이로움과 마음을 울리는 감동이 있을 때 음악이든, 공연이든, 혹은 학문적 지식이든 마음에 크게 와닿게 된다. 날마다 끝도 없이 종이접기를 하고 다 만들고 난 종이 작품이 쓰레기통에 버려지던 우리 반 학생이 있었다. 세월호를 추모하는 거대한 배를 완성하는 데 힘을 보태고 완성된 작품 앞에서 "우와!"하며 쳐다보는 순간, 자신이 접은 종이배는 더 이상 버려진 쓰레기가 아닌 소중한 작품이 되었다. 그리고 세월호를 추모하는 활동과 마음에 진심을 다하게 되었다. 학생들에게 울림이 있는 활동은 감동을 준다. 그리고 그 감동은 배움으로 이어지게 된다.

수업은 학생들이 존중받으며 감동하는 학교생활 속에 아름다움이 스며 있어야 한다. 예쁜 꽃을 꽂고 예쁜 실크천으로 캐노피도 달아놓고, 자기가 쓰는 노트에 예쁜 색연필로 정성껏 예쁘게 글씨를 쓰도록 했다. 아름다움을 안다는 것은 길에 핀 꽃을 돌아볼 줄 알고, 옆에 있는 친구의 어려움을 알아차리고 다른 사람에 대한 공감과 배려의 바탕을 마련하는 것이다. 길가의 예쁜 꽃을 보고 걸음을 멈추는 학생은 결코 교실에서 다른 친구와 다투거나 길가에서 고군분투하며 기어가는 곤충을 죽이는 일 따위는 없었다. 수업 시간 매 순간 중요하게 여길 수 있도록 했다. 2시간 수업 내내 만든 미술작품을 수업이 끝나면 쓰레기통에 버리고 가는 하찮은 것이 되지 않도록 '지금, 여기'에서 하는 모든 순간에 정성을 들여야 한다. 그리하여 나는 존중받는 학생들이 수업 속에서 감동을 받고 아름다움의 가치를 체득해 '지금, 여기'에서 일어나는 매 순간을 소중히 살아가길 바란다.

교과 지식과 내용을 채우는 전문성

수업을 고민할 때 활동지를 만들기보다 교과의 내용, 수업의 내용을 채우기 위해 노력했다. 1학년 문법에서 문장부호는 마침표(.), 쉼표(,), 물음표(?), 느낌표(!), 큰따옴표(" "), 작은따옴표(' ')가 나온다. 국어 교과서에는 부르는 말이나 대답하는 말 뒤에 쓴다는 설명과 함께 '형님,'이 안내되어 있고 쉼표(,)를 여러 번 반복해 쓰도록 되어 있다. '형님' 뒤에는 쉼표를 써야 한다. 여러 번 연습하는 빈 칸이 있다. 그런데 '형님!'이라고 쓰면 틀린 것일까? '형님?' 표현은 불가능한 것일까? 맥락이 없는 국어 수업은 결국 학생들에게 일상의 언어로 배움을 넓히지 못한다. 그래서 맥락 없는 빈칸 채우기식 국어 교과서 대신 학생들의 삶의 방식과 맥락을 담은 문학 작품을 선정하는데 더 많은 시간을 보냈다. 1학년 학생들과 문장부호를 공부하기 위해 문학 작품을 함께 읽고 함께 옮겨 썼다. 문장부호와 함께 옮겨 쓴 문장은 연극 대본이 되었다. 학생들이 옮겨 쓴 연극 대본을 들고 상황과 문맥에 맞게 문장부호의 특징을 살려 표현하는 그림자극 공연으로 수업을 마무리했다. 이 학생들은 문장부호를 쓰고 읽을 줄 아는 것에 그치지 않고 사용해야 하는 상황과 방법을 정확하게 알고 표현할 수 있게 되었다.

내용을 채워나가기 위해 교사는 꾸준히 읽고 기록하고 실천의 과정을 거쳐야 한다. 국어 수업을 위해 기초 문해력, 듣기, 말하기, 읽기, 쓰기와 관련한 다양한 이론서와 여러 갈래의 문학 작품을 꾸준히 읽었다. 학생들이 쓴 여러 갈래의 글도 많이 읽고 학생들에게 읽어주었다. 책을 읽으면 짧은 문장이나 간단한 설명으로 메모하고 필요한 내용을 선별해 실천하여 그 과정을 짧게나마 기록했다.

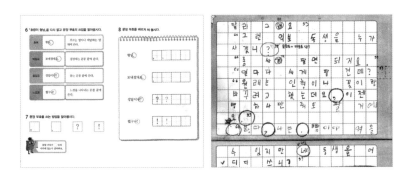

수학 시간에는 1학년 학생들이 요령이나 형식을 외워 문제를 푸는 것이 아니라 개념을 이해하는 과정을 수업의 내용으로 삼고자 했다. 1학년 발달 단계에 맞게 몸으로 움직이고 1학년들이 다양한 조작 활동과 움직임 활동을 하면서 수학적 개념을 이해하게 하고자 몸짓[4], 이야기와 놀이[5]로 수학 수업의 내용을 채워나갔다.

학생의 준비. 하루의 흐름이 이어지는 교실 생활

아침 열기

학생들과 눈을 마주 보고 차를 따라주는 아침 열기로 하루가 시작된다. 교사는 3월 학기 초 학생들에게 예쁘고 가장 아끼는 도자기 찻잔과 찻잔 받침을 준비하도록 안내한다. 늘 느끼지만 학생들에게 예쁘고 가장 아끼는 무엇인가는 손과 발을 정성껏 움직이게 하는 시작점이 되었다. 우엉차, 작두 콩차 등 자연이 준 재료는 처음엔 그저 향도 없고 맛도 없는 물맛이었지만 점차 세상에 이렇게 다양한 맛과 향을 지닌 차가 많다는 걸 학생들은 새삼 깨닫게 된다. "선생님, 이건 엊그제 마신 메밀차 아니에요?", "오늘은 차에서 초콜릿 향이나요." 날이 더할수록 이야깃거리도 많아졌다. 하루를 차분하게 시작하게 해주는 차 마시기는 그동안 쓰지 않았던 학생들의 미각에 새로운 자극을 주었다.

아침 활동

찻잔을 정리하면 매일 정해진 아침 활동을 한다. 아침 시를 함께 낭송하고 계절에 맞는 노래를 신나게 함께 불렀다. 1학년은 노래에 어울리는 손동작이나 발동작을 함께 했는데 우리 반에서는 가끔 학생들이 율동을 넣고

---

4) 정경혜 『몸짓으로 배우는 초등 수학1, 2, 3』(우리교육, 2012)
5) 조성실 『이야기와 놀이가 있는 수학 시간 1, 2』(교육공동체 벗, 2014)

싶다고 제안하면 즉석에서 함께 넣기도 했다. 학생들이 즐겁게 참여하면서 창작은 어려운 것이 아닌 즐거운 놀이가 된다. 다음으로 오카리나 악기 연주를 한다. 학생들은 악보를 보지 않고 교사와 호흡을 맞춰 한 음씩 오카리나를 짚어가며 소리를 낸다. 모두가 동시에 하나의 소리를 내는 것이 중요한데 악보가 없으니 자연스럽게 학생들의 눈과 귀는 선생님을 향해 있다. 집중하지 않는다고 학생들을 채근하기보다 어떻게 하면 학생들이 집중할 수 있는 환경을 만들지 고민했다. 아이러니하게도 친절하게 안내하기 위한 자료인 악보를 주지 않을 때 학생들은 교사의 말과 행동에 더 집중하고 있었다.

악기 연습이 끝나면 간단한 움직임 활동을 한다. 움직임 활동은 콩주머니, 공, 긴 줄, 나무막대 등 다양한 재료를 활용할 수 있다. 규칙과 리듬을 가지고 던지고 받기, 노래에 맞추어 손과 발을 리듬에 맞게 규칙적으로 움직이기 등 조금씩 동작의 난이도를 달리하며 꾸준히 진행한다. 반복은 익숙하지 않던 것을 익숙하게 하고 학생들의 몸과 마음에 깊이 스며들게 하지만 무의식적인 반복은 자칫 몸만 기계적으로 움직이게 할 수 있다. 그래서 간단한 기본동작을 바탕으로 학생들이 긴장감을 가지고 규칙을 생각하며 움직일 수 있도록 했다. 반복적인 움직임 속에 규칙성을 익히고, 이를 적용하고 응용하며 새로운 움직임 활동과 놀이로 변형했다.

"우리 나영(가명)이 팔이 움직이네. 움직이지 않고 바르게 서 있기로 했는데, 나영이가 움직여야지 하고 막 흔들고 있는 거야?"

"아니요!"

"어머! 그럼, 가만히 있어야지 하는데 팔이 저절로 막 움직이는 거야?"

"아니요."

"이 팔 주인이 누구지? 선생님인가?"

"아니에요! 저예요."

"지금 선생님이 말해서 팔이 멈췄으니까, 이 팔 주인은 선생님인 것 같은데!"

움직임 활동은 자기 자신이 팔과 다리, 몸의 주인으로 바르게 쓰게 하는 가장 기본적인 활동이었다. 이것은 우리가 배우는 여러 교과와 활동에 적용할 수 있는 바탕 활동이 되었다. 움직임 활동은 반복과 변형을 통해 말하기 연습, 시 낭송, 띄어쓰기, 수와 연산 개념 익히기, 노래 부르기 등으로 다양한 교과와 수업에 적용할 수 있다.

이야기에 쏙 빠져들도록 날마다 옛이야기를 들려주고 말하기 활동인 본 것 묘사하기, 들은 것 의성어로 표현하기, 1분 말하기, 몸으로 읽기 등의 활동도 빠뜨릴 수 없다. 매주 월요일 아침은 늘 같은 시각, 같은 장소로 산책을 한다. 민들레가 피던 곳에 강아지풀이 돋아난 것을 발견하는 학생들에게 산책은 민감성을 길러 주었다. 이런 민감성은 그동안 평범한 일상 속에 지나쳐 온 많은 것들을 다시 돌아보게 한다.

활동 하나를 하더라도 정성을 다했다. 그 정성은 학생들이 활동을 대하는 태도가 되었다. 반복하지만 변화를 두고 발전해 가는 아침 활동은 학생들의 숨어있는 감각을 열어주고 다른 친구와 협력하고 소통하는 방법을 자연스럽게 몸으로 익히게 한다. 하루도 거르지 않고 한결같이 그렇게 1년을 함께 살았다.

하루 닫기

수업을 통해 함께 배운 것이 지혜가 되고 사랑이 되고 힘이 된다는 수업을 닫는 시를 함께 낭송한다. 함께 정한 교실 약속과 서로 감사하고 사랑하는 마음을 '사랑하고 기대합니다.', '사랑하고 존경합니다.' 큰소리로 인사하고 한 명씩 교사와 마주 안아주기로 하루를 마무리 짓는다. 애정을 담아 힘껏 안아주며 헤어지는 인사를 통해 그날그날 속상한 교사의 마음도 녹고 서운한 어린이들의 마음도 녹인다. 학교에서 억울함을 가득 안고 하루를 마치는 것만큼 속상한 건 없으니까 말이다.

어린이들에게 하루의 시작과 끝을 일정하고 규칙적인 활동으로 반복하는 것은 하루하루 삶의 리듬이 자연스럽게 몸에 배도록 했다. 이것은 늘 예측 가능한 교실 생활을 의미하는 것이고 정서적인 안정감을 바탕으로 바르게 자기 몸을 쓸 줄 알게 되어 수업 시간에 이루어지는 다양한 활동 또한 몸으로 잘 받아들이게 했다. 학생들 삶의 리듬을 찾아가는 그 길에 배움이 함께 쌓인다.

상황의 맥락 잇기와 공동의 경험 쌓기

삶에서 동떨어진 채 책과 머리로 배우는 수업이 아닌 상황과 맥락이 있는 수업을 위해 학생들이 몸으로 직접 겪고 그 과정과 내용을 다양한 방법으로 표현하게 한다. 이때 학생들이 학급에서 함께한 공동의 경험은 좋은 수업 자료가 된다.

텃밭에서 함께 감자를 심고 캐는 일은 우리 반 공동의 경험이다. "감자를 캐니까 어때?"라는 질문에 "좋았어요." 대답 한마디는 그동안 함께 땀 흘리며 보낸 모든 순간을 순식간에 덮어버린다. 하지만 반쯤 썩은 감자를 캔 학생, 땅을 계속 파도 안 나와서 두더지처럼 땅만 판 학생, 주먹만 한 감자를 캔 학생, 자주감자를 캔 학생처럼 공동의 경험 속에 자신만의 순간을 경험하고 있다. 그 순간을 함께 보낸 교사는 학생들이 처한 구체적인 상황과 맥락을 이해한 상태에서 학생들의 활동 내용과 과정에 대해 피드백을 할 수 있다. 학생들은 공동의 경험 속에서 다른 친구들과 공감대를 형성하기도 하고 같은 경험이 전혀 다른 생각과 느낌으로 받아들여지기도 한다는 것을 깨닫는다. 공동의 경험 쌓기는 활동을 함께 한다는 자체만으로도, 같은 경험을 하고도 다양한 생각과 느낌을 가진다는 것을 스스로 깨닫게 한다는 점에서 의미가 있다. 학생들의 모든 경험과 다양한 방식의 표현 결과는 또 다른 수업의 자료로 활용되기도 한다.

수업 이야기

말글살이의 시작, 한글 수업

선 그리기

세상의 모든 것들은 결국 곧은 선과 굽은 선으로 이루어져 있다. 세상을 만나는 선 그리기 활동은 1학년 고사리손에 힘을 기르고 방향을 느끼고, 글자와 숫자, 세상과 소통하는 기호를 표현할 수 있게 해주었다.

선의 종류는 건너금(ㅡ), 내리금(ㅣ), 웃꺾기(ㄱ), 내리꺾기(ㄴ), 동그라미(ㅇ), 빗금(/), 벌림(\) 일곱 가지[6]를 기본으로 하고 자연에서 연상되는 산 모양, 파도 모양, 지그재그 모양, 달팽이 선 등 다양한 모양의 선을 더했다.

선 긋기를 할 때는 반드시 선의 이름(건너금, 내리금, 웃꺾기, 내리꺾기, 동그라미, 빗금, 벌림)을 소리 내어 말하면서 다양한 크기와 색깔로 그렸다. 다양한 선 긋기 방법이기도하지만 이후 낱자를 배울 때, 글자의 획순을 익히는데 더없이 좋은 방법이 되었다. 만약 'ㅁ'을 쓴다면 '내리금, 웃꺾기, 건너금'이라고 말하며 익혔다. 획순이 헷갈리는 학생들에게도 옆에서 선의 명칭을 말해주면 곧장 맞게 고쳐 쓸 수 있었다.

나비같이 날아다니다가 날아다닌 그 길을 종이에 선으로 그었다. 개미와

---

6) 박진환 『다시 1학년 담임이 된다면』(에듀니티, 2020) p.40

과자를 그리고 개미가 과자를 찾으러 가는 길도 선으로 그어 찾아주었다. 한 명, 세 명, 다섯 명, 일곱 명 차례로 어린이들이 앞에 나와 높이와 간격을 맞추어 서보고 알록달록 예쁜 선으로 그어보기도 했다.

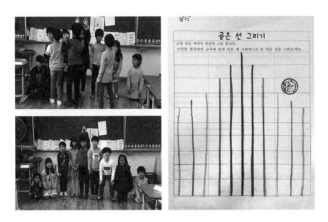

그림책과 만나 새로운 놀이와 움직임으로 선을 그려내기도 했다.

학생들과 『작은 배의 여행』[7], 『빙빙 돌아라』[8] 그림책을 읽을 때면 그림책 속 선 모양에 이미지와 이야기를 더해 배를 타고 엄마를 찾아 떠나는 어린아이가 되기도 하고 빙빙 돌아다니는 나비와 벌이 되어 놀이하는 꼬마가 되어보기도 했다. 빙빙 친구들과 손을 잡고 돌며 뛰어다닌 길을 허공에 몸을 이용해 머리로, 어깨로 크게 작게 선을 그려보고 바닥에 긴줄넘기 줄로 놓아본다. 그리고 공책에 선으로 그렸다. 공책의 선을 따라 선 위에 털실로 풀로 붙이고, 큰 색종이를 달팽이 선 그리기로 뱅글뱅글 잘라서 교실 천장에 붙여 장식했다. '돌아라, 돌아라, 빙빙 돌아라. 꿀 찾아가는 꿀벌처럼 빙빙 돌아라' 리듬과 움직임을 더해 학생들은 저마다 새로운 이야기를 만들어내며 놀이를 만들었다. 노래를 부르며 물감으로 선을 그렸다. 단순한 선 긋기가 아

---

7) 김광선 『작은 배의 여행』(슈타이너교육예술연구소, 2009)

8) 이상희 시, 김효은 그림 『빙빙 돌아라』(비룡소, 2012)

닌 그림책을 읽고 이야기를 더해 살아있는 선으로 이미지를 확장시켰다. 움직임 활동을 하고 선을 다양한 방법과 재료로 그리고 오리고, 입학 초 적응 기간 동안 배워야 할 여러 가지 주제를 한 가지 종류의 선을 중심으로 긴 호흡으로 이어지는 수업이 되었다.

입말과 글말이 되는 소리 씨앗

학생들에게 말은 공중에 떠다니는 소리 씨앗이라고 이야기해주었다. 한글 공부는 공중에 떠다니는 소리 씨앗을 붙잡아 종이에 옮기는 것이다. 학생들이 하는 말은 종이에 옮겨지면 자신의 글이 된다. 아침 활동 중 하나인 말하기 활동을 통해 입말 늘이기를 했다. 등굣길에 본 것 말하기, 하굣길에 들은 소리 말하기, 주말 지낸 이야기 1분 말하기, 몸으로 읽기 등 매일 아침 학생들이 돌아가며 자기 이야기를 들려주었다.

아침 등굣길에 보고 온 꽃을 설명하면 교실에 앉아있는 다른 친구들이 설명을 듣고 그림을 그린 후 가장 똑같은 모양의 꽃을 그림에서 찾아보았다. 집에 가는 길에 들은 소리를 '부우우우웅' 한 음, 한 음 소리 나는 대로 글자로 옮겨보기도 했다. 매주 월요일에는 1분 말하기 활동을 하며 주말에 있었던 이야기를 의자 위에 올라가 발표를 했다. 이야기를 들으며 누구랑 갔는지, 왜 갔는지, 기분이 어땠는지 궁금한 것들을 친구들이 질문을 하고 빠진 내용을 채워나갔다. 1분 말하기가 끝날 때쯤이면 어느새 형식이 잘 갖추어진 문장으로 완성해갈 수 있었다. 발표를 듣고 있는 친구들은 발표하는 친구의 이야기에 저마다 어울리는 제목을 붙여주었다.

선생님이 들려주는 이야기와 읽어주는 책의 내용을 타블로[9]로 표현하거나 내용에 맞게 몸을 움직여가며 듣기도 했다. 운율과 박자에 맞추어 나무막대를 던졌다 받고, 발도 동시에 구르며 문장 띄어 읽기, 말하기 연습도 했다. "나는/ 아침에/ 민들레를/ 봤어요." 학생들은 어절을 뗄 때마다 나무막대를 위로 던졌다 받으며 박자에 맞추어 발을 '쿵' 하고 구르는 움직임 활동도 했다. 몸을 크게 움직일수록 학생들의 목소리도 커졌다. 발표하는 학생들의 목소리를 크게 키우기 위해서 큰 소리로 말하라고 다그치는 것 대신 나무막대를 더 높이 던져 올리고 발을 더 세게 '쿵!'하고 구르게 했다. 이내 학생들에게 놀이가 되어 쉬는 시간에도 하고 싶은 말, 친구들과 대화하는 것까지 나무막대를 던지고 발을 구르며 하게 되었다.

결국 입말을 늘이는 가장 효과적인 방법은 학생들이 일상에서 겪는 자신

---

9) 교육연극 기법 중 하나. 주어진 주제의 장면을 정지 동작으로 표현하는 것.
　　이지현 『그림책 연극 수업』(학교도서관저널, 2021) p.119

의 이야기를 스스로 표현하는 것이었다. 이야기 구조가 반복된 형식의 플롯으로 메기고 받기 형식 운율을 가지는 그림책은 학생들의 삶과 연결하여 자기 이야기로 입말을 늘이기에 더없이 좋은 재료였다. 처음에는 본문의 형식을 따르며 노래처럼 한 명이 질문을 던지면 나머지 학생들이 함께 "되지, 되지, 그래도 되지." 추임새를 넣어주었다. 점차 학생들은 질문에 대한 이유를 말하는 것까지 표현이 자연스럽게 확장됐다.

> "엄마, 나 안 씻으면 안 돼?"
> "되지, 되지, 안 씻어도 되지." (『되지엄마』[10] 중에서)

홀소리와 닿소리, 낱말 만나기

한글의 제자원리와 소리의 느낌을 몸으로 익히는 활동으로 시작하였다. 일반적으로 한글 교재에는 닿소리(자음)부터 제시된 경우가 많지만 홀소리(모음)을 먼저 지도하였다. 홀소리는 혼자서 소리와 글자를 만들어내지만 닿소리는 홀소리에 닿아야지만 완전한 소리가 나므로 홀소리를 먼저 배우는 것이 좋겠다는 생각이 들었다. 홀소리를 구성하는 하늘(·), 땅(ㅡ), 사람(ㅣ)의 의미를 가진 세 글자에 대해 옛이야기를 들려주듯 소리 씨앗이 세상에 내려와 모든 것, 모든 이의 이름이 생겨나게 되었다고 이야기를 들려주었다.

특히 홀소리에서는 소리를 강조했다. '기뻐'를 고무줄처럼 길게 늘이면 '기이이이이이이이이이이이이이이이이이뻐'가 되고, 기뻐 안에 이뻐가 들어있음을 발견하는 '기뻐의 비밀'[11] 동시 내용처럼 학생들과 낱말을 고무줄 잡아당기듯 길게 늘여 소리 내어 읽었다. 그러면 학생들은 스스로 낱말에 숨어있는 홀소리를 곧잘 찾아냈다. 한글 해례본의 내용을 바탕으로 소릿값을 찾

---

10) 김인자 글, 한상언 그림 『되지엄마』(단비어린이, 2016)
11) '기뻐의 비밀', 이안 『기뻐의 비밀』(사계절, 2022)

아가며 세상의 큰 이치를 담은 한글에 대해 꾸준히 공부하면서 한글을 아끼고 사랑해야겠다는 마음도 가질 수 있었다.

홀소리와 닿소리는 차례대로 한 자씩 하루 혹은 이틀에 걸쳐 배웠다. 몸 동작을 하며 홀소리 또는 닿소리와 관련된 시 낭송으로 국어 수업을 열었다. 시는 국어 시간 배우는 글자나 내용에 맞게 아침 활동 시간에 꾸준히 익혔다. 예를 들어 'ㄱ'과 관련해 시를 낭송한다면 '탁탁탁탁 사다리를 밟고 엉금엉금 기어서' 등과 같이 'ㄱ'이 들어간 시의 구절을 나무토막을 사다리 모양으로 놓고 사다리를 밟듯이 기어가는 동작을 하면서 낭송했다. 시를 낭송(말하기)하며 듣고 몸을 움직이는 과정이 동시에 이루어지면서 시를 빠르게 익히는 것은 당연한 결과였다. 이밖에도 글자의 소릿값과 글자 모양만 익히는 것이 아니라 자연스럽게 낱말의 의미를 이해하고 시의 내용과 맥락을 이해할 수 있었다.

시로 국어 시간 수업을 열고 이야기와 그림으로 글자를 만났다. 공부할 낱자와 관련된 그림을 보고 학생들과 이야기를 나누고 배울 글자와 관련된 이야기를 들려주었다. 글자의 소리와 느낌이 드러나도록 이야기를 직접 만들기도 하고 옛이야기, 그림 형제 이야기, 다양한 그림책에서 소재를 가져오기도 했다. 이야기를 듣고 학생들은 떠오르는 이미지를 각자 공책에 그림으로 그리기도 하고 그림 속에서 글자를 찾기도 했다. 배운 낱자와 비슷한 모양의 물건을 찾아보거나, 몸으로 글자 만들기, 콩 주머니 이용하기, 긴 줄넘기로 낱자 만들기 등 다양한 방법으로 낱자를 표현해보았다. 함께 읽는 글이나 그림을 보며 함께 만든 이야기 속에 그날 배운 글자가 나오면 글자 음절 수에 맞춰 박수를 치거나 발을 구르고, 더 큰 소리로 강조해서 읽기도 했다. 자연스럽게 글자의 소리와 느낌, 글자가 만들어진 원리에 대한 이야기로 이어갔다.

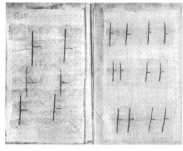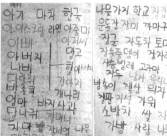

함께 시도 읽고, 노래도 부르고 말과 놀이로 익히는 과정에서 우리가 쓰고 있는 많은 단어와 문장에 소리의 느낌과 의미가 이미 담겨 있다는 것을 교사가 설명해주지 않아도 학생들은 저절로 배워나가고 있었다.

"땅 위에 해님의 소리 씨앗(·)이 뚝! 떨어졌어요. 그런데 그 소리 씨앗이 너무너무 무거워서 땅(—)을 누르고 누르다가 뚫고 들어가 버렸어요. 어떤 모양의 글자가 되었을까요?"

"ㅜ예요!"

"맞아요! 그런데 다음날은 하늘에서 무거운 소리 씨앗(·)이 여행을 갈 때 따라나선 작고 가벼운 아기 소리 씨앗(·)이 있었어요. 그건 너무 작고 가벼워서 물 위에서 빠지지 않고 떠 있었는데 땅(—) 위에서도 가벼워서 땅속으로 들어가지 못하고 점점 바람에 흙에 휩쓸려 위로, 위로 올라갔어요."

"ㅗ예요!"

"무거운 'ㅜ'가 들어가는 단어는 뭐가 있을까요? 무거워서 땅속으로 눌러요."

"누르다!", "무겁다", "

"그럼 가벼운 'ㅗ'가 들어가는 단어는 뭐가 있을까요?"

"솟다.", "오르다!"

'ㅜ'와 'ㅗ'를 배우고 '오리[12]' 동시를 다시 함께 낭송했다.

"엄마 오리는 무거우니까 '둥둥' 떠 있어요!"

"아기 오리는 가벼워서 '동동'이고요, 엄마는 무거우니까 물에 '풍덩' 들어가
고 아기는 가벼우니까 '퐁당' 들어가는 거네요!"

'ㅗ'를 배울 즈음 맞추어 아침 활동 시간에 '오리' 동시를 배우고 매일 아
침 함께 낭송했다. 매일 아침 율동하며 신나게 낭송했던 동시 안에 그동안
눈치채지 못했던 글자의 비밀을 밝히기라도 하는 것처럼 학생들은 신이 났
다. 'ㅜ'가 들어간 낱말이 나올 땐 무겁게 발을 구르고, 'ㅗ'가 들어간 낱말이
나올 때는 가볍게 손뼉을 치기로 학생들과 함께 정했다. 홀소리를 배우고
시를 읽으며 손뼉을 치고 발을 구르니 새로운 놀이가 만들어졌다. 그렇게
글자를 배우며 학생들은 배우는 것이 즐겁고 재미있다는 것을 알게 되었다.
　홀소리와 닿소리를 배우며 해당하는 홀소리와 닿소리가 들어가는 낱말
을 공을 주고받으며 말하기도 하고 긴 줄넘기를 콩콩 넘으며 끝말잇기도 했
다. 처음에는 학생들이 같은 홀소리가 들어가 있는 낱말들을 이야기해주면
교사가 칠판에 크게 써주고 따라 써 보았지만, 시간이 지나면서 닿소리를 배
울 때가 되었을 즈음에는 학생들이 낱말을 찾아 직접 쓰고 그 단어가 들어간
이야기 문장도 학생들이 함께 만들었다. 1학기 말쯤 되면 학생들은 친구들
이 수업 시간에 발표하는 단어와 문장을 듣고 공책에 썼다. 받아쓰기 급수

---

12) '오리', 권태응 글, 전병호 엮음 『권태응 동시 선집』(지식을만드는지식, 2015)

표가 아닌 낱말 공부를 하며 놀이하듯 친구들이 말하는 낱말을 듣고 쓰는 또 다른 형태의 받아쓰기 활동으로 넓혀갔다.

문법을 만나고 문장도 써보고

학생들이 입말을 늘이고 낱말을 익히면 7월 무렵엔 문장 쓰기를 한다. 평소에 많이 사용하고 익숙한 낱말을 중심으로 문장 쓰기를 시작했다. 다음에는 주제에 맞는 문장 쓰기를 하고 마지막에는 자신의 경험과 연결 지어 문장으로 쓰도록 했다.

처음에는 주어진 주제에 맞는 그림을 설명하는 짧은 한 문장으로 시작했지만, 그림책을 읽고 자신의 경험과 연결해가며 새로운 이야기로 내용을 확장시켰다. 수업 과정에 따라 다르지만 문장의 내용은 그림을 설명하거나 그림과 관련한 자기 생각을 표현하기도 하고 경험한 일을 기록하기도 했다. 벨크로가 붙어있는 학급용 큰책에 학생들의 이야기 카드를 모아 우리 반 그림책으로 새롭게 만들어냈다.

'손' → '손가락' → '손가락이 길다.' → '나는 손가락이 길어서 피아노를 잘 친다.' '손'이라는 낱말에서 손과 관련된 다양한 낱말, 복합어로 확장시키고, 그 단어를 활용한 문장을 만들었다. 마지막에는 자기 경험과 관련한 글쓰기로 마무리했다.

날마다 포스트잇에 '하루 한 문장, 글똥누기' 활동을 했다. 어떤 문장이든 관계없이 학생들이 쓰고 싶은 문장을 마음대로 쓰게 했다. 이 활동을 통해 학생들이 저마다 평소에 자주 쓰는 표현이 있다는 것을 알 수 있었다. 집으로 돌아가기 전 글똥누기 포스트잇을 공책에 붙이고 교사와 한 명씩 확인하면서 학생들이 각자 자주 쓰는 고빈도 단어부터 맞춤법을 수정해갔다.

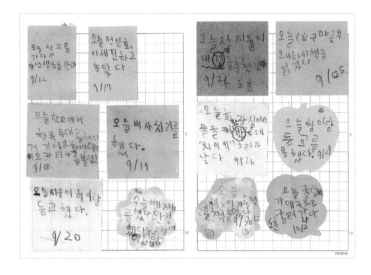

　수업 시간 활동을 우리 반 그림책으로 함께 묶어 내니 친구들이 쓴 글에 관심과 흥미를 보였다. 그 책은 우리 반에서 가장 인기 있는 책이 되었다. 결국 자신을 표현하는 글말로 나아가기 위해 함께 하는 공동의 경험이 중요했다. 학생들은 같은 일을 겪고 다양하게 표현해나가는 과정을 통해 '함께하는 경험 속에 각자 다른 경험'을 하고 있음을 스스로 깨달았다.

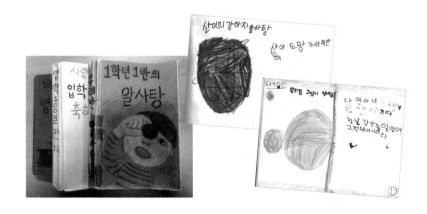

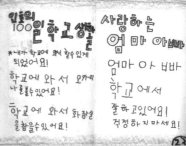

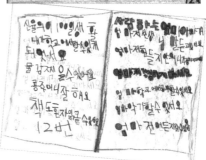

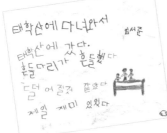

2학기에는 학생들이 쏟아내는 입말들을 글말로 옮겨가며 문법 공부도 함께 하기 시작했다. 문장부호를 활용한 문장을 쓰며 손바닥 그림책을 만들었다. 그림책『토끼의 의자』[13]는 글을 지우고 그림만으로 학생들과 새로운 이야기를 만들기에 좋았다. 각 장면에 어울리는 문장을 쓰고 손바닥 그림책을 완성했다. 학생들이 만든 그림책을 다 읽고 난 후에 함께 읽는 원서는 또 다른 재미를 주었다.

겹받침을 하나씩 배울 때마다 겹받침이 사용된 낱말과 그림, 겹받침 단어가 들어가는 문장을 기록하고 모아 '겹받침 사전'을 만들었다. 항상 모든 활동이 한 번의 활동으로 마치거나 형식적으로 이루어지지 않도록 하는데 애썼다. 반복해 이루어지는 활동이지만 내용과 형식을 달리해가며 학생들에게 기계적인 글쓰기를 하는 활동으로 머무르지 않게 하는 것이 중요했다.

---

13) 고우야마 요시코『토끼의 의자』(북뱅크, 2010)

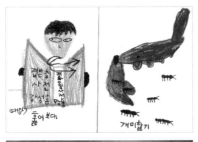

맥락이 있는 긴 호흡의 온작품 읽기

1학년 2학기부터 동학년 선생님들이 받아쓰기 급수표로 시험을 치기 시작했다. 나는 받아쓰기의 방식이 아닌 학생들이 자신의 말과 글을 표현하는 활동을 통해서 자기가 자주 쓰는 말부터 조금씩 고쳐나가길 바랐다. 꾸준히 학생들과 그림책과 동시를 읽고 날마다 하루 한 문장 말과 글로 표현하는 활동을 했음에도 맞춤법이 쉽게 해결되지는 않았다. 그래서 함께 읽고 쓰고 말하고 움직이는 온작품 읽기 수업을 통해 책 읽는 즐거움을 느끼고 글자를 바르게 익히고 표현할 수 있도록 해야겠다고 생각했다. 1학년 학생들과 읽을 온작품을 선정하기는 쉽지 않았다. 제법 글이 길었으면 했고, 학생들의 흥미를 끌 수 있는 주제였으면 했다. 그런 가운데 가장 염두에 둔 것은 주제가 1학년의 생활과 밀접한지, 1학년 교육과정과 연계하여 수업의 내용을 담을 수 있는지였다.

고민 끝에 『내 동생 싸게 팔아요』[14]를 온작품으로 선정하였다. 이 책은 말

---

14) 임정자 글, 김영수 그림 『내 동생 싸게 팔아요』(아이세움, 2006)

썽꾸러기 동생을 시장에 팔러 가는 '짱짱이' 이야기를 내용으로 한다. 늘 다투면서도 함께하는 동생과의 이야기가 우리 반 1학년의 삶과 맞닿아 있었다.

"선생님, 동생이 자꾸 못살게 굴어서 저도 동생 팔고 싶어요."
"선생님, 제목이 너무 웃겨요. 동생을 싸게 판대요. 크크"
"동생이 말 안 들어서 저도 저렇게 볼 꼬집고 싶을 때가 있어요."

제목과 표지만 보고도 각자 자기 이야기를 하고 싶어 여기저기 이야기가 터져 나왔다. 또, 1학년 교육과정에 포함된 다음의 내용을 재구성하여 학습하기에 매우 알맞았다.

단원	내용	함께 읽은 책
국어 1-1 나 8. 소리내어 또박또박 읽어요	띄어 읽기	《글자가 다 어디에 숨었지?》 (조디 맥케이, 꿈터, 2018)
	., ! ?	《문장부호》(난주, 고래뱃속, 2016)
국어 1-2 가 3. 문장으로 표현해요	" " ' '	《짧은 귀 토끼》 (다원시, 고래이야기, 2006)
국어 1-2 나 8. 띄어 읽어요	글을 실감나게 읽기	《왜 띄어 써야해?》 (박규빈, 길벗어린이, 2016)
국어 1-2 가 5. 알맞은 목소리로 읽어요	소리 내어 읽기	《내가 더 커》(경혜원, 한림출판사, 2018) 《엄마마중》(이태준, 보림출판사, 2013)
국어 1-2 나 10. 인물의 말과 행동을 상상해요	인물의 말과 행동을 상상하며 이야기 즐기기	《할머니의 여름 휴가》(안녕달, 창비, 2016) 《강아지똥》(권정생, 길벗어린이, 1996)

그림책에는 1학년에서 배워야 하는 문장부호가 모두 담겨 있고, 2~3명의 등장인물이 장소, 장면에 따라 조금씩 바뀌며 일정한 패턴을 가지고 있었다. 덕분에 반복을 통한 학습 내용 전달이 가능했다.

관련된 노랫말을 동시처럼 아침 활동 시간에 읽고 몸으로 표현해보았다. 꾸준히 하는 아침 활동은 수업에 연계해 언제든 활용할 수 있어 좋다. 아침 활동 시간에 학생들과 '내 동생[15]' 노래를 부르고 모둠마다 노래 내용을 몸짓으로 표현했다. 그림자처럼 졸졸 쫓아다니는 동생 역할을 하며 또, 쿵쾅쿵쾅 앞에서 이끄는 형님이 되어 노랫말을 읽고, 읽고 또 읽으며 학생들은 노랫말에서 금방 자기 이야기로 옮겨갔다.

온작품 읽기 수업을 통해 하나의 작품으로 교육과정에서 가르치고자 하는 여러 단원의 내용을 자연스럽게 연결 지어 가르칠 수 있어 좋았다. 하지만 온작품 읽기 수업이 단순히 여러 독후 활동을 경험하는 것에 그치게 될까 늘 염려스러웠다. 국어 교과에서 가르쳐야 하는 국어과의 중요한 기능을 학생들이 차근히 배울 수 있도록 교육과정을 재구성했다. 단원 수업과 관련한 책은 아침 활동 시간을 통해 읽고 그림책으로 교육과정 내용을 여러번 살펴보았다.

교사가 들려주기, 모두 함께 읽기, 모둠별로 등장인물의 역할 나누어 함께 따라 읽기, 한 명씩 실감 나게 읽기 등 여러 가지 방법으로 동화책을 만났다. 온작품 주인공인 '짱짱이'를 만나 학생들은 자신의 경험과 연결 지어 이야기를 풀어냈다. 학생들은 '하루 한 문장 글똥누기'에 동생과의 이야기를 쓰기도 하고 겪은 일을 어린이 시로 표현하기도 했다.

이번 온작품 읽기 수업의 가장 큰 목표는 문장부호를 바르게 쓰고 띄어 읽기와 쓰기를 익혀 학생들이 자신의 말과 글을 표현할 때도 바르게 사용할 수 있게 하는 것이었다. 그래서 함께 읽은 『내 동생 싸게 팔아요』를 학생들과 함께 필사했다. 10칸 노트를 가로로 펼치고 문장부호, 띄어쓰기, 맞춤법을 꼼꼼하게 살펴 한 자, 한 자 함께 채워나갔다. 하루에 한 장면씩 인물들의 대화를 옮겨 썼는데 '짱짱이가 시장가요. 동생 팔러 시장가요.' 문장이 각기 다른 인물이 등장하며 섞이기는 했지만 반복이 주는 리듬을 한껏 살릴

---

15) 장순필 작사, 한지영 작곡 《내 동생》(제16회 mbc 창작동요제)

수 있었다. 처음에는 교사가 쓰는 것을 실물화상기로 보고 따라 썼다. 함께 동화책을 읽으며 이어질 문장을 학생들과 주거니 받거니 예상해서 답도 하고 필사한 자기 공책을 보고 역할을 나누어 장면을 소리 내어 읽기도 했다. 나중에는 교사가 읽어주는 내용을 듣고 학생들은 그림책 문장을 받아썼다. 굳이 시험을 치지 않으면서도 우리 반 학생들은 자연스럽게 받아쓰기 활동을 하고 있었다. 이렇게 완성된 공책은 등장인물들의 대화로 채워진 그림자극 대본이 되었다.

42차시에 거쳐 다섯 단원의 내용을 재구성하여 그림책, 동시, 노래 등 다양한 자료를 활용하고 여러 가지 방법으로 읽고 쓰기도 했다. 배우고 익힌 내용을 다양한 방법으로 표현하도록 하고 싶었다. 글똥누기나 동시를 몸짓으로 나타내고, 자신의 이야기를 동시로 쓰는 개별적인 표현활동도 좋지만 친구들과 함께 작품을 만들고 공연 활동으로 무대에 서보는 긴 호흡의 준비 과정을 경험하게 하고 싶었다. 등장인물을 제작하는 등 준비하는 것은 교사의 몫이었지만 그림자극은 1학년들이 부끄러운 마음을 이겨내고 신나게 자기가 맡은 역할을 표현하도록 하는 데 큰 도움을 주었다. 그런 면에서 1학년 학생들에게 그림자극은 가장 적합한 공연 형식이었다. 수업 중 맞춤법을 공부하며 옮겨 쓴 완성한 대본을 바탕으로 등장인물의 배역을 정하고, 그림자극에서 인형을 움직이는 역할도 정했다. 동생을 팔러 가는 짱짱이와 등장인물 사이의 말과 행동을 상상하며 그림자 인형도 실감 나게 움직이고 목소리도 다르게 표현했다. 무엇보다 온작품을 활용해 오랫동안 정성을 들여 공부한 만큼 학생들이 공연에 쏟는 애정과 열정은 넘쳤다. 학습발표회에서 그동안 수업의 과정을 모아 학부모님들 앞에서 그림자극 공연을 성황리에 마칠 수 있었다.

우리 반 학생들은 일 년 동안 함께 살며 자신만의 리듬과 속도로 모두 성장하고 있었다. 온작품 읽기 수업은 학생들에게 애정과 열정을 가지게 했고 스스로 성장의 기쁨을 맛보게 해주었다.

놀이와 몸짓으로 만나는 수학 수업

처음 만나는 수학

1학년 학생들은 대부분 수를 세기count의 개념으로 받아들이고 수를 만난 채 학교에 입학한다. 그래서 수업 시간 이미 다 알고 있다는 표정의 1학년들에게 수가 이 세상에 왜 생겨나게 되었는지 새로운 물음을 던졌다. 이 세상 어디에서 그 수들이 나오는지 마음껏 상상하도록 자극하되 뜬구름 잡는 일이 되거나 전혀 현실성 없는 일이 되지 않도록 하려고 애썼다.

처음 시작하는 숫자 이야기는 눈이 2개, 코가 1개처럼 단순히 개수를 세는 숫자가 아니라 숫자 1이 세상에서 가장 큰 수가 될 수 있다는 것, 이 세상에 나는 단 한 명이라는 것, 숫자 2는 낮과 밤을 만드는 해와 달 등 세상에서 그 숫자로 말할 수밖에 없는 것들에 대해 이야기 나누었다. 학생들이 생각해 낼 수 있는 구체적인 상황과 장면으로 수업을 했고 학생들이 숫자와 세상의 연관성을 느낄 수 있도록 힘을 썼다. 그 과정에 다양한 방법과 활동으로 연결해 만날 수 있도록 안내했다.

다리가 여섯 개인 강아지가 현실에 없는 것처럼 진정성 있게 이야기를 구성했다. 아울러 우리 반이 기르는 텃밭의 작물, 산책길 피어있는 꽃 이야기 등 함께 생활하면서 겪는 학생들과 관련된 주제를 이용했다.

1학년들이 다양한 조작 활동으로 수학 수업에 참여하도록 하기 위해 몸을 바르게 쓰는 움직임 활동이 꼭 필요했다. 콩 주머니를 배운 숫자만큼 훌라후프에 넣기도 하고, 머리 위로 던지고 배우고 있는 수만큼 박수 치고받기도 했다. 종이 빨대를 배운 숫자만큼 잘라 실로 엮어 목걸이를 만들기도 했다. 나무막대를 활용해 던지고 받기를 하기도 하고, 박수치기(동작+박수)를 단계를 두고 심화해 가는 움직임 활동도 매일 아침 활동 시간에 꾸준히 하였다.

생활 속에서 수를 발견하고 몸으로 수를 표현하는 활동들은 수를 가르치기 위한 수업으로 특별히 계획하기보다 날마다 하는 아침 활동 속에서 이루어지도록 했다. 배워야 하는 교육과정의 내용을 관련 있는 다양한 활동과 연결해 수업 속에 반복적으로 상기시켰다. 꼬리에 꼬리를 물고 학생들의 상상력을 자극하되 구체적인 상황을 떠올리며 수 감각을 기르도록 했다. 수학적 개념을 몸에 배어들게 익히기 위해서는 1학년 과정에서 경험을 바탕으로 한 반복이 큰 역할을 한다. 다양한 조작 활동, 움직임 활동, 노래 부르기, 그림책 읽기, 이야기 들려주기, 수공예 활동 등 다양한 활동을 최대한 많이 활용하고 이를 유기적으로 연결시켰다.

『황금 거위』책을 읽고, 국어 시간에는 'ㅎ'을 배우고, 수학 시간에는 황금 거위를 든 주인공을 따라 딱 달라붙은 등장인물을 이야기하며 숫자 9를 배운다. 수공예 수업을 하며 황금 거위의 작은 난장이를 데려와 물고기 잡기(코잡기)를 배우고 배운 수만큼 코를 잡는다. 손가락 뜨기 수공예 수업을 할 때 아홉 코 뜨기 등 다양한 활동으로 연결한다. 이런 다양한 활동을 하면서 학생들은 수학 시간이라고 생각하지 않는다. 하지만 교사는 수많은 수업 시간을 통해 학생들이 수학적 감각을 계속해서 느낄 수 있도록 안내한다.

교사도 낯선 교수 기법이나 교구를 활용해 수업하는 것보다 익숙한 교수 기법과 교구를 활용할 때 학생들을 더 잘 배우게 한다. 익숙함은 여러 번 반복해 완전히 익혔을 때 터득하기 쉽다. 특히 몸을 움직이고, 리듬과 운율이 있을 때 그 효과는 배가된다. 익숙함 속에는 전형이 숨어있다. 수학 교과 영역에서의 익숙함은 수학적 알고리즘과 개념을 발견하는 것으로 이어지게 될 것이다. 그런 의미에서 놀이와 몸짓은 수학적 감각을 익히고 스스로 수학적 개념을 발견하기 위한 준비과정이라 할 수 있겠다.

자연수 만나기

일상에서 수를 수없이 만난다. 처음 학교에 들어와 1학년이 되고 몇 반인지, 몇 번인지, 신발, 실내화는 몇 짝인지, 젓가락 한 쌍은 몇 개인지, 엄마 전화번호는 무엇인지, 1교시는 몇 시에 시작하고, 점심시간, 놀이 시간이 끝나는 때는 시곗바늘이 어떤 숫자를 가리키는지…. 등등 어린이들이 학교에서 만나는 수는 무수히 많고 학생들에게 숫자는 이미 익숙하다. 하지만 같은 수임에도 순서를 나타내기도 하고, 개수를 나타내기도 하고, 단순한 이름을 나타내기도 한다. 똑같이 읽고 쓰지만 다른 의미를 가지고 있는 수를 발견하도록 한다. 몸짓과 놀이로 수와 익숙해지고 수학 교과 수업에서 수학적 개념을 스스로 발견할 수 있도록 한다.

놀이로 수를 만나는 방법에는 여러 가지가 있다. 콩 주머니를 여러 단계를 거쳐 전달하기, 던지고 받기, 주고받기 등 던진 개수를 셀 수도 있다. 콩 주머니를 땅에 떨어뜨리지 않는 시간을 잴 수도 있다. 자연물인 긴 나무막대를 부러뜨리면서 오름차순과 내림차순으로 말할 때는 길이에 대한 감각을 함께 기를 수 있다. 자갈이나 편백나무 조각을 이용해 손에 쥐어진 자갈 개수 맞추기와 같은 활동은 어림하기와 양감을 기를 수 있다. 자갈을 놓고 개수만큼 박수를 치거나 1 큰 수만큼 박수 치기 등의 놀이는 일대일 대응을 자연스럽게 연결시킨다. 나무젓가락을 반으로 잘라 자투리 시간에 예쁘게 사인펜으로 색칠하면 산가지가 만들어진다. 산가지 개수를 정해놓고 모양 만들기는 수 놀이이면서도 도형에 대한 감각을 익히는 데 도움을 준다. 긴 무지개 끈을 땅에 놓고 물결처럼 흔들면서 한두 명씩 인원수를 늘려가며 함께 건너는 활동은 수를 세면서 균형감각과 운동감각을 동시에 길러 준다.

놀이는 일상에서 자연스럽게 이어 간다. 한 줄 서기를 할 때는 '다섯 번째 학생 만세 세 번 하기' 등의 놀이로 순서수를 경험하고 급식실 가는 길에는 한 발 뛰고 두 발 뛰기로 걸어가며 홀수(한 발)와 짝수(두 발)에 대한 감각을 기를 수 있다. 다양한 수 놀이는 아침 활동 시간, 학교에서 보내는 일상에서 수시로 이루어지는데 일부러 수학적인 개념이나 지식을 전달하려 애쓸 필요는 없다.

학생들이 수를 몸으로 만나고 조작 활동인 놀이를 하면서 수 감각을 충분히 익히고 이렇게 배운 수를 경험과 연결하고 기록하고 정리하는 것이 매우 중요하다.

'0'의 도입

다람쥐와 바람 이야기[16]로 '0'을 도입한다. 이야기는 학생들이 몰입하게 하는 힘이 있다. 이야기 속 상황과 맥락을 바탕으로 학생들은 자연스럽게 숫자 '0'이 가진 개념을 받아들였다. 추

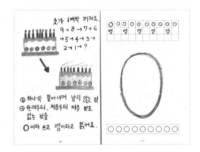

---

16) 『이야기와 놀이가 있는 수학 시간 1』(교육공동체 벗, 2014)

운 겨울을 나려고 미리 도토리를 준비한 다람쥐는 배고픔을 참지 못하고 준비해둔 도토리를 다 먹어 버린다. 겨울이 끝나지 않은 날씨에 두려운 다람쥐가 보금자리에서 나와 울고 있을 때, 따뜻한 봄기운을 머금은 봄바람이 다람쥐에게 다가와 "다람쥐야, 너는 도토리를 다 먹어서 이제 없지만, 난 원래부터 아무것도 가진 것이 없었단다."라며 위로의 말을 건넨다. '0'은 덜어내어 없어지는 것, 원래 아무것도 없는 것, 이 두 가지의 의미를 가진다. '0'은 두 자리 수를 공부하는 데 꼭 필요한 개념이다.

가르기와 모으기

가르기와 모으기는 학생들이 어릴 때부터 생활 속에서 자연스럽게 익히는 수학 활동이자 덧셈과 뺄셈의 개념을 익히기 위한 사전 활동이다. 덧셈과 뺄셈은 학생들이 학교에서 배우고 익히는 수학의 가장 기본적인 개념이자 원리이다. 많은 교사와 학생들이 덧셈과 뺄셈을 연산으로 접근해 기계적인 연산 연습으로 익혀나가는 경우가 많다. 연산 연습 과정에서 학생들의 풀이 과정을 들여다보면 막상 학생들이 덧셈과 뺄셈의 개념에 대해서 잘 이해하지 못한 채 주어진 식을 보고 정답만 찾는 모습을 꽤 많이 볼 수 있다. 가르기와 모으기 활동은 기계적인 연산 방법만 익혀 주어진 답을 찾는 학생들에게 덧셈과 뺄셈의 개념을 이해할 수 있도록 하는 데 큰 도움을 준다.

콩 주머니 놀이, 훌라후프 놀이, 수 카드 옮기기, 손 유희 등의 다양한 놀이 활동을 통해 학생들이 눈으로 보고 몸으로 움직이고 입으로 관련된 상황과 수를 끊임없이 말하도록 한다. 마노 자갈, 바둑알, 편백 조각, 산가지, 우드락 조각, 색 카드 등 다양한 재료를 활용한 조작 활동에 참여하며 구체물 혹은 반 구체물에 대한 경험을 넓히는 과정 또한 중요하다.

아침 활동으로 하루의 리듬감 있는 교실 생활을 시작한다면 각 교과 차시별 수업에서도 기-승-전-결의 리듬이 필요하다. 국어 시간 시를 낭송하고 수업을 시작하는 것처럼 학생들이 수학 수업을 시작할 때마다 가르기와 모으기 활동을 준비운동 하듯이 했다. 교사가 등 뒤로 손을 숨기고 "5를 가르고 모으면! 하나, 둘, 셋!"하고 외치기만 해도 학생들은 양쪽 손에 편 손가락 수가 5가 되도록 각자의 손가락을 꼼지락거리고 움직였다. 날마다 반복하는 것 같지만 다른 방법과 놀이로 한 가르기 모으기 활동은 덧셈과 뺄셈, 받아올림이 있는 덧셈의 원리를 이해하고 공부하는 데 큰 도움이 되었다.

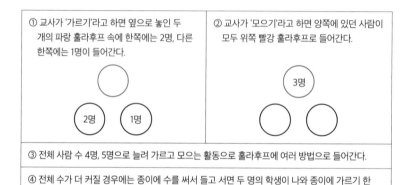

① 교사가 '가르기'라고 하면 옆으로 놓인 두 개의 파랑 훌라후프 속에 한쪽에는 2명, 다른 한쪽에는 1명이 들어간다.

2명　1명

② 교사가 '모으기'라고 하면 양쪽에 있던 사람이 모두 위쪽 빨강 훌라후프로 들어간다.

3명

③ 전체 사람 수 4명, 5명으로 늘려 가르고 모으는 활동으로 훌라후프에 여러 방법으로 들어간다.

④ 전체 수가 더 커질 경우에는 종이에 수를 써서 들고 서면 두 명의 학생이 나와 종이에 가르기 한 숫자를 들고 훌라후프로 들어간다.

'모으기' 해서 몇 명이 되었는지 발견하고 자연스럽게 다양한 방법으로 가르기를 연결한다. 학생들은 친구들이 훌라후프로 하고 있는 가르기와 모으기 활동 모습을 그림으로 그려보거나 자갈이나 편백 조각 등을 활용해 조작 활동으로 표현해본다. 그리고 수를 바꿔가며 여러 번 반복한다.

　가르기는 앞의 모으기 활동과 반대로 진행한다. 빨강 훌라후프에 세 사람(3)이 들어가 있다가 "가르기"하고 외치면 파랑 훌라후프로 두 사람(2)과 한 사람(1)이 갈라서 선다. 그런 다음에는 수 카드를 들고 활동하고 다양한 구체물을 사용해 조작 활동으로 연결 짓는다. 가르기와 모으기를 따로 분리해서 활동하기보다 자연스럽게 이어져 동시에 이루어지는 것이 좋다.

　가르기 활동은 위의 활동을 반복하면서 "두 명이 버스에서 내렸습니다.

(2가 나가기)", "다음 정거장에서 한 명이 내렸습니다. (1이 나가기)" 등으로 조금씩 변형해 나가면서 뺄셈으로 확장할 수 있다. 훌라후프 활동을 반복적으로 경험하고 이 모습을 훌라후프가 없는 수학 나라에서는 어떻게 표현할 수 있는지 물어보며 뺄셈식으로 연결한다. 이때 갈라져서 나가는 것을 수학 나라에서는 '-'로 표현할 수 있음을 학생들이 스스로 발견할 수 있도록 한다.

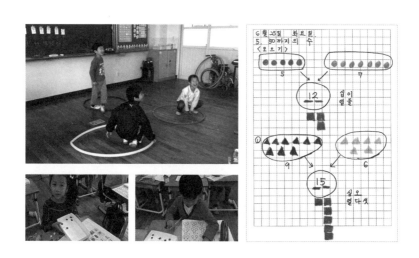

십진수 만나기

학생들에게 수학 시간은 수학 나라의 말(문제 상황)과 글(숫자와 기호)을 익히는 것과 같다고 이야기한다. 미국에서 영어로 말이 통하는 것처럼 '식'으로 나타내는 수학 나라의 말은 전 세계 어디에 가서도 '1+2'는 '3'과 같이 모두 같은 답을 내놓는다. 수학이야말로 어디를 가더라도 통하는 언어인 셈이다. 수학 나라에는 일의 나라, 십의 나라 등 작은 나라가 있고 이 작은 나라에는 꼭 지켜야 하는 규칙이 있다. 일의 나라에는, 십의 나라에는 가 살고 있는데, 이 빨강이, 파랑이들은 늘 한 줄 서기를 해야 하고, 9명이 넘으면 옆 마을인 일의 나라에서 십의 나라로 이사를 해야 한다.

수 카드(색 카드) 활동[17]

교사	학생	교사	학생
분홍색 카드 1개	■	한 개를 나타내는 숫자 카드	1
분홍색 카드 2개	■ ■	두 개를 나타내는 숫자 카드	2
3개, 4개, 5개⋯. 반복하기		개수에 맞게 숫자 카드 들기	3 ~ 8
분홍색 카드 9개	아홉 개 놓기	아홉 개를 나타내는 숫자 카드	9
분홍색 카드 10개	열 개 놓기	알맞은 숫자 카드가 있나요?	숫자 카드가 하나도 없어요.
일의 나라에서 분홍색 카드 10개를 표현할 숫자가 없어요!		열 개를 표현할 숫자가 없는데 어떻게 하면 좋을까?	
	좁아요. 이사 보내주세요.	이사를 가야 해요. ■10개 대신에 ■1개가 되었어요. ■은 없어요. 없는 것은 '0'이에요. 그래서 10이라고 쓰고, 이것을 십, 10이라고 합니다.	■10개가 ■1개 속으로 다 들어간다. 파랑(■) 한 개 ■은 없어요. 수는 10

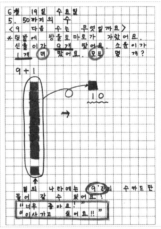

---

17) 정경혜 『몸짓으로 배우는 초등 수학1』(우리교육, 2012) P.44

몸짓 수 놀이[18]

몸짓 수는 일의 자리는 허리, 십의 자리는 팔, 백의 자리는 어깨, 천의 자리는 머리를 위치로 하여 손으로 해당 몸의 부위를 치는 횟수로 수의 크기를 정하는 놀이다. 팔을 두 번 치고 허리를 다섯 번 치면 25를 의미하는 것이다. 몸짓으로 숫자 얼마를 나타낸 것인지를 묻는 활동으로 학생들과 놀이를 시작한다. 수학 시간의 준비 활동으로 반복적으로 놀이를 하면 몸짓 수를 익히는 것과 동시에 자릿수의 개념을 쉽게 이해할 수 있다. 반복된 활동으로 자릿수의 개념이 생기게 되면 받아 올림이 없는 두 자릿수의 덧셈과 받아 내림이 없는 두 자릿수의 뺄셈은 따로 가르쳐주지 않아도 된다. 학생들끼리 서로 문제를 내고 맞히기 놀이를 하듯이 스스로 해결해가는 모습을 볼 수 있기 때문이다. 수가 소수 자리까지 확장되는 등 자릿수의 범위가 넓어지면 학생들은 자신의 몸이 하나의 큰 수직선이 됨을 발견할 수 있다.

다르게 만나는 덧셈과 뺄셈

학생들의 일상을 수학의 언어로 옮겨가는 일은 문제 상황을 식으로 표현하는 무척 어려운 일이다. 1학년에게 추상화 과정이 단번에 되기는 정말 힘들기 때문이다. 이를 해결하기 위해서는 모든 수학적 요소에 '몸으로 배우는 움직임 활동 → 자갈, 바둑돌 등을 활용하는 구체물 조작 활동 → 놓여진 구체물을 수 카드(자릿수에 따라 색이 다른 수 카드)로 표현하는 반 구체물 조작 활동 → 식으로 표현하는 추상화 과정'이라는 4단계를 반드시 거치도록 했다.

---

18) 앞의 책 P.72

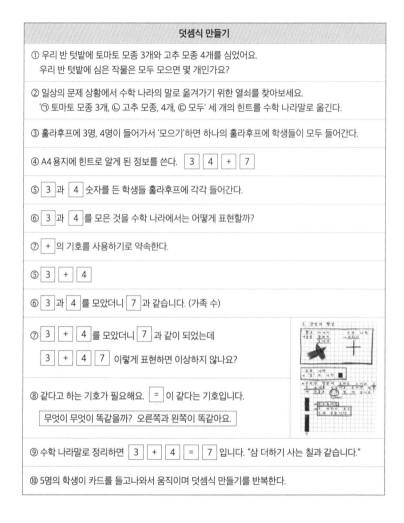

덧셈식 만들기

① 우리 반 텃밭에 토마토 모종 3개와 고추 모종 4개를 심었어요.
우리 반 텃밭에 심은 작물은 모두 모으면 몇 개인가요?

② 일상의 문제 상황에서 수학 나라의 말로 옮겨가기 위한 열쇠를 찾아보세요.
'㉠ 토마토 모종 3개, ㉡ 고추 모종, 4개, ㉢ 모두' 세 개의 힌트를 수학 나라말로 옮긴다.

③ 훌라후프에 3명, 4명이 들어가서 '모으기'하면 하나의 훌라후프에 학생들이 모두 들어간다.

④ A4용지에 힌트로 알게 된 정보를 쓴다. 3 4 + 7

⑤ 3 과 4 숫자를 든 학생들 훌라후프에 각각 들어간다.

⑥ 3 과 4 를 모은 것을 수학 나라에서는 어떻게 표현할까?

⑦ + 의 기호를 사용하기로 약속한다.

⑤ 3 + 4

⑥ 3 과 4 를 모았더니 7 과 같습니다. (가족 수)

⑦ 3 + 4 를 모았더니 7 과 같이 되었는데

 3 + 4 7 이렇게 표현하면 이상하지 않나요?

⑧ 같다고 하는 기호가 필요해요. = 이 같다는 기호입니다.

무엇이 무엇이 똑같을까? 오른쪽과 왼쪽이 똑같아요.

⑨ 수학 나라말로 정리하면 3 + 4 = 7 입니다. "삼 더하기 사는 칠과 같습니다."

⑩ 5명의 학생이 카드를 들고나와서 움직이며 덧셈식 만들기를 반복한다.

<u>두 자릿수 덧셈과 뺄셈</u>

학생들에게 가장 좋은 교구는 학생들의 손과 발 등 자신의 몸이다. '15+7'을 계산할 때 가르고 모으기를 못하더라도 손가락을 접어가며 이어서 세기를 할 수 있어야 한다. 이어서 세기는 수직선의 기본 개념과 의미가 같다. 선택된 학생들이 주어진 문제를 보고 몸짓으로 친구들에게 덧셈식 문제를 내거나 움직임 활동으로 박수치기 등 문제의 해석과 과정에 직접 몸으로 참여

할 수 있도록 한다. 수학 교과도 몸을 움직이는 것이 출발점이 된다. 몸짓과 움직임 활동이 충분히 되었을 때 구체물(자갈, 편백 등)을 옮겨가며 직접 세어서 답을 구한다. 다양한 구체물을 이용해 조작 활동이 충분하게 되었을 때, 반구체 물인 수카드를 놓아본다. 그리고 수카드가 놓인 모습을 보고 식을 쓰고 답을 구하는 추상화의 과정을 거친다.

100까지의 수를 공부하며 『세상에서 가장 행복한 100층 버스』[19]를 읽었다. 100까지의 수 배열판에서 몸짓과 수카드로 표현한 수를 찾아가기도 하고 문제 상황을 들으며 실시간으로 옮겨 다니기도 했다. 우리 반 100층 버스를 함께 그리고, 버스에 붙일 숫자표를 만들고 자릿수에 맞추어 줄을 세우니 학생들이 옮겨 다니던 또 다른 수배열판이 완성되었다. 긴 수배열판과 우리 반 100층 버스를 타고 오르내리며 두 자릿수의 덧셈과 뺄셈의 수많은 상황이 만들어졌다. 학생들은 놀이하듯 문제를 해결한다.

___

19) 마이크 스미스 『세상에서 가장 행복한 100층 버스』(사파리, 2013)

128 _____ 129

1학년 배웅하기

수업과 평가

1학년 수업에서 가장 중요한 것은 놀이와 다양한 활동으로 몸을 움직여 스며든 배움이 학생들을 매순간 몰입하도록 하는데 있다. 일상의 리듬이 있는 수업은 통합적이지 못하고 단편적인 지식을 확인하는 평가의 방법으로는 배움이 일어나는 과정의 순간을 놓치기 쉽다. 그래서 1학년 학생 평가는 수업 시간 활동의 과정을 관찰하고 기록하고 피드백하는 형성평가의 관점에 있어야 한다.

어떤 해에는 1학년 학생들과 주간신문을 발간하기도 하였는데 수업의 과정을 담아 매주 발간하는 주간신문의 내용이 곧 평가이기도 했다. 학기별로 수업과 활동 내용을 모아서 하는 마무리 잔치 또한 평가의 한 부분이 되었다. 초등 1학년의 평가는 저마다 다른 출발선에서 자기만의 속도로 배움을 쌓아가는 1학년의 발달을 돕기 위한 역할에 더 큰 방점을 두어야 한다.

곁을 내어준 1학년과 살아 온 일 년을 돌아보며

1학년과 살아온 한 해를 돌이켜 볼 때면, 그야말로 온 몸을 다해 학생들 곁에서 살아보려 애쓴 시간이었다는 걸 확인하곤 한다. 수업으로 살아온 일 년은 교사인 나와 어린 1학년 학생들이 함께 만들어 간 한 편의 서사였다. 교사만의 이야기가 아닌, 학생들과 함께 만들어간 일상이 쌓인 서사였다. 나의 정성에 화답을 해주어 곁을 내주었던 너무도 고마운 학생들이 있어 가능한 시간이었다. 이 과정이 있을 때라야 에서 비로소 학생과 교사 모두가 함께 성장할 수 있다.

정중한 대접을 받는 어린이는 점잖게 행동하고 이런데 익숙해진 어린이라면 점잖음과 정중함을 관계의 기본적인 태도와 양식으로 여길 것이다.[20] 학생들을 존중하는 말과 행동을 수업 속에서, 학교 일상에서 경험했으면 했다. 아울러 일 년의 긴 시간 나는 학생들이 학교 일상에서 자연스러운 배움으로 성장하길 바랐다. 수업 도중에 맞춤법을 지도했을 때였다. 가르쳐준 낱말과 문장에서 맞춤법을 계속 틀려 여러 번 고쳐 준 적이 있었다. 이래서는 안 되겠다 싶어 편하게 학생들이 쓰고 싶은 말을 마음껏 하게 하면서 그것을 그대로 문장으로 써보게 했다. 한 명씩 피드백 해주어야 하는 어려움이 있었지만 학생들이 쓴 문장을 읽으며 각자의 일상이 묻어나서 좋았다. 자신이 평소에 자주 사용하는 말은 맞춤법도 쉽게 고쳤다. 학생들이 하루 한 문장씩 쓰던 글은 열 문장, 스무 문장으로 말하듯이 하고 싶은 말을 글로 옮겨갔다.

사실 나는 우리 반에서 1학기가 끝날 때까지 글자를 못 익힌 준서가 글을 쓰기 싫어할 거라고만 생각했다. 그래서 더 쉬운 내용으로 쓸 내용을 줄여주는 것이 준서를 돕는 것이라고 생각했다. 하지만 아니었다. 글자를 모른다고 쓰고 싶은 내용이 없는 것은 아니었다. 준서는 그해 여름방학 내내 오전 시간 교실에서 나와 함께 보냈다. 끝없이 자기 이야기를 재잘거리고 이야기가 끝나기 직전 자기가 한 이야기에서 쓰고 싶은 문장을 말했다. 나는 그 문장을 함께 다시 말하며 음절 수만큼 빈칸을 스케치북에 그어주었다. 준서는 자기가 한 말을 다시 한 자씩 또박또박 말하며 빈칸에 자신이 말한 대로 문장을 쓰고 돌아갔다. 2학기가 시작할 때쯤 준서는 하고 싶은 말은 제법 쓸 수 있게 되었다. 글자를 모르는 학생은 글자 공부하는 것이 마냥 싫을 거라고 섣불리 판단한 내가 부끄러웠다. 준서는 글자 공부 하는 것이 싫은

---

20) 김소영 『어린이라는 세계』(사계절, 2020)

게 아니라 준서의 일상과 생활의 맥락 속 내용이 필요했던 거였다.

　이미 많은 어린 학생들이 자신의 일상과 동떨어진 책으로 공부하는데 익숙해져 있다. 이곳에는 소개는 하지 못했지만, 비교하기 단원의 길이를 재는 수업에서 학생들은 이미 많은 그림책과 다양한 정보들을 통해 '가지는 고추보다 길다.'와 같은 고정된 관념을 가지고 있었다. 학생들과 텃밭으로 가서 그날 자란 작물들을 수확했다. 교실로 돌아와 바닥에 펼쳐놓고 토마토, 가지, 고추, 호박의 길이를 비교하고 또 비교했다. 우리 반 지민이의 공책에는 그날 수확한 실제 크기의 고추와 가지 그림과 함께 "고추는 가지보다 깁니다. 가지는 고추보다 짧습니다."라고 기록했다. 학생들이 생활 속에서 새롭게 발견한 수학적 사실은 학생들을 설레고 기쁘게 한다. 설렘과 기쁨은 활동에 적극적으로 참여하게 하고 그 활동 속에서 학생들은 세상의 이치를 스스로 찾아낼 수 있었다.

　내가 하고자 한 1학년 수업은 단순히 글자를 알고 수를 읽고 문제를 푸는 학생으로 키우고자 했던 게 아니었다. 어린 학생들이 학교라는 공간에서 문자를 만나고 숫자를 만나면서 세상을 읽어내는 방법을 터득하고 세상의 이치를 깨달아 생각하며 살 줄 아는 학생들로 키우고 싶었다. 1학년 학생들과 함께한 일 년, 수업이라는 공간에서 나와 함께 걷고 함께 웃고 함께 생각하며 살았던 학생들이 변화하고 성장하는데 한없이 부족한 내가 조금이라도 도울 수 있었다는 점에서 내 수업은 그 의미를 찾을 수 있었다. 결국 어린 학생들이 수업 속에 세상을 만나 이치를 깨닫고 자신만의 언어를 만들어가는 일상을 찾아가는 1학년 수업, 그것이 바로 내가 하고 싶은 수업이다.

삶터를 통해
배움을 만드는 수업

김경희 | 곡강초등학교

배움의 바탕 만들기

만남, 배움의 시작

아이들과 텃밭에서 배추와 무를 길러 보고 싶어 삽 한 자루, 호미 한 자루로 풀을 매고 밭을 만들고 있었다. 딱 봐도 초보 농부 모습이었던지, 학교 앞 문구점 할아버지가 곡괭이와 삽을 들고 밭 만드는 것을 도와주셨다. 그렇게 만남이 시작되어 덧거름 주는 법, 벌레 잡는 것까지 할아버지의 도움이 아니었다면 아이들과 텃밭 활동을 이어가지 못했을 것이다. 텃밭을 인연으로 할아버지가 살아온 이야기, 할아버지 자녀들의 이야기도 종종 나누며, 할아버지가 우리 학교 졸업생이라는 것도 알게 되었다.

그해 학생회 아이들이 개교기념 행사로 옛날 우리 학교 사진을 학생들에게 소개하고 싶다고 했다. 학교 사진첩에 오래된 사진을 스캔해주며 문구점 할아버지가 우리 학교 졸업생이라고 살짝 귀띔을 해주었다. 학생회에서 할아버지 인터뷰를 계획했다. 1945년 해방되던 해 1학년 입학한 이야기, 옛날

학교 건물의 모습, 운동장 한편에서 과실나무를 키웠던 이야기, 퇴직 후 모교 앞에서 문구점을 하게 된 사연까지 인터뷰 영상을 통해 할아버지의 이야기를 들을 수 있었다. 학교 복도 끝 진열장에 놓여있던 학교 옛 사진이 할아버지 인터뷰로 좀 더 생생해졌다. 준비물이나 간식을 사러 갈 때 만나는 문구점 할아버지가 아이들의 텃밭 활동을 돕는 든든한 지원자에서, 학교 역사를 생생하게 전해주는 스토리텔러로 다가온 순간이었다.

다음 해 할아버지가 편찮으셔서 입원했다는 소식을 한 아이가 전해주었다. 작년에 할아버지한테 들은 학교 이야기가 재미있어서, 할아버지 소식을 선생님도 알아야 할 것 같아서 전해준다는 것이다. 텃밭활동과 인터뷰를 통해 할아버지와 학생들이 서로 이어졌구나 느끼게 되었다.

관계가 바탕이 되는 교실

할아버지와의 만남처럼 특별한 의미가 없던 것이 새로운 의미로 다가오는 순간이 있다. 나는 그 순간이 바로 배움이 일어나는 때라고 생각한다. 배움은 때론 낯선 시선을 통해, 때론 충분히 겪고 느끼는 것을 통해 일어난다. '우리 교실은 그런 배움의 순간을 자주 만날 수 있는 공간일까?' 늘 의문을 갖고 우리 교실을 돌아본다. 가르치고 전달할 것이 너무 많아 어떤 대상을 충분히 깊게 만나지 못하는 것은 아닌지, 활동에 매몰되어 자신의 생각을 드러내고, 서로를 이해하는데 소홀하지 않은지 살펴보려고 한다. 내가 만나고 있는 세계가 무엇이고, 어떤 의미를 갖는지 충분히 드러내며 관계 맺을 수 있어야 능동적이고 깊이 있는 배움이 시작될 수 있다고 생각한다. 아이들의 배움에 대한 태도와 의지는 각 개인이 가진 역량뿐 아니라 교실문화에 따라 큰 변화를 보인다. 교실에서 교사-학생, 학생-학생 간의 관계 맺는 방식과 그것으로 인해 만들어지는 유대감은 배움에 대한 태도와 의지에도 큰 영향을 끼친다. 교실에서 함께 살아가는 우리가, 또는 우리가 만나고 있는 세상

과 연결되어 있다는 유대감이 배움이 있는 교실의 중요한 바탕이 된다.[1]

한 해의 시작, 교사인 '나' 되짚어보기

자신을 둘러싼 세계와 관계를 맺고, 그 의미를 이해하고 해석해나가는 것이 배움이라면 그 바탕은 나를 이해하는 것에서부터 출발한다.[2] 이것은 수업을 함께 할 교사나 학생들 모두에게 필요한 과정이다. 2월, 아이들과의 만남을 준비하며 교사인 내 생각을 되짚어보는 시간을 갖는다. 나만의 교육철학, 중요하게 생각하는 교육 활동, 학년성(발달)에 대한 이해, 교과에 대한 생각, 교사로 가장 보람을 느꼈던 순간과 힘들었던 순간 등 내 생각을 정리해본다. 학년에 따른 발달의 일반적 특성을 살피는 것 외에 아이들이 살고 있는 지역, 학교, 그 학년이 갖는 특수한 문화도 살피려고 노력한다.[3] 내 생각을 되짚어보며 일 년 교육과정 운영 방향을 계획하고, 올해 교사로 어떻게 살아갈지 마음과 의지를 세우기도 한다.

- 2월, 교육과정을 세우며 교사 되짚어보기 -

● 새롭게 한 해를 시작하며 드는 생각은 뭔가요?
  교사로 성장하고 싶거나 걱정되는 부분이 있나요?
● 내가 생각하는 배움은 무엇이고, 그런 배움이 가능하려면 어떤 것이 필요하다고 생각하나요?
● 함께 할 학생들이 갖는 발달적 특성은 어떤 것이 있나요?
  그 중 중요하게 고려할 부분이 있다면 무엇일까요?

1) 루이스 코졸리노, [애착교실], 해냄, 2017.
2) 최진열, [삶 프로젝트 수업 이야기], 작은숲, 2021. 18-21쪽
3) 에듀쿠스, [교사수준교육과정 두 번째이야기], 북랩, 2020. 56-66쪽

● 함께 할 학생들이 특별하게 갖는 정서적, 문화적 경험이 있나요?
 고려할 내용은 무엇일까요?
● 일 년이 끝났을 때 우리 아이들이 어떤 아이로 성장하길 바라나요?
 아이들의 모습을 구체화 된 언어로 표현해봅시다.
● 이런 아이로 성장하기 위해 학급에서 중요하게 다루어야 할 가치를 떠올려
 봅시다. [4]
● 위에서 생각한 가치들을 아이들과 나눌 수 있는 다양한 교육활동을 기획
 해봅시다.
● 각 교과의 성취기준을 살펴보고 중점적으로 고려할 부분을 정리해봅시다.

교육과정 뼈대 세우기

 교사 스스로 질문을 던지고 여러 가지 생각을 정리하다 보면 교육과정 대강의 뼈대가 세워진다. 동학년 교사와 함께 이야기를 나누면 그것이 학년교육과정의 바탕이 되기도 한다. 5학년은 초등학교에서 고학년으로 진입하는 시기다. 문제해결력과 창조적 사고, 비판적 사고를 할 수 있는 힘이 성장하면서 자기주장, 호기심, 사회성이 강해지고 성숙한 행동으로 조금씩 변화할 수 있는 시기이다. [5] 그 시기 무엇보다 아이들이 자기 자신을 잘 이해하고, 공동체 안에서의 관계를 어떻게 맺을지 생각해 볼 계기가 많이 필요하다. 다양한 가치를 담은 문학작품 읽기와 글쓰기는 자신의 생각을 드러내고, 개인과 공동체를 성장시킬 수 있는 좋은 매개가 된다. 그래서 모든 교과와 관련지어 일년동안 꾸준히 할 수 있도록 계획했다. 그리고 학급 회의와 모둠

4) Susan M. Drakw, Joanne L. Reid, Wendy Kolohon. 정광순, 조상연, 김세영 공역 통합교육과정으로 수업과 평가 엮기. 2022. 학지사
5) 서울특별시교육청, [2015 초등 진단활동 자료], 2015, 서울특별시교육청

살이를 통해 학생들이 공동체 생활을 일구는 경험을 할 수 있도록 했다. 이전에 아이들을 맡았던 선생님께 여러 활동에 의욕적이지만 경쟁활동이나 놀이에서 갈등이 잦았다는 이야길 듣고나니 경쟁과 협력의 의미를 생각하며 갈등을 스스로 풀어가는 힘을 기르는 것도 중요한 과제로 느껴졌다. 사회성과 감수성이 예민해지는 시기인 만큼 텃밭을 통해 생태에 관심을 갖고, 마을과 지역, 함께 살아가는 사람들에 대한 관심을 넓혀줄 수 있는 활동도 필요하다. 그와 함께 자신이 보고 생각한 것을 그림과 시로 꾸준히 드러내며 자신의 변화, 성장을 스스로 느껴보는 경험도 수업 활동으로 계획했다.

이런 활동들이 수업의 장면으로 구체화 될 때 가장 큰 영향을 미치는 것이 교사의 배움에 관한 생각이다. 탐구과정은 어떻게 만들어갈 것인지, 탐구한 것을 어떻게 표현할 것인지, 누구와 어떻게 나눌 것인지에 따라 배움의 깊이도 방향도 달라지고, 다음 배움에 미치는 영향도 달라진다. 고학년인 만큼 배움의 의미를 되짚을 수 있도록 나눔 활동도 강조되어야 한다. 그리고 마지막으로 학교 전체 교육 활동을 살피며 중복된 것은 덜어내거나 함께 운영할 방법을 찾고, 과하거나 부족한 것은 없는지 살펴 교육과정 뼈대를 정리했다.

교육과정 뼈대 세우기

가치	자기 삶의 주인이 되는 아이	자유로운 마음을 갖고 나를 표현하는 아이	다름을 이해하고 공동체적 삶을 사는 아이
중심 내용	나 이해하기	나 가꾸기	관계 맺기 공동체
중심 활동	글쓰기와 문학교육 (온작품 읽기)		
배움 과정	주제 - 탐구(겪고, 느끼고, 생각하기) → 표현 → 나눔(소통, 토론 등) → 내면화(실천)		

관련 학년 교육 활동	• 자신의 주변 정리 활동 　- 주변 살피기와 일상 정돈하기 • 자신의 일상을 기록하는 활동 　- 공책, 생각 주머니, 　　일주일 마무리 글쓰기 • 일상적인 신체활동 　- 아침 걷기 등 체력을 기르고 　　자신의 몸을 이해할 수 있는 • 배움 돌아보기 주간 　- 1학기 / 2학기	• 글쓰기 교육 • 문학교육 　- 온작품 읽기, 시울림 • 몸과 손(신체감각)을 　살리는 미술교육 　- 관찰하여 자세히 그리기 　- 수공예	• 학급자치 가꾸기 　- 학급 다모임, 모둠살이 　　리듬 만들기 • 마을 이해하기, 참여하기 　- 호미곶(가) 프로젝트, 　　흥해(가) 프로젝트 • 텃밭 가꾸기
관련 학교 교육 활동 연결하기	• 사랑 나눔, 건강 채움 운영 • 배움과 성장 (과정중심평가, 　자기평가)		• 사랑 나눔, 건강 채움 운영 • 학생회 참여 • 어울림 주간 운영
역량	• 자기주도학습 능력 • 자기관리 능력	• 문화적 소양 능력 • 민주시민의식	• 의사소통 능력 • 대인관계 능력 • 민주시민의식 • 협력적 문제 해결 능력
교사지원	매주 ( )요일 학년공동체 모임을 통해 학년 협의 포항(흥해) 지역에 대한 이해를 돕기 위한 교사 공부		

교육과정, 아이들의 생각으로 다듬기

　3월, 학기가 시작되면 아이들과 이야기를 나눈다. 2주 정도의 학급 세우기 기간에 아이들의 의견을 듣고 학급 규칙과 학급 운영 계획을 세운다. 이 기간에는 서로 소개하고 친해지는 활동을 많이 배치한다. 주로 친교활동으로 다양한 놀이를 한다. 또 자신의 성장과정에 관한 부모 인터뷰하기나 나에 대한 글쓰기, 교과 공부와 친구 관계에 대한 자신의 경험과 느낌나누기 등을 통해 자기 자신을 드러내고, 다른 친구를 이해할 수 있는 시간을 만든다. 특히 배움에 실패한 경험이나 배우기를 거부하는 아이들의 마음을 이해하는 것은 배움의 방향을 세울 때 중요한 바탕이 된다.[6] 아이들의 배움에 대한 이전 경험을 토대로 교과별 성취기준을 다시 살펴보며 올해 각 교과수업

---

6)　허버트 콜, [선생님께는 배우지 않을 거예요], 2019, 에듀니티

을 어떻게 할지, 교사의 과제가 무엇인지 정리한다. 이런 과정을 거치다 보면 2월에 세워둔 교사의 계획이 더 확고해지기도 하고 또 새롭게 변화는 경우도 많다. 새로운 아이들과 만나면 늘 새로운 과제가 생긴다. 교육과정이 실행되는 과정에서 아이들의 생각으로 다듬어져야 하는 이유기도 하다. 이런 과정을 통해 일 년의 교육과정 함께 만들어간다.

교육과정 교과별 수업 방향 다듬기

국어	• 문해력, 문학에 대한 이해와 삶 연결하기, 글쓰기 등이 한번 성장하지 않는다. 글쓰기와 책읽기를 재구성하여 꾸준히 일상 활동으로 구성하여 성장을 돕자. • 듣기, 말하기 역시 [학급회의] 등 일상적이고 직접적인 체험의 과정을 통해 성장할 수 있도록 돕자. → 과제 : 아이들과 함께 읽고 싶은 문학작품 선정
수학	• 5학년 수학 교과에 대해 어려움이 커지기 때문에 작은 성취과제를 꾸준히 개별 상황에 맞게 주며 성취감을 지속적으로 가질 수 있도록 돕자. • 실제 생활과 관련된 교과임을 알려주는 수학적 질문을 만들어 흥미를 갖도록 돕자.
사회	• 주제에 관련된 질문을 통해 아이들이 지식 전달 수업을 넘어서 다양한 각도로 사회적 문제를 탐구하는 태도를 기르도록 돕자. • 지역(포항, 흥해)과 관련된 체험을 통해 능동적인 수업 활동을 구성하여 사회적 참여의 가치를 느끼도록 돕자. → 과제 : 단원별 질문 구성하기, 프로젝트 구성하기
도덕	• 학급 회의와 어울림 주간을 통해 일상적이고 실제적인 체험을 하며 감정이해와 조절, 정직, 도덕적 민감성, 갈등의 평화적 해결 등을 내면화할 수 있도록 돕자. → 과제 : 울타리 같은 따뜻한 공동체를 이끄는 학급 회의와 모둠을 어떻게 만들어갈 것인가에 대해서 고민하기
실과	• 아이들이 자신의 몸과 마음의 성장을 느끼며 자신을 알아가도록 돕자. • 자신의 일상생활 습관을 변화시키는 노력을 할 수 있도록 돕자. • 텃밭 활동 등 노작 활동을 통해 가꾸고 일구는 것의 가치를 이해하도록 돕자. → 과제 : 텃밭 구성 계획 아이들과 협의, 식물 자람에 대한 교사 공부
체육	• 꾸준히 체력을 기르는 활동을 하도록 돕자. (아침 활동 걷고 뛰기, 체육 시간 준비 활동: 준비운동, 줄넘기) • 몸 사용을 통해 (두려움을 느끼는 아이들) 도전하는 힘 자신감을 기르도록 돕자. • 경쟁 활동을 통해 올바른 경쟁이 무엇인지 생각하고 실천하도록 돕자. → 과제 : 아이들의 움직임과 기능의 성장을 느낄 수 있는 수업 구성, 일회적 경쟁활동이 아닌 협력의 의미를 토론할 수 있는 경쟁활동 수업 흐름 구상하기

음악	• 음악을 즐기는 태도를 갖도록 돕는다. (시노래를 삶이 음악이 될 수 있음 경험하기, 악기 연주를 경험하기(실로폰 / 단소)) → 과제 : 교사와 아이들이 함께 교과시간 외에도 일상생활에서 음악을 즐길 수 있는 다양한 방법 활동 계획하기
미술	• 색을 체험하고 자세히 관찰하여 그리는 활동을 통해 사물을 생동감 있게 관찰하고 표현하는 힘을 기르자. • 수공예를 통해 표현의 도구를 능동적으로 사용하는 힘을 기르자. → 과제 : 네 번의 주제 활동 계획하기

교육과정, 학부모와 소통하며 지지받기

내가 생각한 교육과정이 운영될 수 있도록 학부모에게 어떤 지원과 지지를 받을지도 계획한다. 3월, 학부모 총회에서 교육과정 운영 방향과 내용, 일상적 소통 내용과 방법을 함께 이야기한다. 학기가 시작되면 학급의 배움과 생활에 대한 정보를 '교실과 가정을 잇는 징검다리'라는 제목으로 학급밴드에 정기적으로 공유한다. 학년별로 공유횟수와 내용이 조금씩 달라지지만 주로 금요일 주 1회 글을 쓴다. 학급에서 하는 활동과 교과 공부를 안내하고, 아이들이 어려워하는 것, 교사는 그것을 어떻게 도우려고 하는지, 가정에서 도와줄 내용이 있는지 등을 글에 담는다. 교사의 기록이 아이들의 교실과 가정의 삶을 이어주고, 학부모가 배움의 협력자로 서는데 도움이 되길 바란다. 하지만 어떤 정보를 어떤 방법으로 공유하는 것이 좋을지는 매년 고민되는 어려운 과제다. 아이들의 일상을 낱낱이 자세히 기록하기보다 교사, 학생, 학부모의 삶을 연결하기 위해 공유해야 할 내용과 질문을 찾아 쓰려고 노력한다.

여전히 교육과정 계획에 학부모의 참여가 제한적인 학교가 많다. 게다가 학부모의 민원으로 힘들어지는 요즘 학교 모습을 생각하면 학부모의 교육적 참여를 어디까지 어떻게 만들어갈 것인지 고민이 된다. 그럼에도 불구하고 일 년 동안 학부모와 협력의 방향을 세우고, 꾸준히 교육 활동과 교실의 고민을 나누는 것은 필요하다. 많은 학부모가 아이들의 학교생활을 잘 모르거나, 알고 있더라도 피상적 정보나 아이를 통해 듣는 부분적 정보가 대부분이다. 예전과 달리 학부모 참여 공간이 많이 열리고 있지만 여전히 수요자 입장의 권리로 머물고 있는 경우가 많다.[7] 학부모의 권리와 책임이 어떤 것인지 합의된 것이 없어 교사에게 어떻게 교육적인 요청을 하고 협력해야 하는지 모르는 학부모가 많다. 학교교육과정 토론회나 설문조사 등 참여가 제도적으로 마련되어 있지만, 아이들의 삶에서 가까운 학급에서 이뤄지는 교육활동에 대해서 학부모의 참여방법은 잘 마련되어 있지 않다. 그렇다 보니 학급의 많은 문제가 교사의 전문성을 무시하는 민원의 형태로 제기되는 경우도 허다하다. 아이들의 배움과 성장을 돕기 위해 학부모의 참여 범위, 내용, 방법과 그 안에서 교사의 전문성은 어떻게 보장되고 발휘되어야 하는지 교육공동체가 다시 고민을 나눠야 할 시점이라는 생각이 든다.

2021년 6월 25일
[교실과 가정을 잇는 징검다리 13]

---

7) 김기수, 오재길, 변영임. [1980년대생, 학부모가 되다]. 학이시습, 2021.

삶과 연결된 배움의 중요성

아이들은 왜 배움과 멀어지는가?

학기 초 아이들과 공부에 대한 생각을 나눈다. 대화하다 보면 고학년으로 갈수록 특정한 교과가 싫다는 아이들을 더 자주 만나게 된다. '외우는 것이 많아 어려워요.', '맨날 설명만 듣고, 학습지 칸 메우는 게 싫어요', '제가 해낼 수 없는 과제만 수두룩한 게 힘들어요.', '못하니까 부끄러워서 그 시간이 싫어요', '왜 배워야 하는지 모르겠어요. 그런 주제에 관심이 별로 없어요' 등 이전 학습경험, 학습 능력, 학습 방법, 학습에 대한 심리 정서적 상황까지 아이들이 배움과 멀어진 다양한 이유가 있다. 이런 표현은 아이가 자신과 주변상황을 객관적으로 이해하는 힘이 성장했다는 것을 보여주기도 하지만, 교사에게는 '아이와 멀어진 교과 수업을 어떻게 해 나갈까?'하는 질문과 고민이 되기도 한다.

아이들이 배우기 어려운 이유는 교사들이 가르치기 힘든 이유와 맞닿아 있다. 우선 학년이 올라가면 올라갈수록 가르치기도 배우기도 힘든 방대한 교과의 내용과 분절적, 나열적인 교육과정을 들 수 있다. 교과 지식 중심의 교육과정은 교과 내용 자체로는 체계적일 수 있으나 학생 개인의 흥미나 이전 경험 등이 반영되지 않아 오히려 학생의 삶에서 탈맥락적이라 볼 수도 있다. 또한 교과와 생활 지도 등을 모두 고려되어야 하는 초등교육의 특성은 수업 구성에서 복잡하고 총체적인 면을 요구한다. 인지적, 정서적 부분 등 다양한 요소를 고려하여 아이들의 삶과 배움이 연결되도록 수업을 구성하는 문제는 쉽지 않다.

교과 내용과 아이들의 삶의 거리를 좁히기 위해 아이들의 의견을 반영해 다양한 체험, 활동 등을 계획하기도 한다. 현장체험학습, 가상 상황에 몰입하는 놀이나 연극 체험, 다양한 문화 체험, 프로젝트 수업 등이 그렇다. 하지만 즐거움이 곧 교과 내용과 아이들의 삶이 유의미하게 만났다고 볼 수 있을까 고민도 여전히 남는다. 그 외에도 여전히 활동을 위한 활동으로 그치는 체험, 멋진 산출물 등 드러나는 결과에만 집중하는 프로젝트 수업 등 고민되는 모습이 많다.

삶과 배움을 잇는 아이들과의 대화

아이들이 특정한 교과, 특정한 교육 활동을 어려워하는 이유를 살펴보면 반대로 어떤 때 아이들이 배우고 싶어하고, 잘 배울 수 있는지 생각해보게 된다. 자신의 삶과 관련이 있을 때, 배움의 목적과 방법이 자신에게 의미와 가치가 있을 때, 배움이 구체적인 활동으로 연결될 때, 성취가 있고 그것을 통해 자신의 성장을 의미 있게 느낄 때 아이들에게 의미 있는 배움이 일어난다. 결국 배움은 학생의 흥미를 확장하고, 그 대상에 몰입하는 경험을 통해 사고를 확장해나가는 과정 자체를 말한다. 어떤 대상(교과)과 아이의 삶을 어떻게 연결할 것인가가 결국 수업의 가장 중요한 질문이 아닐까 한다.

교과의 특성과 학생의 흥미와 관심을 고려한 수업을 만들어가는 것은 쉬운 문제는 아니다. 그럼에도 배움과 삶을 연결할 수 있는 수업의 출발은 교사와 학생 간의 대화에서 시작될 수 있다. 학기 초 아이들을 관찰하는 것에서부터 교과 공부, 친구, 가족에 대한 다양한 생각들을 듣고 기록해둔다. 관찰한 것이 쌓이다 보면 질문이 생긴다. '왜 아이들은 사회 교과를 싫어할까?', '체육 시간 경쟁 활동 중 다툼, 아이들이 생각하는 참된 경쟁은 어떤 것일까?', '작은 학교, 고정적인 친구 관계, 또는 친구에 대한 생각 변화는 가능할까?', '기후 위기, 심각성 우리는 느끼고 있나?' 같은 것들이다. 이런 교사의 질문은 각 교과 수업을 구성할 때 반영된다. 교사와 학생과의 대화는 학생이 자기 자신을 이해하고, 자신을 둘러싼 세계를 이해하기 위한 도구로 교과 수업을 어떻게 만들어갈지 다양한 관점을 제공한다.

그리고 일회적 체험보다 반복적 활동과 도전적인 과제를 적절히 구성한다. 교육 활동을 학생이 선택하고 책임질 수 있는 방법을 늘 고민한다. 반복된 활동은 자신을 관찰하고 이해할 수 있도록 돕고, 도전적인 과제를 통해 자신의 흥미를 이해하고 탐구하고자 하는 의지를 키울 수 있다. 특히 아이들의 질문, 무엇을 하자는 요청, 무엇이 문제라는 툭 터져 나오는 불만, 학급에서 반복적으로 일어나는 문제에 관심을 기울이려 애쓴다. 그 안에 교사가 계획하지 못했지만 아이들의 삶에 영향을 미치는 날 것의 문제들이 숨겨져 있는 경우가 많다. 아이들이 쏟아내는 말의 의미를 해석하고 담아내면 교과 성취기준 중심의 수업, 사회적 이슈가 반영된 수업, 학급공동체 상황이 반영된 수업, 또 때론 특정한 개인의 생각이 반영된 수업 등 다양한 수업이 구성된다.

삶의 터전에서 만들어가는 배움

5학년 1학기 1단원 [국토와 우리생활]을 공부하며 아이들이 직접 가본 곳에 대해 함께 이야기할 기회가 있었다. 여행, 친척 집 방문 등 자신이 가 본 지역의 경험을 나누다 보니 두 시간이 금방 지나갔다. 경험에 따라 지리적 정보와 인식에서도 큰 차이를 보이고, 이는 학습에도 상당한 영향을 미치고 있다는 것을 알 수 있었다. 또 경험하지 못했지만 친구들의 발표를 듣고 그 지역에 대해 찾아보고 질문하는 등 새로운 흥미로 이어지는 모습이 보이기도 했다. 반면 '대한민국의 위치'를 설명해 보자, '각 도시(대전, 울산 등)는 어떻게 성장하게 되었을까?' 등 다양한 지리적 정보를 연결하여 생각하는 탐구

활동은 무척 어려워했다. 수업을 하는 내내 사회 수업이 조금 더 삶과 가까운 교과, 여러 가지 요소를 관련지어 탐구하는 교과로 아이들에게 인식될 수 있는 방법이 무엇일까 고민했다. 이런 고민이 다음 수업의 출발점이 되었다. 아이들이 직접 가볼 수 있고, 지리적 관점으로 자신이 탐구할 문제를 정하여 이해하고 해석하며 일상적인 공간에 새롭게 의미를 부여할 수 있는 수업. 그런 수업이라면 아이들의 삶과 조금 더 가까워지지 않을까? 그렇게 우리가 살고 있는 포항 지역에 대한 공부가 시작되었다.

포항, 우리가 살고 있는 지역

1~4학년까지 이웃, 마을, 포항, 경상북도 점점 더 큰 공간으로 확대되어 5학년에서는 우리나라의 지리와 역사를 배우고 6학년은 세계로 확대된다. 이는 환경확대법이 적용된 것으로 아이들의 발달을 고려한 것이다. 하지만 세계 곳곳의 정보를 언제라도 접할 수 있는 과학기술의 발달로 아이들의 공간인식은 다양한 경로로 발달 할 수 있게 되었다. 오히려 기계적인 환경확대법 적용이 학습자의 특성을 제대로 담아내지 못한다는 비판 때문에 최근 교육과정은 이를 지양한다. 중요한 것은 아이들은 직접적이든 간접적이든 자신의 삶과 연결된 지점이 생길 때 스스로 탐구하고 의미를 더 잘 만들어 갈 수 있다는 점이다. 그런 측면에서 아이들의 경험과 삶을 이해하고 그와 관련된 주제를 선정하려는 적극적인 변화가 필요하다.[8] 이 수업에서 사회 교과에 대한 인식 변화와 학생들의 능동적인 참여를 중요한 목표로 세웠다. 우리가 살아가는 일상의 공간 포항을 새로운 눈으로 탐구하며 새로운 가치를 발견해 보고 싶었다. 익숙하고 가까운 공간을 어떻게 새롭게 볼까, 3학년 지역화 수준을 넘어 5학년 성취기준과는 어떻게 연결할까 등이 고민되

---

8) 박현진, [어린이가 주인공이 되는 사회 수업 이야기], 2020, 지식프레임 25-36쪽

었다. 그리고 물리적 거리를 줄이는 지역화 원리를 적용하는 것 외에 학생들의 의견을 듣고 결정할 수 있게 교육과정에 여백을 두었다. 이 여백은 학생들의 능동적인 참여를 기대하는 공간이다. 교사의 계획이 촘촘하고 견고할수록 학생의 공간이 줄어든다. 계획할 때 덜어내고 비우기를 생각해야 할 이유다.

문학, 공간으로 의미 있는 초대

자기가 살고 있는 지역이라고 해서 자연스럽게 자신의 삶과 관련되었다 느끼는 것은 절대 아니다. 게다가 지역의 다양한 역사, 문화적 자원들이 제대로 그 가치와 의미를 부여받지 못하고 방치된 경우가 많다. 그렇다 보니 아이들 뿐 아니라 교사들도 자신이 살고 있는 지역에 대해서 잘 모르는 경우가 많다. 포항에 관한 수업을 준비하며 포항문화원, 지역 전문가들이 만든 자료를 수집하고 수업에 쓸 자료를 골라내는 일이 쉽지는 않았다. 나열식 정보만으로 지역과 아이들의 삶을 연결하고, 관심을 가지게 하기엔 부족했다.

그러던 중 포항 지역에서 교사로 일했고, 지역 문화·역사를 바탕으로 동화 작품을 쓰고 있는 김일광 작가를 알게 되었다. 『귀신고래』, 『조선의 마지막 군마』, 『최세윤』등 역사소설을 창작하는 것 외에 지역의 옛이야기를 채록하는 등 지역 이야기에 관심을 기울여온 작가다. 『귀신고래』는 포항의 포경산업을 배경으로 한 작품으로 포항의 다양한 지명 뿐아니라 당시 사람들의 생활이 담겨 있다. 아이들과 『귀신고래』를 읽고 김일광 작가를 만났다. 작가와 만났을 때 '진짜 귀신고래가 호미곶까지 왔나, 지금은 왜 오지 않는가?', '포항에 염전이 어디에 있었나?', '어떻게 지역의 이야기를 동화로 쓰게 되었나?' 등 다양한 질문이 있었다. 문학작품 읽기가 관광지로만 인식되던 영일만과 호미곶을 옛 포항사람들의 생활터전으로 새롭게 이해할 수 있는 기회가 되었다. 또한 지역의 이야기를 찾아 동화로 쓰는 작가의 삶에도 관심을 갖게 했다. 문학이 아이들이 살아가는 삶터를 생생하게 느끼게 하는 좋은 매개가 되었다.

[포항] 수업 계획하기

아이들의 관심을 고려해 도입, 탐구, 확장하기로 수업의 계획을 세웠다. 수업을 구성할 때 수업 의도와 탐구 질문이 수업의 성격을 가장 잘 드러내고, 배움의 방향을 설정해 주는 중요한 역할을 한다. 그 외 활동들은 아이들과 이야기를 통해 계속 수정해 나간다. '아이들과 이야기하며 수업 방향을 결정할 수 있나?'라는 의문을 들 수 있다. 아이들의 관심이나 흥미는 단편적, 즉흥적인 것이 아닌가, 아이마다 다 다른 관심과 흥미를 어떻게 한 수업에 반영할 수 있을까? 라는 질문을 받기도 한다. 하지만 아이들과 이야기를 나누다보면 그 안에서 길을 찾을 수 있다. 왜 그런 이야길 했는지, 어떻게 해나가면 좋을지 함께 이야기하다보면 일정한 방향이 생긴다. 그것이 바로 수업의 맥락이다.[9] 교사와 아이들이 함께 만들어낸 수업의 맥락에서 배움의 방향과 방법도 찾을 수 있다고 본다. 아이들과 대화로 수업을 만들어가는 것이 한계가 없는 것은 아니다. 하지만 함께 만들어낸 수업맥락과 배움의 방향은 주어진 과제가 누군가 개인의 것이 아닌 학급의 공동과제라는 인식을 갖게 하고, 때로는 그 과제를 끝까지 해결하는 힘이 되기도 한다.

포항 프로젝트 주제 흐름도

포항 호미곶(가) 수업 계획하기	
수업의 의도	포항의 지형과 기후, 환경, 생태를 이해하고 포항 지역의 자연적, 인문적 환경 변화에 따라 사람들의 생활변화상을 이해한다.
탐구 질문	포항의 옛사람들은 어떤 모습으로 살았을까?

---

9) 최진열, [삶프로젝트 수업이야기], 작은숲, 2021.

도입하기	이야기 속 포항 찾아보기 • 『연오랑 세오녀』에 나타난 포항 지형적 특징 찾아보기 • 『귀신고래』 속 포항의 모습 상상하며 작품 읽기
탐구하기	우리가 만든 질문으로 포항 탐구하기 • 『귀신고래』 작가와의 만남 등을 통해 작품 속 옛 포항 모습 탐구하기 • 우리가 만든 질문으로 포항을 탐구해보기
확장하기	포항, 랜선 여행 떠나기 • 포항의 지형, 기후, 환경 등의 특징이 잘 드러난 곳을 소개하는 엽서 만들기

탐구를 통해 배움이 깊어지는 수업

아이들의 질문으로 시작하는 탐구

지역화 원리에 근거하여 5학년 지리 수업을 구성한다는 것은 정보 나열을 넘어 정보의 해석, 이해, 문제 해결을 경험하는 것이다. 문제를 찾고, 나름의 가설을 세우고, 예측하고 검증하며 탐구하는 것이다. 탐구의 첫 시작은 무엇으로부터 출발할까? 아이들의 질문으로 시작할 수 있다. 질문은 어떤 주제에 대한 아이의 관심, 인식(경험에 기반한 통념), 예측 등으로 엿볼 수 있는 아이를 이해할 수 있는 훌륭한 자료다. 그래서 생활이나 수업 중 아이들에게 궁금한 것, 알고 싶은 것, 해보고 싶은 것들을 자주 듣고 이야기를 나눈다.

『귀신고래』 함께 읽기가 끝날 즈음, 아이들에게 포항과 관련해서 궁금한 것들을 적어보게 했다. '왜 지명이 포항일까?', '포항역은 왜 달전으로 옮겨왔나'처럼 포항의 지형, 도시의 형성과 발달 등 5학년 교육과정 성취기준과 쉽게 연결되는 질문도 있지만 지역 특산물, 지역의 유명한 장소 등 3학년 교육과정을 떠올린 듯 한 질문도 있었다. 질문을 받고 나니 '아이들 개별 질문을 학급 공동의 질문으로 만들 수 있을까?', '어떻게 5학년 성취기준과 더 깊이 관련시킬 수 있을까?' 하는 두 가지 고민 생겼다. 아이들의 질문을 어떤 의미로 해석하고 더 나갈 것인가가 교사에게 중요한 과제가 된 것이다. 우선 아이들과 함께 질문을 유목화했다. 그것을 바탕으로 교사는 5학년 성취기준과 연결되는 지점, 다룰 수 있는 지식 개념을 정리했다.

아이들이 한 질문과 5학년 사회 성취기준 연결표

아이들 질문	관련 성취기준 찾기	다룰 수 있는 지식
• 포항은 가로세로로 몇 미터일까?	[6사01-02] 우리 국토를 구분하는 기준들을 살펴보고, 시·도 단위 행정구역 및 주요 도시들의 위치 특성을 파악한다.	• 우리나라에서의 포항의 위치 • 포항의 지형적 특징
• 왜 지명이 포항인가요? • 죽도시장은 왜 죽도시장일까? • 구룡포, 호미곶의 옛 이름은 뭘까요? • 포항의 유명한 건물은 어떤 것이 있나요? 왜 유명한가요? • 포항역은 언제 생겼을까? • 포항역은 왜 달전(우리 동네)에 생겼을까?	[6사01-05] 우리나라의 인구분포 및 구조에서 나타난 변화와 도시 발달과정에서 나타난 특징을 탐구한다. [6사01- 06] 우리나라의 산업구조 변화와 교통 발달과정에서 나타난 특징을 탐구한다.	• 포항의 지형적 특징과 변화 • 포항의 인구분포 및 도시 발달과정 • 중심지의 이동과 교통의 발달
• 포항에서 귀신고래 본 것은 언제입니까? • 포항에서 고래가 많이 발견되었는지 • 불의 정원은 어떻게 생겼나요? • 포항의 유명한 물건, 음식이 뭐 뭐 있나요? • 포항은 어떻게 과메기가 유명해졌나요? • 포항은 왜 해산물이 많을까요? • 포항 왜 과메기가 유명한가요? • 포항에 유명한 음식이나 물건(생산품 등)은 어떤 것이 있나요? • 포항은 왜 시금치일까? 다른 나물도 나는데 왜 시금치만 유명할까요? • 포항에서 제일 많이 잡히는 (해산물) 것은 무엇인가요?	6사01-03] 우리나라의 기후 환경 및 지형 환경에서 나타나는 특성을 탐구한다.	• 포항의 지형적, 기후적 특징 • 지형적, 기후적 특징에 따른 예부터 지금까지 생활 모습 변화

질문을 유목화한 뒤 아이들과 각각의 질문을 다시 살펴보았다. 그 질문을 왜 했는지(질문의 배경), 어떤 것이 궁금한지 이야기를 나누었다. '죽도시장은 왜 죽도시장일까?'라는 질문을 쓴 친구에게 이 질문을 하게 된 이유를 물었다. "죽도가 다케시마 섬 이름 같기도 하고, 아니면 대나무가 많았던 섬이었다는 뜻을 담고 있는지 궁금해서요."라고 말했다. "그 옆에 해도동, 그것도 그러면 섬이었나?", "송도동도 있는데, 송도해수욕장?", "그런데 거긴 섬이 아닌 것 같은데 차타고 갔었는데." 아이들의 이야기가 이어졌다. 대화를 통해 자연스럽게 죽도시장이 있는 죽도동, 해도동, 송도동의 자연 지형적 특징을 살펴보는 쪽으로 탐구 질문이 정리되었다. 대화를 통해 아이들 각자 던진 개별 질문이 학급의 공동 질문으로 다듬어졌다. 이 과정은 탐구 과제를 좀 더 명료하게 할 뿐 아니라, 탐구과제에 관심을 갖는데 도움이 되었다.

대화를 통해 다시 정리한 [포항]에 관해 탐구한 질문	제시자료
1. 『연오랑 세오녀』의 이야기의 배경이 된 포항의 지형들을 찾아보자. (만, 곶, 포 등 지명을 나타내는 말로 포항 지형 이해하기)	연오랑 세오녀 이야기
2. 옛 포항 사람들은 주로 어디에 모여 살았을까요? (옛 지도를 통해 옛 포항의 모습 살펴보기)	고지도 속에 나타난 포항 모습
3. 옛 지도 속 섬(죽도, 해도)들은 지금 지도에는 왜 보이지 않을까요? (옛 포항 지도와 지금의 포항 지도 비교하며 땅의 변화와 사람들의 삶의 변화 알아보기)	고지도 속에 나타난 포항 모습
4. 포항의 인구가 많아지기 시작한 것은 언제부터일까요? (조선시대 포항창 설립, 일제강점기 일본인 마을, 포항제철 건립 등 세 시기에 대한 자료를 통해 정책과 경제의 변화에 따른 도시의 발달과 사람들의 삶의 변화 알아보기)	조선시대 포항창 설립, 일제강점기 일본인 마을, 포항제철 건립 등 세 시기 국가정책과 경제 변화에 따른 인구변화 자료
5. 포항의 특산물 또는 음식은 어떤 것이 있나요? 지형과 기후와 관련이 있는 특산물과 음식은 어떤 것이 있나요? (지형과 기후에 따라 사람들의 생활 모습 알아보기)	포항의 지형과 기후의 관련 자료
6. 온작품 읽기 『귀신고래』는 포항 언제쯤 이야기일까요? (포항의 옛 사람들의 생활모습과 지금의 모습 비교하기)	
7. 우리가 포항의 이야기를 어떻게 알리면 좋을까요?	기행문

탐구 질문 이해와 자료탐색

탐구토론이 탐구활동에서 가장 핵심적인 과정이다. 하지만 막상 교실에서 토론 활동을 시작하면 혼자 다 해내려는 아이, 참여하지 않는 아이, 질문을 이해하지 못한 아이, 자기주장만 하는 아이, 질문과 자료를 관련지어 생각하지 못하는 아이 어려운 것이 한, 두 가지가 아니다. 학급 상황에 따라 토의토론 활동의 역할 나누기, 돌아가면서 이야기하기, 서로 질문하고 답하기 등 기초적인 것부터 하나씩 익혀나갈수 밖에 없다. 무엇보다 제일 어려운 것은 제시된 질문을 제대로 이해하는 것이다. 탐구질문을 이해한다는 것은 어떤 자료를 찾아야할지 알고, 자료의 의미를 해석할 수 있는 틀을 떠올릴 수 있다는 것이다. 탐구 질문을 이해하고 필요한 자료를 찾을 수 있도록 돕기 위해 모둠별로 이야기를 나누었다. 탐구 질문과 교사가 제시한 자료를 어떻게 이해하고 있는지 파악하고, 더 찾아볼 자료로 선정한 목록을 함께 검토했다. 탐구토론 초기엔 탐구 결과가 아이들의 사고 과정의 결과라기보다 때론 교사의 압력에 의한 결론이 아닌가 고민되는 순간도 꽤 있었다. 토론 활동이 반복되면서 조금씩 아이들의 몫과 역할이 커졌다.

[여지도] 1736- 1778 포항   [팔도분도] 1758-1767 포항   [조선지도] 1767-1776

포항의 다양한 옛 지도

탐구 질문 '포항의 옛 지도[10] 속 섬들은 지금 어떻게 되었을까?'를 해결하기 위해 아이들에게 옛 포항의 지도를 자료로 보여주었다. 현재 죽도시장과 옛 지도 속 모습을 비교해 공통점과 차이점을 찾아보도록 했다. 지금 지도와 비교해 보면 꽤 다른 모습이기도 하지만 옛 지도에서 지형적 특징이 분명한 영일만과 호미곶은 아이들도 쉽게 찾았다. 옛 지도는 손으로 그려서 정확하지 않다는 것을 차이점으로 찾은 아이도 있다. 대동여지도를 그린 김정호도 호미곶을 정확히 그리기 위해 6~7번 정도 그곳에 왔다는 기록도 있다고 이야길 들려주니 아이들도 신기해했다.

바다 쪽도 살피도록 안내하니 한 아이가 어떤 지도에는 섬이 있고 어떤 지도는 섬이 없다는 것을 발견했다. "옛 지도 속의 섬들은 어떻게 되었을까?" 라는 질문으로 모둠별 이야기가 시작되었다. 지도를 자세히 살펴보더니 "한자가 대나무 죽, 죽도네!"라며 그 섬들이 죽도동, 해도동, 송도동과 관련이 있을지도 모른다는 이야기도 나왔다. 대화를 통해 옛 지도에 있던 섬이 포항 행정구역상 죽도동, 해도동, 송도동과 어떤 관련이 있는지를 탐구해야 한다는 것을 아이들도 찾아내기 시작했다.

탐구토론을 위해 중요한 교사의 역할

'옛 지도 속 섬(죽도, 해도)들은 지금 지도에는 왜 보이지 않을까요?' 탐구 질문 모둠 의견을 정리하기 위한 토의를 시작했다. 모둠의 의견을 둘러보니 불과 몇 년 큰 지진을 겪은 경험 때문인지 지진으로 섬이 사라졌다는 의견이 초기엔 가장 많이 나왔다. 또 한 모둠은 지구온난화로 해수면이 높아져서 보였다 안 보였다는 섬이 되었을 거로 추측했다. 모둠별로 한자 지명을 한글로 옮긴 지도를 다시 주며 "형강"이라고 적힌 곳을 찾아보게 했다. 지도 속

---

10) 권용호, [옛 지도로 보는 포항], 학고방, 2020

형강이 바로 지금의 형산강임을 설명하고, 이 강과 관련지어 섬들의 위치와 모습을 살펴보고 추측해 보도록 안내했다. 최종 모둠토의 내용을 보니 지진이나 화산활동으로 사라졌다는 의견, 사람들이 땅이 넓히기 위해서 바다를 메워서 지금은 땅이 되었다는 의견, 그리고 강의 하류에서 일어나는 퇴적작용에 대해 생각하며 서서히 자연스럽게 땅이 되었다는 의견도 한 모둠이 제시했다. 모둠 발표가 끝난 뒤 죽도, 해도의 지형 변화를 설명하는 다양한 자료를 통해 오랜 시간 퇴적작용으로 강 하류에 넓고 평평한 지대가 생겼음을 보여주었다. 그리고 죽도시장은 언제 어떻게 만들어졌는지 자료 검색을 해보게 하여 1950년대 갈대밭이던 곳을 개간하여 그곳에 죽도시장이 만들어졌다는 것을 확인했다. 옛 지도와 현재 지도, 그리고 과학교과, 지역사 등 다양한 지식을 통해 포항의 지형변화를 이해하고 그에 따라 생활모습이 어떻게 변했는지 이해할 수 있는 시간이었다.

토의에서 결론에 이르는 과정까지 교사의 역할이 무척 중요하다. 그런만큼 늘 토론이 끝나면 '교사의 역할이 적절했나' 하는 고민이 된다. 매뉴얼화된 탐구절차 따라하기를 넘어 토론에 참여하는 아이를 이해하고 교실에서 대화가 이어져가는 맥락을 이해해야 하기 때문에 결코 쉬운 문제는 아니다. 탐구토론의 질은 이전 경험, 배경지식, 학습 동기, 학급 내의 자발적이며 건강한 토론문화에 따라 큰 차이를 보인다. 반복된 토론활동을 통해 모둠에서 역할찾기, 돌아가며 의견 말하기, 서로 이견이 생겼을 때 각자의 생각을 공유하는 방법 등을 조금씩 익혀갔다. 하지만 질문에 맞는 자료를 찾아 자료에 근거하여 토론하고 결론에 이르는 힘은 아이들마다 상당한 차이가 있었다. 그 차이를 줄이기 위해 '기본 토의자료를 어떤 내용으로 제시할까?', '어떤 시점에 자료를 제시할까?' 등의 고민이 되었다. 적절한 자료가 제시되지 못하고 배경지식이 많은 몇몇 아이들에게 토론이 맡겨지는 형국이면 자기효능감이 낮아지는 아이들이 생긴다. 또 소수에게 의견이 독점되는 토론이 반복되면 토의토론을 통해 오히려 비민주적인 경험을 하게 된다. 학습 동기나 탐구하는 방법의 격차를 좁히기 위해 교사는 어떤 도움말을 할 것인지 수업에서 끊임없이 고민하는 것이 필요하다.

탐구토의에서 교사의 역할은 관찰자에서 적극적인 멘토까지 학생들의 토론과정을 해석하는 관점에 따라 다양할 수 있다. 이는 학생의 주체성과 교사의 주체성이 어떻게 만날 것인가라는 질문과 닿아있다. 기준이 정해져 있다기보다 학습공동체 안에서 만들어지는 수업맥락에 따라 매 순간 달라져야 한다고 생각한다. 일 년 토의·토론 과정을 떠올려 보면 어려움이 생길 때 넘어서기도 했지만 그렇지 못한 순간들도 많았다. 수업이 진행된 과정과 수업 속 아이들과의 대화를 찬찬히 살필 수 있는 시간과 그것을 함께 할 교사모임이 가까이 있다면 어땠을까하는 아쉬움이 늘 남는다. 교사가 자신의 수업을 돌아보고 누군가와 함께 이야기 나누다보면 수업의 어려움을 해결하는 지혜를 얻는 것 외에도 수업 중에 깨닫지 못한 새로운 의미를 발견하기도 한다. 좋은 수업이나 교사의 역할은 메뉴얼화 될 수 없다. 수업 후 수업이야기를 나누고, 그 의미를 함께 찾아보는 것이 다소 지난한 과정일 수 있으나 교사의 성찰적 안목으로 다음 수업을 변화시킬 수 있는 중요한 과정이 아닐까 한다.

배움의 확장과 지속을 위한 수업

즐거움과 배움을 연결하는 산출물

[포항] 수업이 마무리될 즈음 아이들은 여행을 직접 가보고 싶다고 했다. 스스로 계획한 것이 실행될 수 있다는 것은 아이들을 수업에 더 몰입하게 한

다. "직접 여행을 가보자"라는 말은 교실을 들썩이게 했다. 하지만 막상 여행 계획을 세우기 시작하니, '친구들이랑 1박 하면 재미있겠다.', '대게 먹고 예쁜 카페에 가고 싶다'처럼 앞의 배움과 조금 거리가 있는 듯 한 모습이 여행 여정과 모둠 토의 활동에서 나타났다. 실제로 여행이 가능하도록 하는 데 도움이 되고 앞의 배움과 연계되도록 돕는 산출물은 무엇일까 고민이 되었다. 그동안 수업을 통해 알게 된 포항의 자연, 인문 환경적 특징이 담긴 가상기행문을 써보기로 했다. 그리고 모둠별로 만들어진 여행 계획과 가상기행문으로 현장체험학습을 학교에 제안해보기로 했다. 수업에서 배우고 있는 대상(과제)와 아이들의 즐거움을 하나의 맥락으로 이어가는 힘은 무척 중요하다. 이 두 가지 요소가 조화를 이룰 때 아이들은 수업에 몰입할 수 있다. 수업 산출물은 이를 통합시키는 데 중요한 역할을 한다. 산출물의 내용과 쓰임이 정해지고 나니 모둠별로 여행의 목적과 그에 맞는 여정을 짜고 조사하기 위해 노력했다. 백화점식 여정에서 고래항구 구룡포, 해의 도시 영일만 등 나름의 색깔과 그 속의 지리적, 역사적 특성이 기행문에 나타나기도 했다.

고래항구, 구룡포

모둠 글

우리는 지난번 학교에서 귀신고래를 읽고 김일광 선생님을 만난 뒤에 우리 포항에 고래잡이가 많다는 이야기를 듣고 깜짝 놀랐다. 그래서 이번에 고래항구였던 구룡포에 가기로 했다. 드디어 출발하는 아침 그런데 어떤 친구가 10분 정도 늦었다. 그렇게 우리는 구룡포로 출발했다. 첫 번째 장소는 김일광 선생님이 이야기해주신 구룡포 행복복지센터에 갔다. 거기에는 옛날부터 사용되었던 포경선과 포경포가 있었기 때문이다. 근데 작살을 보니 조금 무서웠다. 포경선에는 진짜 망루가 있었다. 우리는 포경선에서 민준이는 선장, 서영이는 화장, 동규는 포장, 은희와 예원이는 선원이 되어 포경선에서 고래잡이 놀이를 했다.

슬슬 배가 고프기 시작할 때 구룡포 시장에 갔다. 구룡포는 옛날엔 고래 해체하는 장소도 있었고 포경선과 포경도 했었지만 지금은 다 사라졌다. 대신 구룡포 과메기가 전국적으로 유명하다. 왜냐하면 구룡포 과메기는 지형적, 기후적 조건이 아주 좋아서 쫀득쫀득해서 맛이 좋다는 것이다.

과메기 맛집에 들러서 먹고 구룡포의 일본인 가옥 거리에 갔다. 일본인 가옥 거리에 들어서니 진짜 일본에 온 것처럼 일본처럼 일본 집이 군데군데 있었다. 그래서 여러 군데 구경하고 이제 과메기 박물관에 들렀다. 과메기 박물관에서는 왜 구룡포가 과메기로 유명해졌는지 알 수 있어서 좋았고, 홀로그램으로 바닷속을 볼 수 있어서 좋았다. 그렇게 과메기 박물관에서 재밌게 놀고 마지막으로 구룡포해수욕장에 갔다.

그렇게 계속 놀고 있었는데 갑자기 서영이가 "야! 그래야"라고 해서 갔지만 아무것도 없었다. 그래서 서영이를 보니 "야 그걸 속냐?" 그랬다. 그래서 애들이 화가 나서 서영이를 잠들려고 했지만 서영이가 잘도 피했지만 은희한테 잡혔다. 그렇게 저녁을 맛있는 걸 먹고 각자 집으로 갔다.

좌절된 체험학습, 그 안 시작된 새로운 배움

1학기 여행은 여름 방학이 코앞이라 좌절되었다. 대신 우리가 계획한 것들을 2학기 현장체험학습에 반영하기로 했다. 아쉬움 마음에 모둠별 포항 여행 소개 엽서를 만들고 그 안에 아이들이 쓴 기행문을 담았다. 그리고 포항을 주제로 공부한 3학년 동생들에게 엽서를 선물했다. "선생님, 3학년에 OO이가 우리 엽서 보고 여름방학 때 부모님이랑 여행 갔데요." 2학기 개학하던 날 누군가 소식을 전했다. 체험학습은 좌절되었지만, 우리의 배움이 누군가에게 유용하게 사용되었다는 기쁨을 함께 나눌 수 있었다.

안녕 나는 5학년 정00 형이야.

한 학기 동안 코로나 때문에 마스크 쓰고 공부하느라 힘들었지? 우리도 그렇게
공부하고 있어. 힘들지만 같이 노력해서 열심히 공부하자.

너희들도 사회에서 포항을 배우지? 포항을 배우면 재밌어. 그리고 포항은 멋진
지역이야. 포항 구룡포의 역사를 배우면 재밌어.

그리고 마지막 할 말이 있는데 5일 뒤에 방학이야!

최00에게 전함

2021년 7월 16일 금

계획한 여행도 제대로 가지 못하고 밋밋하게 1학기 포항 수업이 끝이 났다. 하지만 이 수업을 통해 모험적이고 도전적이 작업일 때 아이들이 더 몰입할 수 있다는 것, 누군가와 연결되는 경험을 통해 자신의 배움의 의미와 가치를 다시 발견하게 된다는 것을 알 수 있었다.

2학기 역사 수업을 준비하며 1학기 수업에서 의미 있었던 것을 어떻게 이어 나갈 수 있을지 고민을 했다. 역사적 사실을 알고 외우는 공부가 아닌 생생한 이야기로 다가갈 수 있는 역사 수업이 되면 좋겠다 생각했다. 가까이 있는 포항의 다양한 유물과 유적을 탐구하며 그 시대를 상상하고 이해하기, 역사적 속 인물을 찾아보고 인물의 삶에서 유의미한 가치를 찾아보기 등을 계획했다.

역사 프로젝트 주제 흐름도

	[우리 지역 문화재로 포항의 옛 모습 상상하기] 2학기 역사 수업
1	우리가 살고 있는 흥해 지역에서 쉽게 볼 수 있는 큰 돌, 무엇에 사용하는 것이었을까? - 흥해, 기계 고인돌 이야기
2	옛사람들은 왜 바위에 그림을 그렸을까? - 포항 곤륜산 바위에 그려진 그림, 울산 반구대 암각화
3	삼국시대 사람들은 왜 절과 탑을 지었을까? - 우리 마을 도음산 천곡사 이야기
4	삼국의 무덤은 어땠을까? - 영일 냉수리 고분, 대련리 고분의 모습과 유물을 통해 옛사람들 생각 찾아보기
5	삼국의 비석으로 알아보는 삼국 이야기 - 영일 냉수리 비석, 중성리 비석은 누가 왜 세웠을까?
6	포항 있는 '성'은 언제 어떤 목적으로 지어졌을까? - 남미질부성, 북미질부성, 흥해읍성, 연일읍성, 장기읍성, 칠포성 이야기
7	보경사에서 고려 불교의 흔적을 찾아보기 - 탑과 국사비에서 찾아본 고려 불교
8	포항에서 정몽주 흔적 찾아보기 - 포은도서관, 문충초등학교, 오천서원과 정몽주 이야기

[과거와 오늘을 잇는 시간 여행자] 2학기 역사 수업	
수업의 의도	가까이 우리가 살아가는 곳의 역사적 유물, 유적, 사건을 통해 공부하며 어제와 오늘을 연결함. 내가 살고 있는 지역과 연결되는 배움으로 민주시민으로 살아가는 바탕으로 만듦.
탐구 질문	같은 시대를 살고 있는 포항의 또래 친구들에게 의미있는 역사적 사건을 알리는 영화를 만들기
도입하기	사진 속의 담긴 역사 이야기

탐구하기	• 문학이 된 역사적 사진 이야기
	  - [너의 운명은], [서찰을 전하는 아이] 작품 배경 나누기, 작품 읽기
	• 내가 찾은 역사 사진전
	
	우리가 기억하고 싶은 역사적 사건 찾기
	
	• 우리 모둠이 기억하고 싶은 사건 골라 (영화 제작하기)
	  - 인물이나 사건 선정
	  - 자료 수집과 검토
	  - 대본 쓰기
	  - 영화 촬영 및 편집

확장하기	공동 제작발표회 • 작품 홍보물 제작 • 제작발표회

아이들이 살고 있는 포항의 흥해 지역은 여러 시대에 걸친 다양한 유물, 유적들이 있다. 그것을 탐구 자료로 활용했다. 포항 지역 곳곳에 숨겨진 문화재로 다양한 토론을 하며 아이들은 옛 포항의 모습을 상상해볼 수 있었다. 한 번쯤은 지나가 봤던 곳, 꽤 가까운 거리에 있는 공간이 수업을 통해 아이들에게 역사적 의미가 있는 장소로 다가갈 수 있었다. 그리고 1학기에 만난 김일광 작가와 장기읍성, 구룡포, 호미곶 일대로 현장체험학습을 갔다. 작가가 그 동안 수집한 지역의 역사이야기를 직접 보고 들을 수 있었다.

"우리 지역의 역사 이야기가 많지만 그것을 꼼꼼하게 알고 더 자세히 글로 남기고 싶다. 물론 다 외우지 못하겠지만 기억하면 좋을 것 같다. 김일광 선생님께서 최세윤, 귀신고래 등을 쓴 것처럼 나는 우리 지역 이야기를 쓰고 싶다."

현장체험학습을 다녀온 온 후에 한 아이가 쓴 글이다. 역사적 장소마다 숨겨진 이야기를 발굴해 온 작가의 이야기를 통해 우리 지역에 숨은 역사적 가치를 발견하는 것 외에도 그것을 지역의 이야기를 기록하고 나누는 활동의 가치에 대해서 생각해볼 수 있었다.

새로운 만남, 배움의 확장

체험학습에서 돌아와서 역사 수업을 어떻게 마무리할지 함께 이야기를 나누었다. "우리는 역사를 왜 배우는가?"라는 질문에 많은 아이가 "기억하기 위해, 누군가에게 전해주기 위해서"라고 답했다. 기억하고, 기록하고, 전해주기 위해 '같은 시대를 살아가는 포항의 또래 친구들에게 의미 있는 역사적 사건을 알리는 영화를 제작하자'라는 이야기를 나누었다. 지역 교사공동체를 함께하며 5학년 담임인 세 분의 선생님도 참여해 세 학급의 공동 영화제작발표회를 하게 되었다. 주제를 선정하고, 자료를 조사하고, 대본을 쓰고, 영화를 촬영하고 홍보까지 영화제작 과정 속 배움도 컸지만, 온라인으로 운영한 3개 학급의 공동 제작발표회에 대한 아이들의 관심이 가장 컸다. 어린이의 삶에 관심을 둔 방정환, 어린 나이지만 독립운동을 한 유관순, 5학년 교과서에 소개된 허준, 포항 지역의 학도병, 포항의 3·1 운동 등이 영화로 제작되었다. '왜 그 인물이나 사건을 선택했는지, 영화 속에 역사적 상상을 어떻게 담고자 했는지?' 등 프로젝트 산출물인 영화의 의미를 또래의 질문을 통해 되짚어볼 수 있는 기회가 되었다.

"항구초는 여러 각도로 찍지는 않았지만 그 장면 하나하나의 마음, 장면을 잘 나타낸 것 같았다. 우리 영화(학도병 이야기)도 다시 보니까 열심히 한 것이 느껴졌다. 또 한편으로는 우리 포항에도 그렇게 슬픈 역사가 있을지 몰랐다"

"코로나가 잠잠해지거나 끝이 나며 달전초 5학년, 항구초 5학년 다 같이 좀 더 특별한 영화를 만들어 보고 싶다. 조금 더 큰 영화제를 만들어 보는 것도 좋을 것 같다"

"작은 불꽃(포항 3.1 운동)이라는 제목으로 포항에서 일어났지만 사람들이 잘 모르는 그런 이야기를 영화로 만들었다. 나도 몰랐는데 달전초 1반이 영화로 만들어서 좋았다"

역사영화제를 끝내고 쓴 아이들의 글이다. 다른 학교와 영화제를 끝낸 아이들은 또 기회가 되면 다른 학교 5학년 아이들과 다른 작업도 해보고 싶다고 이야길 했다. 아이들은 스스로 학교 방송을 통해 자신들이 만든 영화로 크리스마스 특집 영화제도 열었다. 교내 방송 후 급식실에 갈 때마다 "유관순 괴롭힌 나쁜 순사다", "와! 방정환이다" 외치는 동생들로 한동안 연예인이 된 듯한 피로감을 호소하는 아이들도 있었지만, 프로젝트 산출물이 갖는 힘을 다시 한 번 느끼게 되었다. 나누는 활동은 사람과 사람을 잇고, 배움과 배움을 잇는 중요한 기회가 될 수 있다는 것을 배우게 되었다.

삶을 가꾸는 수업, 삶을 가꾸는 교사

외우는 과목이라 힘들고 싫다던 사회. 그 생각에 작은 균열을 내고 싶다는 마음으로 일 년간 다양한 활동을 했다. 더 뭔가 해내고 싶다는 아이들 모습에 기쁘고 보람도 느껴지지만, 지역을 여전히 학습대상으로만 두었다는 아쉬움도 크다. 하지만 삶과 배움이 연결되려면 어떻게 해야 하나? 무엇을 어떻게 탐구해야 하나? 배움은 어떻게 확장되고 지속되나? 등을 고민하며 수업을 통해 교사인 나 역시 능동적인 학습자로 성장하고 있음을 느낄 수 있었다. 자신이 살고 있는 곳에 관심을 갖고, 사람들과 관계맺고, 질문하고 새로운 가치를 발견해 나가는 것 그리고 그 과정을 통해 교사도 학생도 능동적인 학습자로 성장하는 것이 바로 배움의 본질이라고 생각한다.

새로운 교육과정에서 지역화 교육과정이 강조된다고 한다. 하지만 교사와 아이들이 지역의 문화와 역사를 가까이 느낄 수 있는 교육환경은 제대로 마련되어 있지 못하다. 교사 혼자, 학교 단위에서 그런 노력을 기울이기엔 너무 큰 부담이 되기 때문에 지역교육청, 지방자치단체 등 관련 기관들의 노력도 필요하다. 교사들도 지역을 주제로 한 사회 문화적 내용과 요소를 가르치는 수업을 넘어 지역의 다양한 사람들의 삶과 문제를 만나고, 직접 참여를 이끄는 다양한 지역화 수업을 시도하면 좋겠다. 또 지역의 교사로 산다는 것의 의미와 실천을 나눌 수 있는 교사공동체가 더 많이 생겨나길 기대한다.

작은 시민들과 함께 한
평화 프로젝트 수업

김기수 | 운양초등학교 교사

오늘이 행복한 어린이들이 살고 있는
작고 아름다운 학교

　내가 아이들과 함께 살아가는 운양초등학교는 작고 아름다운 학교다. 강릉시 사천면 시골에서 70여 명의 아이들이 교사, 학부모, 마을 주민들과 함께 교육공동체를 이루며 살고 있다. 과거 운양초등학교는 농촌지역 인구 감소로 폐교 위기에 처했었다. 지금은 괜찮다. 잘 살아가고 있다. '오늘이 행복한 어린이'와 '삶과 연결된 배움'을 지향하는 교사와 학부모, 지역사회가 살린 학교다. 사천면 아이들 반, 강릉 시내 아이들 반이라 갈등으로 울퉁불퉁했던 시절은 지났다. 사천이라는 작은 마을을 품고 강릉으로 마을을 확장해 활동하는 운양교육공동체는 모두의 다양성을 이해하는 수준에 도달했다. 아이들의 다양성, 학부모의 다양성은 물론 교사와 교육과정의 다양성까지 이해하고 지지한다. 교육 주체들이 자주 만나고 이야기를 나눈 결과다. 무슨 일이 있든 없든 모여서 수다를 떠는 운양의 문화는 교육공동체라는 말이 잘 어울린다.

교육공동체가 함께 만들고 채우는 운양교육과정

운양초등학교 교육과정은 특별하다. 10년 이상 강원도형 혁신학교인 행복더하기학교로 살아가며 교육과정 재구성은 물론 도전적인 교육과정을 실현했다. 교육공동체 모두가 교사의 교육과정 운영의 자율성을 인정하고 존중한 결과다. 사천면의 자연적 특성을 활용해 매년 갖는 논농사와 밭농사는 기본이다. 모내기부터 추수와 탈곡까지, 초록에서 황금으로 색을 바꾸는 벼와 1년을 함께 한다. 밭에 씨앗과 모종을 심어 수확해 요리를 한다. 달걀을 서리해 교실에서 부화시켜 병아리를 키운 이야기, 병아리가 너무 커서 주말마다 세콤이 울려 닭장을 지어 분가시킨 이야기, 사천진리 바닷가에서 주워온 씨글라스sea glass로 공예품을 만들고 생태를 주제로 그림책을 만든 이야기, 해안도로 하이킹과 자전거 여행 등 교육과정 모습과 형태가 다양하다.

다채로운 운양교육과정은 결코 교사 한 사람이 만들지 않는다. 동료 교사들과 영감을 주고받는 것은 기본이다. 학생, 학부모, 지역사회와 자주 그리고 잘 소통하며 자율학교의 특성을 살린 결과다. 매년 2월 교육과정 함께 만들기 주간에 선생님들은 아이들과 무슨 프로젝트를 할까 상상한다. 성취기준을 통합하거나 재구성하는 것은 기본이다. 민주, 창의, 생태, 연대를 큰 축으로 하는 운양교육계획서를 함께 살펴보며 창의적인 수업을 기획한다.

국가 수준 교육과정 넘어 학교교육과정, 교실교육과정

서로 다른 상황에서 오늘을 살아가는 아이들에게 국가 수준 교육과정은 적합하지 않을 때가 많다. 아이들의 삶과 배움을 연결하기 위해 교사는 교육과정을 새로이 구성할 수 있어야 한다. 새롭게 구성하는 교육과정의 범위는 다양하다. 작게는 한 학급의 교육과정을 구성하는 것부터 시작할 수 있다. 나아가 학년군 교육과정, 학교 교육과정 구성으로 확장할 수 있다. 민주적 학교 공동체 문화 위에 꽃 피운 교육공동체 모두의 교육과정은 아이들의 삶과 직접적으로 이어진다. 아이들은 배움의 주체로서 스스로 학습하고 협력한다.

교육과정 구성은 어떻게 해야 할까. 먼저 교육 주체들이 자주 만나 관계를 쌓고 소통해야 한다. 집단지성의 힘을 믿고 교육 주체들이 함께 만들어 나아가야 한다. 교사가 조금 더 힘을 들여 교육과정을 이끌 수는 있지만, 교육공동체 모두가 교육과정의 주체가 되어야 한다. 교육과정이 교사 한 사람의 전유물이 되었을 때 교육 주체들은 배움을 중심으로 소통하고 함께 고민할 수 없다. 교사교육과정의 의미가 교육과정이 교사 한 사람의 전유물이라는 뜻은 아니다. 운양교육공동체는 교육공동체가 함께 만드는 학교교육과정, 교실을 매개로 만나는 학생·학부모·교사가 함께 만드는 교사교육과정에 집중한다.

교육 주체들이 자율성과 자발성으로 채우는 교육과정

오늘이 행복한 어린이들이 살고 있는 작고 아름다운 학교를 궁금해하는 사람들은 운양이 어떤 학교인지 자주 묻는다. 그럴 때마다 나를 비롯해 교직원들, 학생과 학부모들이 공통적으로 자유를 말한다. 운양초등학교는 자유로운 학교라고.

운양교육계획서 안에는 민주, 창의, 생태, 연대 네 가지 축으로 운양교육과정을 소개한다. 하지만 나는 운양에서 4년을 살며 네 가지 가치 뒤에 숨어 있는 또 하나의 가치를 찾았다. 바로 자유다. 자유는 운양교육과정의 가장 핵심적인 가치이자 문화다.

운양교육공동체는 운양초등학교에서 자유를 경험한다. 지금껏 살아오며 자유를 경험하지 못한 대부분 구성원들은 운양의 문화에 스며들기 쉽지 않다. 자유로운 아이들, 자유로운 교육과정은 정답을 찾으며 학창 시절을 보내고 국가 수준 교육과정이 전부인 줄 알았던 모두에게 충격 그 자체다. 이를 처음 마주하는 운양살이 1년 차는 힘들다. 운양 1년 차는 모두 앓는다고 교육공동체 모두가 농담 반 진담 반으로 말한다.

1년의 울퉁불퉁한 시기에 적응하면 운양살이는 할만하다. 해를 거듭할수록 재미있다. 교사가 아이들과 함께 공부하고 싶은 주제로, 아이들이 관심 있는 주제로 수업을 구성한다. 주체로서 수업과 배움에 참여하는 것이다. 나는 믿는다. 자율성을 경험하면 자발성으로 나아갈 수 있다. 자유를 경험한 사람은 주체로 살아간다. 교육공동체가 함께 본질적 자아를 중심으로 관계를 쌓고 주체로서 살아가는 학교의 교육과정이 다른 학교 교육과정과 같을 수 없다. 삶과 연결된 배움 넘어 교육공동체 모두의 삶을 가꾸는 교육으로 나아간다.

배움의 과정에 정답은 없다. 교육 주체들이 관계를 중심으로 가꿔온 운양교육공동체 안에서 우리는 다양한 도전을 하고 있다. 정답이 없기에 우리의 도전은 상상력과 유연성을 갖는다. 2022년 러시아의 우크라이나 침공으로 시작한 평화 프로젝트 수업도 교육 주체들이 자율성과 자발성으로 채운 배움의 과정이다.

우리의 평화 프로젝트 수업은 끝나지 않았다. 교과서에 없는 배움, 교실과 학교 안팎을 넘나들며 가진 배움, 교사 한 사람이 아닌 다양한 사람을 만나 일군 배움은 앞으로도 아이들의 삶 속에서 계속될 것이다. 우리 아이들이 살아갈 앞으로의 세상이 조금 더 평화로운 세상이 되기를 바라는 마음으로, 우리 아이들이 그 과정에서 어엿한 주체가 될 거라는 확신으로 작은 시민들과 함께한 평화프로젝트 수업을 소개한다.

평화 프로젝트 수업 주제별 키워드

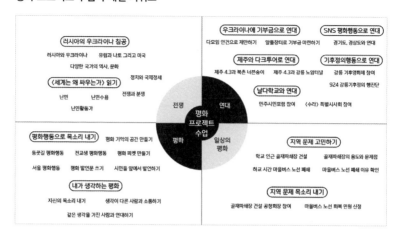

러시아의 우크라이나 침공과
평화 프로젝트 수업

끝이 보이지 않는다. 러시아의 우크라이나 침공 그리고 전쟁은 아직도 진행 중이다. 일찍 전쟁이 끝난다는 예상은 틀렸다. 시간이 많이 흘렀다. 우리나라는 그사이 겨울이 지나 봄이 되었고 여름과 가을을 지났다. 다시 겨울이 되었다. 늦겨울에 시작한 전쟁이 새 겨울이 오기까지 계속되고 있다. 2022년에 전쟁이 끝나지 않을 수도 있겠다. 차가운 폭격과 비명으로 가득 찬 우크라이나에 평화의 봄이 오지 못하고 있다. 돌아오는 봄에는 평화의 봄을 맞이하길 간절히 바란다.

지금으로부터 19년 전에도 비슷한 일이 있었다. 매스컴을 가득 채우는, 아이들까지도 모두 알만한 전쟁이 있었다. 2003년 3월 미국의 이라크 침공이다. 그 당시 초등학교 6학년이었던 나는 담임선생님이 보여주는 뉴스로 전쟁을 마주했다. 커다란 전투기가 도시를 폭격했다. 도시는 화염으로 가득 찼고 군사작전은 밤낮을 가리지 않았다. 미국은 힘이 세기 때문에 이라크를 금세 제압할 거라는 어른들의 말을 기억한다. 그 당시 선생님은 왜 전쟁 장면을 수업 시간에 보여주셨을까. 잘 모르겠다. 구체적인 수업 모습도 기억나지 않는다. 하지만 한 가지는 확실하다. 많은 시간이 흘렀지만 나는 여전히 전쟁을 기억한다. 전투기, 폭격, 군사작전, 함락, 군인, 힘이 센 나라는 힘이 약한 나라를 금방 제압할 거라는 말들로.

올해 나와 함께 살아가는 6학년 12시반[1] 아이들에게 나와 같은 기억을 남겨주기 싫었다. 아이들이 나처럼 먼 훗날 전쟁을 떠올릴 때 전쟁이 아닌 평화를 기억하기를 바랐다. 전투기, 폭격, 군사작전처럼 자극적인 모습과 차가운 전쟁의 단면이 아니라 평화를 배우길 바랐다. 평화를 어떻게 배울 수 있을까 하는 막연한 질문은 교육과정 함께 만들기에서 구체화 되었다. 단순히 전쟁으로 평화를 배우는 것을 넘어 평화와 연대를 함께 배우는 방법을 고민했다. 동료 선생님들은 덜컥 시작하겠다는 '평화 프로젝트 수업'에 지금까지 그래왔듯이 재미있겠다고, 의미도 있겠다고 말했다. 나와 아이들이 하고 싶은 대로 다 해보라고 말했다. 새 학기, 새 학년 아이들과 설렘으로 3월 2일을 보내고 3월 3일부터 평화 프로젝트 수업을 시작했다.

지식 넘어 행동으로 배운 평화

나 홀로 평화를 외치다.

3월 3일 오전 8시 20분. 나는 학교 정문에서 피켓을 들었다. 노란색과 파란색 배경 위에 'STOP WAR, 전쟁 멈춰!'를 쓴 피켓이다. 아이들이 하나, 둘 학교에 도착했다. 아이들은 어정쩡하게 피켓을 들고 있는 나를 이상하게 쳐

---

1) 운양초등학교 각 학급에서는 매년 학급 이름을 아이들과 함께 정한다. 2022년 6학년 아이들은 점심 식사를 하는 12시 30분이 가장 좋은 시간이라며 12시반이라고 학급 이름을 정했다.

다봤다. 나는 퍽 당황했지만 당황하지 않은 척하며 비장하게 말했다. 전쟁이 일어났다고, 전쟁이 일어난 것도 모르냐고 말했다. '학교폭력 멈춰'를 패러디해 오른손을 펼쳐 앞으로 내밀며 외쳤다. "전쟁 멈춰!" 몇몇 아이들이 하이파이브를 했다. 대부분 아이들은 그냥 지나갔다. 우크라이나라는 나라가 있냐고, 언제부터 전쟁을 했냐고 묻는 아이들도 있었다. 4학년 명규는 조금 달랐다. "전쟁이 일어난 건 알고 있는데, 왜 한국에서 이래요? 우크라이나에 가서 해야 하는 거 아니에요?" 예상치 못한 질문을 했다. 당황한 나는 "우크라이나에 가서 하면 죽을 수도 있잖아. 전쟁은 죽음이야."라고 멋없게 답했다. 명규는 하하하 웃으며 "그건 그렇네요." 말하고 하이파이브를 했다.

하나, 둘 같이 평화를 외치다.

3월 4일 같은 시간에 다시 피켓을 들었다. "선생님, 오늘도 나와 있는 거예요?", "아직도 전쟁 중이에요?" 어제보다 많은 아이가 호응했다. 아이들 등교를 도와주시는 부모님들도 조금씩 나를 인식하기 시작했다. 고생 많다고, 힘내라고 외쳐주셨다.

하나, 둘 등교하는 아이들 틈 사이로 6학년 지환이가 차에서 내렸다. 빨간색 패딩을 입은 지환이 뒤로 노란색과 파란색 물체가 보였다. '설마?' 가슴이 두근거렸다. 지환이는 집에서 만든 피켓이라며 수줍게 꺼냈다. 가슴이 벅차올랐다. 지환이는 나의 옆에 섰다. 우리는 같이 정문에서 평화행동을 했다. 혼자보다 둘이 낫다. 춥지 않았다. 목소리에 힘이 들어갔다. 아이들과 부모님들에게 어제보다 큰 목소리로 "전쟁 멈춰!"를 함께 외쳤다. 지환이 덕분에 다른 아이들이 정문에 모였다. 언제까지 피켓을 들 거냐고 물었다. 별생각 없이 "전쟁 끝날 때까지. 아니면 전교생이 함께 서는 그날까지"라고 답했다. 아이들은 눈이 동그래져 놀랐다.

나의 바람은 그리 오래 걸리지 않았다. 점점 함께하는 아이들이 많아졌다.

평화행동 사흘째에는 지환이 동생 3학년 려환이가 피켓을 만들어왔다. 나흘째에는 려환이 친구들과 다른 아이들도 함께 참여했다. 1학년 꼬꼬마 동생들도 그네를 타고 싶은 유혹을 떨치며 자기 몸만 한 피켓을 들고 정문에 섰다. 이제 제법 많은 아이가 아침에 모여 함께 평화를 외쳤다. 평화만 외쳤으랴. 친구들, 선후배들의 등교 맞이도 했다. 아침 등굣길 풍경이 달라졌다. "전쟁 멈춰!"를 외치는 우리의 목소리가, 등교를 맞아주는 우리의 웃음소리가, 우리를 보며 웃고 응원해주는 부모님, 마을 주민들의 응원 소리가 가득 찼다. 등굣길이 즐거워졌다. 한 아이는 김기수 선생님이 피켓을 들고 있을까, 어떤 친구가 피켓을 멋지게 만들어 왔을까 기대하며 학교에 온다고 말했다.

평화행동에 참여한
지환이와 려환이 형제

계속해서 늘어나는 평화행동 참여 학생들

학교에서도, 집에서도 우크라이나

평화행동은 수업과 배움에 대해 다시 생각하는 계기가 되었다. 수업은 교실 안에서만 이루어져야 할까? 40분씩 1교시, 1교시부터 6교시까지만 이루어져야 할까? 배움은 그 틀 안에서만 일어날 수 있을까? 문득 궁금해졌다. 아이들이 등교하자마자 가방을 그대로 맨 채 정문에서 평화를 외치는 순간은 수업일까? 아이들이 집에서 부모님과 러시아의 우크라이나 침공을 공부하는 시간은 수업일까? 그 누가 시키지 않아도 스스로 피켓을 만들어 오는 아이들은 집에서 숙제를 한 걸까? 아침 등굣길 정문에서 가진 평화행동은 수업과 배움에 많은 물음을 던졌다.

이 모든 과정이 수업이 될 수는 없다. 하지만 배움이 될 수는 있지 않을까. 배움이란 이렇게 삶 속에서 자연스레 삶과 연결되어 이루어져야 한다. 수업 시간과 일상을 넘나들며 이루어질 수 있어야 한다. 교실과 학교 안팎을 넘나들며 이루어질 수 있어야 한다. 아이들은 학교에서도, 집에서도 우크라이나를 생각한다. 학교에서 버려진 종이상자를 찾아 피켓을 만든 3학년 아이들, 집에서 클레이로 피켓을 만든 1학년 지음이와 화가가 꿈이라며 물감으로 그라데이션을 표현해 피켓을 만든 2학년 민광이도 배움을 일구었다. 배움이 삶과 연결되면 신기한 일이 일어난다. 아이들은 길을 걸을 때도, 게임을 할 때도 우크라이나를 생각했다. 길을 가다 노란색과 파란색만 있으면 우크라이나를 떠올리며 단체 카톡방에 사진을 찍어 올리는 6학년 아이들, 마인크래프트 게임을 하며 러시아와 우크라이나 깃발을 만들고 사진을 찍어 단체 카톡방에 올리는 6학년 아이들은 배움의 순간에 서 있었다. "나 우크라이나에 중독된 것 같아!" 아이들은 머릿속에 우크라이나가 가득하다고 말했다. 마음에는 전쟁과 전쟁을 멈추고 평화를 바라는 마음이 가득 찼다.

우크라이나와 러시아를 넘어 세계로

일상에서 배움이 일어나자 아이들의 호기심이 이어졌다. 6학년 아이들은 조금 더 깊이 러시아의 우크라이나 침공을 공부하고 싶다고 말했다. 우리는 수업 시간에 왜 러시아가 우크라이나를 침공했는지 공부했다. 러시아, 우크라이나의 역사도 공부했다. 소련은 물론 공산주의, 자본주의처럼 어려운 내용도 공부했다. 아이들은 이번 전쟁에 미국이 연관돼 있다는 사실에 놀랐다. 지환이는 미국과 러시아의 싸움이 우크라이나에서 전쟁으로 일어난 것 같다며 한국전쟁과 비슷하다고 말했다. 나토의 존재도 알았다. 나토에 속한 여러 국가의 국기를 그리고 수도, 랜드마크, 음식 등을 조사하며 그 나라들의 역사와 문화를 공부했다. 국가도 직접 듣고 가사의 의미도 해석했다. 알면 더 많이 보인다. 아이들은 국제정세에 관심을 가지기 시작했다. 아이들이 가장 흥분한 수업은 토론 수업이다. 유튜버로도 유명한 이근 대위가 참전했다는 소식을 들은 아이들은 이를 주제로 토론했다. 아이들은 학교 안팎에서 다양한 주제를 가져와 교실에서 배움으로 연결했다.

전쟁 관련 자료를 조사하고 올린 모습

교사의 전문성은 교실에 둥둥 떠다니는 여러 배움 요소들을 엮는 데 있다. 피켓을 들 때까지만 해도 구체적으로 계획한 수업이 아니다. 배움의 과정에 함께 한 아이들의 관심과 흥미를 연결해 함께 만든 수업이다. 교사의 전문성은 아이들이 확산적 사고를 할 수 있도록 돕는 데 있다. 교재나 활동지를 제작해 나누어 주기보다 아이들 한 명, 한 명에게 자유롭게 스마트 기기를 사용할 수 있도록 했다. 궁금한 것이 있으면 언제든 자료를 조사하고 영상을 검색해 확인했다. 세계 지도를 비치해 언제든 세계 다양한 국가를 살필 수 있도록 했다. 나의 주관대로 정리한 내용을 전달하기보다 아이들에게 러시아가 우크라이나를 침공한 이유, 우크라이나의 역사, 나토란 무엇인가 등 커다란 주제를 제시했다. 아이들은 개별 또는 팀으로 조사하고 정리한 내용을 공유하며 수업을 채워나갔다. 아이들은 배움의 주체가 되어 세계를 무대로 배움을 채워나갔다. 나도 아이들과 함께, 때로는 조금 더 깊이 주제를 공부했다. 아이들 덕분에 관심 없던 주제에 흥미가 생겼다.

유럽 국가를 조사하는 모습   스마트 기기로 우크라이나를 조사하는 모습

<u>모두 함께 평화를 외치다.</u>

평화행동 확산으로 모든 교육공동체가 평화에 관심을 가졌다. 등교 시간 정문 평화행동의 주체도 자연스레 처음으로 피켓을 함께 들어준 지환이와 6학년 아이들에게 넘겼다. 그들은 정말 전쟁이 끝날 때까지 피켓을 들 생각이었다. 하지만 1학년 아이들은 피켓을 들기보다 그네를 더 타고 싶어하는데 평화행동을 언제까지 할 거냐는 동료 선생님의 말에 아이들과 멋지게 평화행동을 마무리하는 방법을 고민했다. 아이들 사이에서 전교생이 정문에서 평화를 외치면 어떨까? 라는 말이 나왔다. 김기수 선생님 혼자 시작했는데 전교생이 다 같이 참여하면 감동적일 것 같다고 덧붙였다. 우리는 강릉 최대 규모 평화행동을 기획했다.

"왜 전교생이 평화행동에 참여해야 할까?" 흥분한 아이들을 진정시키고 물었다. "뭘 그런 걸 물어요. 당연하잖아요. 전쟁이 계속되고 있다고 알려줘야죠.", "우리가 다 같이 모여서 평화를 외쳐야죠. 전쟁은 일어나면 안 된다고!", "이런 건 어렸을 때 배워야 하는 거예요. 당연히 1학년도 평화를 알고 함께 행동해야죠!", "무엇보다 다 함께하면 감동이 있을 것 같아요. 오랫동안 기억에도 남고요." 함께 해야 한다는 말에 가슴이 뭉클했다.

"어떻게 하면 전교생이 평화행동에 참여할 수 있을까?" 두 번째 질문을 했다. "피켓이 없어서 평화행동에 참여하기 힘든 동생들이 있을 것 같아요.", "사실 저도 평화행동을 아침마다 하고 싶었는데 피켓이 없어서 못 했어요. 직접 만들기는 뭔가 귀찮기도 하고 집에 가면 까먹어요.", "우리가 피켓을 만들어 주면 좋을 것 같아요.", "아침에 늦게 오는 사람도 있으니까 전교생이 모이려면 아침보다 중간놀이가 나을 것 같아요.", "수업이 늦게 끝나서 중간놀이를 바로 못 할 수도 있으니까 중간놀이 시작하고 10분 지난 다음에 하면 좋을 것 같아요.", "평화행동 하는 걸 까먹지 않게 포스터를 만들면 좋을 것 같아요.", "우크라이나 국기를 작게 뽑아서 뒤에 평화행동 장소와 날짜, 시간을 적어 나눠주면 잊지 않을 것 같아요." 반짝이는 아이디어가 샘 솟았다.

"그럼 이제 무엇을 해야 할까?" 세 번째 질문을 했다. "제가 피켓 만들 상자를 찾아올게요.", "제가 가온울을 따라갈게요.", "피켓을 여러 개 만들려면 상자를 잘라야 할 것 같아. 내가 칼이랑 가위를 챙길게. 나랑 같이 상자 자를 사람!". "우리는 그러면 물감을 준비하자.", "교실에 물감 없는데?", "다른 학년에서 빌려오면 되지.", "체험학습실에 있어. 나랑 같이 갈 사람!", "얘들아, 교실에서 하면 더러워지니까 우리 밖에 나가서 만들면 어때?", "신발장 앞에 평상에서 만들면 좋을 것 같은데?" 주체로서 행동하는 아이들을 보며 입이 떡 벌어졌다.

나는 세 번의 질문을 했고 아이들은 수많은 대답을 했다. 이제 이 수업의 주도권은 내가 아닌 아이들에게 넘어갔다. 아이들은 주체적으로 수업을 이끌어 나갔다. 모두 함께 평화를 외친다는 기대와 설렘 그리고 흥분을 가득 품고. 이럴 때 아이들은 반짝반짝 빛난다. 수업의 주체, 배움의 주체로 서 있는 모습이다. 쉬는 시간이 되어도, 수업이 끝나도 아이들은 평화행동 준비에 몰입했다. 피켓 100개를 금세 만들었다. 더 큰 연대를 위해 서로 협력하는 아이들 모습이 얼마나 예뻤는지 모른다. 그들은 아이, 학생이 아니라 멋진 시민의 모습을 하고 있었다.

전교생에게 나눠줄 피켓을 만드는 모습

전교생 평화행동 홍보 포스터를 만드는 모습

3월 15일 화요일. 운양초등학교 평화행동을 시작한 지 일주일 되는 날, 전교생이 모두 모여 평화행동을 했다. 중간놀이 시간이 되자 지환이가 교무실에서 '전교생 평화행동'이 열리니 정문으로 모여달라고 말했다. 6학년 아이들은 빠르게 흩어져 동생들을 모았다. 전교생이 모두 모일 수 있도록 정문을 정리했다. 야외 스피커와 마이크를 챙기고 피켓도 나누어줬다.

전교생이 모두 모이자 지환이가 마이크를 들었다. 모두가 그를 바라봤다. "아아, 얘들아, 우리가 지금 왜 평화행동을 하는지 아니? 멀리 우크라이나라는 나라에서 러시아와 전쟁이 일어났어. 우리와 같은 학생 그리고 부모님이 죽거나 다치고 있어. 우리는 전쟁에 반대하는 평화행동을 하는 거야.

우리가 직접 전쟁을 멈출 수는 없지만 같이 평화를 외치는 것만으로도 평화를 바라는 우리의 마음이 전달 될 거야. 우리 전쟁 멈춰라고 다 같이 세 번 외쳐보자. 전쟁 멈춰! 전쟁 멈춰! 전쟁 멈춰!" 조용한 시골 마을에 아이들의 목소리가, 전쟁을 멈춰달라는 작은 시민들의 목소리가 울려 퍼졌다. 6학년 아이들이 주도하고 기획한 강릉 최대 규모의 전쟁 반대 평화행동이 운양초등학교에서 열렸다.

전교생 평화행동에서 발언하는 지환이

전교생이 모여 평화를 외치는 모습

　짧은 몇 분 동안 외친 평화는 아이들 마음속에 커다란 울림을 줬다. 우리의 외침은 짧았지만 이를 준비하는 과정은 결코 짧지 않았다. 전쟁이 왜 일어나는지, 그들이 왜 싸워야 하는지, 평화를 위해 나는 무엇을 할 수 있는지, 우리가 함께 힘을 모아 평화를 위해 행동하기 위해서는 어떻게 해야 하는지 고민했던 시간의 길이와 깊이는 결코 적거나 얕지 않다. 부모님들의 반응도 뜨거웠다. 우리들의 평화행동을 매일 등굣길에, 운양교육공동체 BAND에서 확인하던 부모님들의 반응은 진심과 울림이 가득했다. 댓글로 아이들의 행동을 지지하고 칭찬하는 모습. 나아가 아이들이 살아갈 세상은 지금보다 더 평화롭고 살기 좋아야 한다는 말도 덧붙였다. 평화 프로젝트 수업은 운양교육공동체 모두가 함께한 수업이다.

아이들이 배움의 주체로서 참여하는 정도가 높을수록, 배움을 머리뿐만 아니라 머리와 마음으로 함께 일구어 나갈 때 아이들은 '소름 돋는다'라는 말을 한다. 배움은 지식 안에만 있지 않다. 온몸으로 배움을 느끼고 일굴 수 있다. 단순히 전쟁을 반대하는 피켓을 만든 수업이 아니다. 나 홀로 피켓을 들고 전쟁 반대를 외친 행동이 아니다. 어떻게 하면 우리가 '연대'할 수 있을까를 고민하고 실천한 시간이다. 평화를 위해 연대의 필요성을 알고 실천하는 과정의 연속이었다.

중앙현관에 비치한 전쟁 반대 피켓 모습

전교생 평화행동을 끝으로 매일 아침 정문에서 열리는 평화행동은 공식적으로 마무리됐다. 하지만 우리가 만든 피켓을 학교 중앙현관에 전시했다. 전쟁이 끝날 때까지 피켓을 전시해 그들을 잊지 않겠다는 마음, 평화를 위해 함께 행동하고 있다는 의지를 담았다. 평화 프로젝트 수업은 수업 시간을 넘나든다. 아이들은 중앙현관을 지날 때마다 피켓을 보며, 우리가 함께 평화를 외친 순간을 기억할 것이다. 평화를 생각하는 배움의 순간, 평화를 위해 연대하며 함께 목소리를 냈던 순간은 앞으로도 계속 이어질 것이다.

우리가 함께 만든 평화행동은 어떻게 평가해야 할까? 평가의 형식과 방법은 다양하지만 긴 호흡의 과정을 단편적으로 평가하기란 쉽지 않다. 문제를 만들어 정답을 찾는 평가는 더더욱 할 수 없다. 평가는 축제가 되어야 한다. 잘잘못을 가리기보다 우리가 얼마만큼 성장했는지 확인할 수 있어야 한다. 글쓰기는 이를 확인할 수 있는 좋은 방법이다. 아이들은 글쓰기로 운양초등학교 전교생 평화행동을 돌아봤다. 자신이 걸어간 배움의 과정을 풀어냈다. 과정을 정리하며 어떤 마음과 생각을 했는지, 자신이 한 행동의 의미도 살폈다. 의미 있는 경험을 할수록 아이들의 글쓰기에는 진심이 묻어난다. 구체적인 점수나 뚜렷한 지표로 나타내고 표현할 수 없지만, 힘이 꾹꾹 들어간 글쓰기에서 아이들의 성장을 살펴볼 수 있다. 아이들이 쓴 글의 일부다.

마지막 평화행동

오도영

마지막 평화행동을 마쳤다. 요즘 너무 힘들었다. 지난 금요일에는 20개의 피켓을 만들고 어제 월요일에는 약 40개를 만들었다. 너무 힘들었다. 그런데 난 참 좋고 기쁘고 뿌듯하기도 했다. 어제 친구들을 늦게까지 도와주지 못해 미안하기도 하다. 선생님은 3월 3일부터 평화행동을 했지만 나는 3월 7일부터 함께 했다. 조금 일찍 시작할 걸 아쉽다. 다음에도 또 해보고 싶다. 얘들아, 다음에도 같이 해보자!

마지막 평화행동

이승호

마지막 평화행동을 했다. 전교생 모두 참가했다. 마지막 평화행동을 하기 전, 피켓을 만들었는데 손가락이 부서지는 줄 알았다. 그렇지만 아주 뿌듯했다. 마지막 평화행동을 하기 전에 동생들한테 피켓을 나누어주는데 6학년이 이렇게 힘든 줄 몰랐다. 젤린스키가 꼭 봐줬으면 하는 마음이다. 전쟁이 빨리 끝나면 좋겠다. 이번 평화행동을 계기로 많은 걸 배웠다. 처음엔 선생님이 하다 점점 사람이 많아지는 것이 정말 신기했다. 앞으로 뉴스로 현재 주요 사건이 무엇인지 알아봐야겠다.

평화행동

문채원

우크라이나와 러시아가 전쟁을 시작했을 때 기수 선생님이 개인 시위를 시작했다. 그 후로 지환, 려환이도 같이 평화행동을 하자 다른 아이들도 피켓을 만들어 같이 했다. 나도 어느 순간부터 피켓 없이 평화행동을 했다. 우리는 피켓 없는 아이들을 위해 피켓을 만들었다. 피켓에 NO WAR을 썼다. 전쟁 멈춰도 썼다. 우리 12시반은 우리가 만든 피켓을 전교생한테 나눠주고 전쟁 멈춰를 세 번 외쳤다. 그런데 사진을 찍을 때 앞에서 도영이가 큰 피켓을 높게 들어 사진에 얼굴이 안 나와 조금 짜증 났다. 그래도 괜찮다. 진짜 힘들었다. 하지만 평화에 도움이 되길.

NO WAR

유한결

선생님이 처음 평화행동을 할 때는 뭐하나 했다. 두 번째 날에는 계속 하시네라고 생각했다. 세 번째에는 조금씩 사람들이 모인다고 생각했다. 네 번째에는 아직도 하시네라고 생각했다. 다섯 번째에는 나는 하기 싫은데 어린 동생들이 나와서 하는 게 신기했다. 여섯 번째에는 나도 같이 전쟁 멈춰를 외쳤다. 나도 같이 할 수 있으면 같이 할까, 말까, 같이 해줄까 생각했다. 시간이 되면 해줘야지 생각하고 함께했다. 한 번 해보니까 왜 함께하는지 알 것 같았다. 뭔가 마음이 뜨거웠다.

운양의 전쟁 멈춰 평화행동

권하라

운양의 전쟁 멈춰 평화행동은 3월 3일부터 11일까지 진행했다. 주말을 빼면 벌써 일주일이 되었다. 내가 직접 해본 적은 없지만 대단한 것 같다. 처음에 선생님이 혼자 할 때 쓸쓸할 수도 있을 것 같은데, 그래도 계속해서 결국은 많은 애들이 같이 하는 게 놀라웠다. 처음엔 나도 평화행동을 왜 하나 생각을 한 적이 있지만 이제는 왜 하는지 잘 알겠다. 운양의 평화행동이 많은 곳에 알려져서 전쟁이 빨리 끝나면 좋겠다. 기수쌤과 친구들이 힘내서 더욱 많이 잘하면 좋겠다. 아이들에게 전쟁을 멈춰야 하는 이유와 평화의 중요성을 알려주고 상황이 얼마나 심각한지 알려야 한다.

학교 안팎을 넘나들며
시민들과 함께 배운 평화

서울에서 평화를 외치다

우리가 함께한 평화행동은 나와 학부모님들의 SNS를 타고 이곳, 저곳으로 퍼졌다. 강릉을 넘어 서울까지 이어졌다. 서울에서는 3월부터 여러 시민과 단체들이 모여 주한 러시아 대사관 인근에서 평화행동을 했다. 6학년 아이들과 함께 서울 평화행동에 참여하면 좋겠다는 생각을 했다. 평화 프로젝트 수업의 핵심은 '연대'다. 한 명의 행동이 100명에 가까운 전교생으로 퍼져나가며 연대의 힘을 느낀 아이들이 더 많은 시민들이 평화를 위해 함께 하는 모습을 직접 경험하면 좋겠다고 생각했다. 평화행동 주최 측에 우리가 함께 만들어 온 평화행동 이야기를 SNS로 전달했다. 주최 측은 4월 16일 토요일 평화행동에 운양초등학교 6학년 아이들을 초대했다. 정규 수업일은 아니지만 학부모님들의 동의를 구해 다녀왔다. 아버님 두 분께서 나 혼자는 힘들거라며 함께 해주셨다. 주최 측은 아이들이 서울시청광장에서, 수많은 시민들 앞에 서서 발언할 기회도 줬다. 서울에 간다고, 발언도 한다는 이야기를 들은 아이들은 눈을 반짝였다. 그들 마음속에 자부심과 설렘이 커지고 있음을 확신했다. 배움의 주체로서 참여하기에 그 마음들은 크고 단단했다.

동료 선생님들은 아이들이 서울 평화행동을 잘 준비할 수 있도록 시간표도 조정해줬다. 우리들의 행동을 지지하고 응원한다며 간식도 챙겨줬다. 우리는 그들의 마음까지 담아 피켓을 정비했다. 서울용用이라며 새로 만드는 아이들도 있었다. 100개를 만들 때보다 더 세심한 정성이 들어갔다. 커다란 현수막도 만들었다. 여러 추천과 투표 끝에 '우크라이나 응원합니다!'로 결정했다. "얘들아, 우리 우크라이나가 이기길 바라는게 아니라 전쟁을 멈추라고 말하는 거 아니야? 그게 평화잖아." 나는 아이들이 결정한 문구에 의문을 가졌다. 아이들은 "우리도 알아요. 그런데 강한 사람이랑 약한 사람이랑 싸우면 우선 약한 사람 편을 들어야 하는 거 아니에요? 전쟁이 멈추고 잘잘못을 따져도 되잖아요." 국제정세를 함께 공부한 아이들은 정치적인 판단으로 우크라이나를 응원하지 않았다. 강자보다 약자의 편에 서야 한다는 당연한 진리에 따라 행동했다. 전쟁을 끝내고 잘잘못을 가려도 늦지 않다고 말했다. 우크라이나 국기도 크게 그렸다. 평화를 상징하는 심볼과 평화를 바라는 말들도 빼곡히 적었다.

5분 동안 시민들 앞에서 발언할 내용도 함께 만들었다. 쓰고 고치기를 반복했다. 매일매일이 글쓰기 연속이었다. 아이들은 힘들어했지만 여러 시민들 앞에서 발언할 생각에 발언문을 대충 만들 수 없다며 힘을 모았다. 리허설도 여러 번 했다. 동영상을 찍어 살펴보며 부족한 부분을 채웠다. 만반의 준비를 했다.

서울 우크라이나 평화행동 발언문

운양초등학교 6학년 12시반

쁘리빗, 안녕하세요? 저희는 강릉시 사천면에서 온 운양초등학교 6학년입니다. 이야기를 시작하기에 앞서 각자 자기소개를 하겠습니다. 코로나19로 함께 하지 못한 김가온울을 대신해 인사드립니다. 3월부터 평화를 위해 고생하시고 오늘 평화행동에 모여주신 여러분께 감사드립니다. 이제 시작해볼까요?

우크라이나 국민들이 고통받고 있는 지금, 이 전쟁이 너무 참혹하고 끔

찍합니다. 저희가 이 전쟁을 멈추기에는 부족하지만 조금이라도 힘이 되려고 노력하고 있습니다. 운양초등학교는 3월 3일부터 전쟁을 반대하는 피켓행동을 했습니다. 평화행동을 하던 중 4학년 아이가 물었습니다. "왜 우크라이나에 가서 안 하고 학교에서 해?" 저희는 그때 질문에 답할 수 없었습니다. 하지만 지금은 아닙니다. 말할 수 있습니다. "우크라이나에 목소리가 닿지 않아도 우크라이나전쟁이 끝나고 평화를 외치는 것만으로도 의미가 있어"라고요. 마지막 평화행동은 선생님, 부모님들까지 피켓을 들고 전교생이 모였습니다. 6학년 담임선생님이 혼자 평화행동을 시작했지만 더 이상 혼자가 아니었습니다.

우리나라도 우크라이나처럼 전쟁을 겪었다는 것을 배웠습니다. 그래서 전쟁 때문에 피해가 얼마나 큰지 잘 이해하고 있습니다. 우리 같은 학생들이, 엄마, 아빠 같은 어른들이 고통받는 전쟁이 빨리 멈추면 좋겠습니다. 평화가 계속되면 좋겠습니다. 마지막으로 우리 학교에서 전교생과 함께 외친 구호를 소개합니다. '학교폭력 멈춰'에서 패러디한 '전쟁 멈춰'라는 구호입니다. 저희가 전쟁이라고 외치면 여러분이 멈춰라고 외쳐주시면 감사하겠습니다. 전쟁 멈춰! 한 번 더 전쟁 멈춰! 마지막 전쟁 멈춰! 푸틴 들리냐! 감사합니다.

4월 16일 토요일. 주말 그리고 이른 아침이었지만 아이들 표정은 살아있었다. 비장한 표정으로 긴장한 티를 내는 아이, 수학여행을 가는 것 같다며 설레는 아이도 있었다. 아이들은 피켓이 부서지지 않게 살피고 또 살폈다. 갑작스레 코로나19에 걸려 함께 하지 못한 기온울의 피켓도 챙겼다. 서울로 가는 내내 발언문을 다시 외웠다. 친구와 서로 확인했다. 입으로는 떨려서 못하겠다고 말했지만 표정은 달랐다. 두 눈이 반짝반짝 빛났다.

서울에 도착해 덕수궁 '고종의 길'을 걸었다. 과거 아관파천 당시 우리나라 상황과 현재 러시아의 우크라이나 침공, 우리나라의 국제정세를 비교했다. 강대국들의 다툼 속에 어떻게 해야 할까? 아이들에게 질문을 했다. 아이들은 그 누구도 쉽게 답할 수 없는 질문을 진지하게 고민했다. 영국 대사관을 비롯해 다양한 곳에 우크라이나 국기가 걸려있는 것을 보고 반가워하는 아이들이 얼마나 귀여웠는지 모른다. 점심 식사를 마치고 러시아 대사관 앞 놀이터에서 휴식을 했다. 러시아 국기를 째려보고 미끄럼틀 옆에 전쟁 반대 피켓을 세워두며 귀여운 점거 집회(?)를 했다.

사람들이 모이기 시작했다. 웅성거리는 사람들 소리와 현악기 소리를 따라 정동교회 앞으로 이동했다. 이미 많은 사람들이 모여 평화행동을 준비하고 있었다. 아이들은 주최 측이 나눠주는 해바라기가 우크라이나 국화라고, 현악기로 우크라이나 국가를 연주한다고 말했다. 우크라이나를 잘 알고 있었다. 해바라기를 한 송이씩 받고, 직접 만든 피켓을 들었다. 리허설 공연을 보며 평화행동을 준비했다. 평화행동 시작을 알리는 발언을 보며 우리도 저렇게 발언하는 거냐고, 심장이 너무 빨리 뛴다며 긴장도 했다.

거리 행진을 했다. 정동제일교회를 나와 경향신문, 동화면세점을 지나 서울시청광장으로 향했다. 우리는 얼떨결에 제일 앞에 섰다. 한결이는 우리가 뭐라고 앞에 서냐며 부담스러워했다. 아이들은 수시로 뒤를 돌아봤다. 몇 명이나 모여 있냐며 연거푸 물었다. 나도 모르겠다고, 하지만 우리와 같

인터뷰를 하는 아이들 모습

5분 평화 발언을 하는 아이들 모습

이 평화를 외치는 사람들이 이렇게나 많고, 더 많을 거라고 답했다. 우진이는 평화행동을 하면 구호를 외치니까 목이 제일 아플 거로 생각했는데 귀가 제일 아프다고 말했다. 노랫소리 때문에 잘 안 들린다며 큰 소리로 말했다. 스피커 바로 뒤에 있던 우리는 서로가 무슨 말을 하는지 잘 알 수 없었다. 하지만 한껏 상기되어 평화를 함께 외쳤다. 안 들릴 때는 그냥 웃어넘기면서, 그렇게 서로를 살아있는 눈빛으로 바라보면서, 평화를 큰 목소리로 함께 외치면서 먼 거리를 걷고 또 걸었다. 평화 발언을 하는 서울광장이 보이자 아이들은 바짝 얼었다. 사회자의 소개에 이어 아이들은 발언을 시작했다.

발언대에 선 아이들은 한목소리로 평화를 외쳤다. 시민들도 아이들 목소리에 힘을 보탰다. "전쟁 멈춰!" 부분을 함께 외쳐줬다. "푸틴 들리냐?" 마지막 말에는 크게 웃고 그보다 더 큰 박수를 쳐줬다. 발언을 마친 아이들은 그

평화행진을 하는 아이들 모습

동안 알고 지내던 아이들이 아니었다. 아이들을 바라보며 얼마나 자랑스러웠는지 모른다. 이때의 자랑스러움은 교사가 학생을 바라보는 뿌듯함이 아니다. 어른이 아이들을 바라보는 기특함이 아니다. 시민이 또 다른 시민을 바라보는 자랑스러움, 어쩌면 같은 시민으로 평화를 외친다는 동질감 같은 것이다. 아이들은 작은 시민으로, 어른과 같은 시민으로 평화를 외쳤다. 내가 느낀 것처럼 시민들도 똑같이 느꼈다. 많은 시민들이 아이들에게 다가왔다. 엄지를 치켜세웠고 박수를 쳐줬다. 대신 평화를 큰 소리로 외쳐줘서 속이 시원했다며 에너지바를 사 와 건네준 시민, 자신이 먹으려고 가져온 간식을 아이들에게 건네준 시민도 있었다. 다큐멘터리를 제작한다는 대학생은 아이들에게 인터뷰를 요청했다. 아이들은 평화 발언에서 하지 못한 이야기, 학교에서 함께 평화를 공부한 이야기를 쏟아내듯 말했다.

평화행동을 마무리하는 모습

뜨거웠던 우리가 차갑게 식었던 순간도 있었다. 한껏 들뜬 아이들에게 한 어르신이 다가왔다. "너희들 배우는 건 다 거짓말이야." 나를 바라보며 "어디 선생 같지 않은 선생이 말이야, 당신 아이들 속이고 그렇게 살면 안 돼!"라고 말했다. 아버님들이 나섰다. "어르신, 알겠습니다. 지나가시죠." 나는 퍽 당황했다. 나와 다른 생각을 거침없이 드러내는 사람을 갑자기 만나니 어떻게 해야 할지 몰랐다. 하지만 아이들은 침착했다. 어르신이 지나가자 시현이가 나에게 다가와 말했다. "선생님, 세상에는 다양한 생각을 갖고 있는 사람들이 많네요." 도영이도 말했다. "정말 우리가 알고 있는 게 모두 거짓말이에요?", "사실이 뭔지 궁금해요." 도영이 말에 뭐라고 답해줘야 할까 고민하는 사이 시현이가 말했다. "학교에서 교과서로만 공부하는게 속는 거 아닌가요? 그게 거짓말 아닌가요? 저 할아버지 말을 듣고 다시 공부하면 되는 거지 왜 무조건 우리가 틀렸다고, 저런 식으로 말하는지 모르겠네." 시현이가 시간을 벌어준 사이 아이들에게 해줄 말이 떠올랐다. 아이들을 불러 둥그렇게 모였다. "얘들아, 세상에는 있잖아. 다양한 생각을 갖고 있는 사람들이 함께 사는 거야. 그들이 서로 다른 목소리를 낼 수 있어야 건강한 사회고. 오늘 우리를 응원하고 지지했던 사람만큼이나 반대 목소리를 내는 사람들도 있음을 기억해야 해. 이것 역시 중요한 배움이야. 세상에 정답은 없지만 같이 답을 찾아가는 과정은 있다." 아이들이 나와 눈을 맞추며 끄덕였다.

아이들도 다 안다. 무엇이 진짜고 무엇이 거짓인지. 삶과 앎이 어떻게 연결되고 배움은 삶과 어떻게 연결되어야 하는지. 우리는 오늘 참 많은 것을 배웠다. 전쟁은 멈춰야 한다고, 평화를 지켜야 한다고. 우크라이나 편을 들거나 러시아 편을 드는 문제가 아니다. 약자를 돕고 강자든 약자든 함께 어울려 사는 것이, 다양한 생각을 꺼내놓고 이야기 나누는 것이 바로바로 평화임을 배웠다.

평화와 연대를 생각하다

저녁이 훌쩍 지나 강릉에 도착했다. 부모님들은 강릉역에서 우리를 두 팔 벌려 환영해주셨다. 함께 하지 못한 아쉬움을 강릉역에서 현수막을 들고, 전쟁 멈춰를 외치며 달랬다. 월요일부터 토요일까지 쉬지 않고 평화를 고민하고 외친 우리는 뜨겁게 안녕을 했다. 다음 주 월요일에 컵라면을 사겠다고 말하며 지친 아이들을 달랬다. 당근만 주지 않았다. 집에 돌아가 저녁 식사를 맛있게 하고 9시까지 카카오톡 메시지로 오늘 가진 '서울 우크라이나 평화행동'을 주제로 글을 써 제출하라고 했다. 피곤하고 안 할 만도 한데 아이들은 9시에 시간 맞춰 모두 글을 써서 보냈다. 몇몇 아이들은 아직 쓸 내용이 남았다며 시간을 더 달라고 했다. 역시 의미 있는 경험을 할수록 아이들의 글쓰기에는 진심이 묻어난다. 아이들의 글에는 배움의 과정과 평화와 연대를 생각한 흔적이 가득하다.

> 평화행동 가는 길에는 KTX를 타고 갔다. 덕수궁이 은근 가까워서 덕수궁 근처에서 놀다가 다른 팀과 만나서 평화행동을 시작했다. 시작을 하고 몇 명이 말을 하시고 걷기를 시작했다. 처음에는 모두가 쳐다봐서 부끄러웠지만 시간이 지날수록 자존감이 올라갔다. 처음에는 우릴 보는 시선이 부정적인 시선으로 보였지만 시간이 지날수록 긍정적인 시선으로 보였다. 사람들의 시선이 부정에서 긍정으로 바뀐 계기가 있다. 평화행진을 하면서 나는 거의 앞줄이거나 앞이었는데 사진 찍는 사람이 있어서 창피하고 뭔가 부정적인 시선으로 보는 게 아닌가 싶었다. 근데 이 시선이 달라진 이유가 있다. 바로 어떤 분이 박수를 쳐줬다. 높은 건물 창밖으로 얼굴을 내밀면서 박수를 크게 쳐줬다. 우리가 길을 걷고 있을 때도 지나가시는 어떤 분이 박수를 보내줬다. 나는 그 박수가 뭔가 기분이 좋았고 힘이 되고 남들의 시선이 긍정적인 시선으로 보였다.
>
> 길을 걸을 때는 구호를 외치며 갔는데 "푸틴은 우크라이나한테 손떼라!"

구호가 기억에 남는다. 조금 걷다 보니 다리도 아팠지만 친구들이랑 같이 걸으니까 재미도 있었다. 드디어 서울시청광장에 도착했다 기수쌤이 여기서 우리가 발언을 한다고 말했다. 긴장이 되었다. 발언을 시작했다. 인사를 하고 자기소개를 하고 발언을 시작했다. 조금 늦어지니까 어른들이 계속 박수를 쳐줬다. 안 쳐줬으면 뻘쭘했을 것 같다. 다행히 실수는 안 했다. 우리만의 구호인 '전쟁 멈춰'를 말해달라고 했다. 다행히 다 같이 따라 해줬다. 발언이 끝나니까 긴장이 다 풀리면서 다리에 힘이 빠졌다. 어떤 대학생분이 와서 인터뷰를 했다. 그리고 어떤 할아버지가 과자도 줬다. 이제 평화행동을 처음 시작한 곳으로 돌아갔다. 몇몇 분이 발언을 하고 몇 시간 동안 진행한 평화행동이 끝났다.

평화행동을 잘했지만 이걸로는 부족한 것 같다. 기수쌤과 친구들과 조금 더 우크라이나에 관하여 공부해야겠다. 세계는 왜 싸우는가. 하지만 다시는 너무나 힘든 평화행동에 가지 않도록 하루빨리 전쟁이 끝나면 좋겠다. 아, 친구들이 크게 구호를 외치니까 나도 같이 크게 외칠 수 있었다. 전쟁 멈춰! 전쟁 멈춰! 전쟁 멈춰!!!! (유한결)

덕수궁에서 놀고 고종의 길을 걷는데 영국 대사관이 있었다. 우크라이나 국기를 보니 나도 모르게 반가웠다. 정동제일 교회로 갔다. 우리는 놀이터에 가서 놀았다. 덕수궁 담벽을 배경으로 단체 사진을 찍고 진짜 평화행동을 시작했다.

처음엔 덤덤했는데 하다 보니 긴장이 됐다. 구호를 외치며 행진을 하던 중 우리가 발언하는 서울시청에 왔다. 순간 온몸에 소름이 쏵 돋았다. 우리가 이 많은 사람 앞에서 발언을 할거라니…. 우리가 한 줄로 서서 현수막을 들고 말을 했다. 그때 온 신경이 핸드폰에 있는 대본으로 쏟아졌다. 다른 조가 말하고 드디어 우리 조 차례다. 말을 하는데 지환이가 랩을 하듯이 빠르게 말했다. 나는 좀 빠른 것을 느꼈지만, 지환이가 계속 이어 나가서 나는 어쩔 수 없이 지환이 템포에 맞춰가며 발언을 했다. 마지막으로 푸틴 들리냐까지 말하고 끝냈다.

어떤 대학생 누나가 인터뷰를 요청했다. 발언까지 하고 나온 터라 자신감이 넘쳐났다. 그리고 어떤 아저씨가 간식을 선물해 주셨다. 발언을 잘 봤다고 주셨다. 우린 이제 끝을 향해 행진했다. 앞에 있어서 귀가 아프고 목도 아팠지만 뒤에서는 목소리만 크게 해도 돼서 좋았다. 그렇게 한 바퀴를 돌아 다시 돌아왔다. 마지막으로 세 명이 발언을 했다. 한 명을 얘기하자면 베트남 전쟁에 참전했던 사람이 발언을 했다. 공부보다 실제로 겪는 게 더 이해가 잘되니까 귀를 기울여 들었다. 전쟁이 얼마나 참혹한지 그 사람의 말을 들으니 완전히는 아니지만 1/4 정도는 이해가 됐다. 이제 진짜 평화행동이 끝났다. 코로나19로 못 온 가온울한테 영상통화를 걸고 같이 단체 사진을 찍었다. (이승호)

정동제일교회에 왔다. 노란색과 파란색으로 만든 리본을 달고, 우크라이나 국화 해바라기도 들고 시작했다. 처음에는 몇 분이 발언했다. 이때 진짜 고통이었다. 햇빛은 계속 불끈불끈하지, 다리는 저리지, 허리 아프지…. 왜 오기로 했나 싶을 정도로 좀 짜증이 났다. 발언이 끝나고 일어서서 행진을 시작했다. 우리가 제일 앞에 섰다. 이건 진짜 고통이었다. 스피커가 차량 뒤에 있었는데 그게 소리가 진짜 커서 진짜 귀가 터질 뻔했다. 걸으면서도 구호를 외쳤는데, 하도 외쳐서 머리가 어지러웠다. 그런데 걸으면서 주위에 지나가는 시민들을 보니까 뭔가 내가 뿌듯하게 느껴졌다. 걸어 걸어, 광화문을 지나서 서울광장으로 왔다.

우리 차례였다. 기대되는 마음으로 앞으로 나갔다. 인사하고 발언을 시작했다. 근데 우리가 연습한 대로 안 됐다. 몇 문장 말하고 옆 사람한테 넘기는 형식으로 되어버렸다. 암튼 한 말 다 했으면 된 거! 발언을 다 하고 뒤로 빠져서 갔다. 연세대학교에서 오신 분이 인터뷰를 하러 오셨다. 업적 하나를 달성한 거 같았다. 그래서 몇몇 애들이 메인이 되어서 인터뷰를 했다. 그리고 어떤 지나가시던 분이 우리에게 초콜릿을 주셨다. 감사하고 보람 찼다. 그래도 정말 힘들었다. 아까는 앞이었지만 끝은 뒤에서 걸어갔다. 다행히 왔던 거리를 다시 걸어가는 게 아니었다. 진짜 천천만다행이었다. 안 그랬으면 진짜 도중에 버스 타고 갈 정도로 화났을 것 같다. 마지막으로 다시 원래 처음 시작한 곳으로 왔다. "Stand with Ukraine"이랑 "푸틴은 우크라이나에서 손떼라." 구호가 기억에 남는다. Stand with Ukraine! (오윤서)

다양한 방법으로 연대하며 배우는 평화

운양의 모든 아이들은 3월부터 평화를 배우고 있다. 선생님과 친구들이 아침 일찍 평화 피켓을 들고 있는 모습을 보며, 함께 피켓을 들고 평화를 외치며 평화를 느꼈다. 전쟁 넘어 평화를 배우고 있다. 자연스레 우리가 살아가는 세상이 평화롭지 않음도 배운다. 언제 끝날지 모르는 우크라이나와 러시아의 전쟁과 우리 땅에서 발생한 전쟁과 학살. 나아가 기후 위기와 난민까지. 우리가 살아가는 세상이 쉽지 않음을, 그래서 함께 힘을 모아 살아가야 함을 배우고 있다. 평화와 연대를 함께 배우고 있다.

우크라이나와 기부금으로 연대하다

전교생이 평화행동으로 뜨거웠던 3월이 지난 4월 첫 다모임[2]에서는 평화를 고민했다. 전쟁으로 피해를 받고 있는 우크라이나에 기부금을 보내기로 결정했다. 3학년 아이들이 안건으로 제안했고 6학년 아이들이 다모임을 진행해 함께 결정했다. 운양초등학교 모든 아이들의 동의와 응원을 받았다.

---

2) 운양초등학교는 격주로 전교생이 함께 모여 다모임을 진행한다. 학교생활을 나누고 규칙을 정하거나 어떤 주제에 대해 토의하고 결정하는 학생 자치 활동이다.

기부금을 마련하기 위해 알뜰장터를 열었다. 3학년 아이들은 작년에 교실에서 병아리를 키운 이야기를 씨글라스$^{sea\ glass}$로 표현해 출판한 〈병아리의 꿈속〉 판매 수익금을 보냈다. 3학년 아이들끼리 쓸 수 있는 돈을 기꺼이 보태는 모습은 '연대' 그 자체다. 아이들 힘으로 모은 30만 원을 우체국에 직접 걸어가 우크라이나대사관에 전했다.

경기도와 경상도에서도 평화로 연대하다

서울에서 우크라이나 평화행동을 마치고 돌아온 월요일, 화성의 한 고등학교 선생님에게 전화가 왔다. 우리가 서울에서 가진 평화행동을 보고 깜짝 놀라 전화를 하셨단다. 멀리 강릉에서 서울까지 올라왔다는 말에 한 번, 초등학생 아이들이 외친 평화에 두 번 놀랐단다. 선생님은 직접 손글씨로 아이들에게 편지를 써서 보내주셨다. 고등학교 학생들과 이번 우크라이나 사태로 평화를 공부하고 싶은데 어떻게 하면 좋을지 아이들에게 조언을 구했다. 아이들은 퍽 진지하게 자신들의 경험을 살려 답장을 보냈다.

경상도에서도 우리의 행동을 유심히 살펴봤다. 경남 창원의 한 학부모는 우리가 평화를 공부하는 모습을 나의 SNS 계정으로 우연히 확인했다. 그녀는 자신의 1학년 자녀와 우크라이나 사태를 공부하고, 이를 알리기 위해 가방보를 만들었다. 아이는 매일 아침 노란색과 파란색 가방보로 가방을 감싸고 걸어서 학교에 간다. 6학년 아이들과 함께 학부모가 운양초등학교를 언급하며 올린 SNS를 확인했다. 아이들은 멀리 창원까지 자신들의 행동이 이어진다는 사실에 깜짝 놀라면서도 자랑스러워했다. 연대가 무엇인지 제대로 알겠다고 말했다. 오프라인과 온라인으로 우리는 연대를 느끼고 배웠다.

제주와 다크투어로 연대하다

6학년 12시반 아이들과 제주 테마체험학습을 다크투어로 다녀왔다. 제주의 역사와 문화 공부는 기본이다. 『순이 삼촌』을 읽으며 4·3사건을 공부했다. 북촌 너븐숭이를 방문하고 4·3사건 생존자이신 고완순 할머니를 직접 만났다. 미리 준비한 질문을 하고 고완순 할머니의 아픔이 가득한 대답을 들었다. 고완순 할머니와 인사를 마치고 떠나려는데 도영이가 눈시울을 붉히며 울었다. 왜 우냐고 물으니 "제가 4·3사건의 트라우마를 어떻게 극복했냐고 질문을 했잖아요. 할머니가 자신 때문에 동생이 죽었다는 생각을 말씀하실 때 눈물을 흘리셨는데, 저 때문에 그때의 트라우마가 다시 떠오르신 것 같아 너무 죄송해요" 고완순 할머니는 옆에서 도영이의 말을 듣고는 도영이에게 다가와 꼬옥 안아주셨다. 괜찮다고, 그러니까 울지 말라고 말씀하셨다. 고완순 할머니에게 작은 선물을 했다. 강릉 선생님들과 함께 만들고 아이들과 함께 공부한 지역사 그림책 『노암』을 선물했다. 강릉 노암터널에서도 군인들에게 민간인이 학살당한 아픈 역사가 있다고 말하며 서로 위로하고 함께 기억하자고 말했다. 할머니는 아이들이 『노암』에 적은 편지를 찬찬히 살펴보시고는 우리의 손을 꼬옥 잡아주셨다.

북촌 너븐숭이를 방문한 모습

고완순 할머니를 만난 모습

강릉청소년마을학교 날다와 연대하다

6학년 아이들은 『세계는 왜 싸우는가』를 읽으며 세계 각지에서 발생하는 분쟁을 공부했다. 러시아의 우크라이나 침공으로 시작된 전쟁과 분쟁에 대한 관심은 이 책을 읽고 세계 각지로 커졌다. 11월 26일 토요일 강릉청소년 마을학교 날다[3]에서 '전쟁과 사람, 세계는 왜 싸우는가'를 주제로 민주시민포럼이 열렸다. 『세계는 왜 싸우는가』를 쓴 김영미 PD의 강연을 시작으로 에코팜프 전 대표이자 난민활동가인 박진숙 선생님, 미얀마와 태국의 국경에서 난민들을 돕는 WEAVE 대표 Mitos Urgel와 이야기를 나누었다. 지환이는 한 달 동안 중·고등학교 형, 누나들과 민주시민포럼을 준비했다. 여러 시민들 앞에서 김영미 PD, 박진숙 활동가에게 직접 질문을 했다. 다른 친구들은 민주시민포럼에 참여해 지환이를 응원했다. 지환이가 마이크를 잡을 때면 커다란 박수와 환호성을 보냈다. 마지막은 평화운동가이자 가수인 홍순관 선생님의 노래를 함께 들었다. 평화는 전쟁의 반대가 아니라는 홍순관 선생님의 말에 아이들은 무언가를 깨달은 듯 표정을 지었다. 전쟁과 평화를 항상 연결 짓던 나와 아이들의 생각에 변화가 생겼다.

크리스마스를 앞둔 12월 23일 금요일에는 다큐멘터리 영화 〈수라〉 특별 시사회에 함께 했다. 군산 수라갯벌 이야기를 담은 〈수라〉는 갯벌을 지키는 사람들, 그 안에 살아가는 생명들의 이야기다. 우리는 〈수라〉 황윤 감독님의 이전 작품 〈잡식가족의 딜레마〉를 보고 운양교육실천주제 생태와 연결했다. 올해 다모임에서 결정해 진행한 채식 급식을 돌아봤다. 〈수라〉 시사회에서 영화를 함께 보고 황윤 감독님에게 여러 질문을 했다. 100명 가까이 참여한 다른 시민들의 질문과 답변에도 귀를 기울였다. 생명과

---

3) 강릉의 초·중·고등학교 현직 선생님들이 직접 기획하고 운영하는 마을교육공동체다. 강릉의 다양한 사회문화 자본을 공유하는 플랫폼으로 청소년들의 자치배움터다. 날다학교 총괄교사로 활동하는 나, 다양한 프로젝트 활동에 참여하는 6학년 12시반 아이들은 학교 안팎에서도 자주 만나 배움을 일군다.

반 생명의 이야기로 평화를 전한 황윤 감독과 〈수라〉는 나와 아이들에게 또 다른 평화를 함께 배웠다.

민주시민포럼에 참가한 아이들과 시민들 모습

〈수라〉 시사회에 참가한 아이들과 시민들 모습

924 강릉 기후정의행진단으로 연대하다.

기후 위기는 전쟁보다 심각하게 우리의 평화를 위협하고 있다. 내일을 걱정하기보다 오늘을 행복하게 사는 운양 아이들은 기후 위기 때문에 심각하게 내일을 걱정한다. 매년 갖는 논농사와 밭농사, 학교 앞 논, 밭, 사천천, 사천바다로 산책을 가며 키운 생태 감수성과 생태 중심 교육과정의 영향이다. 9월 24일 토요일 6학년 아이들은 날다학교 중·고등학교 학생들, 학부모,

시민들과 함께 924 기후정의행진에 참여했다. 학교 안 수업 시간에는 기후정의주간을 운영해 기후 위기, 기후 정의를 공부했다. 학교 밖에서는 강릉 기후영화제에 참석해 세계 다양한 국가에서 기후 위기를 주제로 만든 단편 영화를 봤다. 학교 안팎을 넘나들며 924 기후정의행진을 준비했다. 지난 우크라이나 평화행동처럼 피켓을 만들었다. 우크라이나 평화행동보다 많은 시민들이 있었지만, 우리 작은 시민들은 떨지 않았다. 그들과 같이 목소리를 내고 행동했다. 나란히 함께 서서 평화를 외쳤다.

강릉 기후영화제에 참여한 아이들

924 기후정의행진에 참여한 아이들

배움의 주체 넘어
삶의 주체로 나아가기

우리가 생각하는 평화

나와 아이들은 한 해를 평화로 가득 채워 배움을 갖고 있다. 갑작스레 피켓을 든 나를 보고 어리둥절하던 아이들은 어느새 배움의 주체가 되었다. 작은 시민이 되어 평화를 외치고 있다. 우리는 평화가 전쟁보다 힘이 세다고. 모두가 힘을 모아 평화를 외치고 행동하면 평화를 지킬 수 있다고 다양한 경험으로 배우고 있다. 이 외에도 일상의 평화를 고민하는 노력으로 대부분의 시간을 보냈다. 가뜩이나 바쁜 6학년이 눈 깜짝할 사이에 끝나가고 있다. 진하게 평화를 공부한 만큼 아이들은 평화를 더 깊이 생각하고 정의했다.

> **강지환:** 평화는 대화다. 모두의 의견을 듣고 소통하며 굶주림과 싸움을 줄여야 한다.
>
> **권하라:** 평화란 다수의 의견과 소수의 의견을 둘 다 존중하며 평온하고 화목하게 살아가는 것이다. 왜냐하면 사람의 생각은 각각 다르기 때문이다. 다수의 의견과 소수의 의견 둘 다 존중해줘야 한다. 생각하고 평온하게 같이 더불어 살아가는 것이다.
>
> **김가온율:** 평화란 싸움이나 갈등을 풀어가는 것이다.
>
> **문채원:** 평화는 표현이다. 왜냐하면 모든 사람이 자기 생각을 편하게 표현할 수 있어야 살아갈 수 있기 때문이다.
>
> **오도영:** 평화는 자유다. 자기 의견을 공유할 수 있고 자기 삶을 가질 수 있고 하고 싶은 일을 할 수 있는 자유다.

오윤서: 평화는 도미노다. 도미노처럼 한 명이 잘못되면 하나, 둘씩 다 잘못되기 때문이다. 넘어진 도미노를 다시 세우기 위해 노력하고 노력해야 다시 완성된다. 평화도 그렇다.

유한결: 평화는 삶이다. 삶을 살려면 평화가 있어야 한다.

윤태겸: 평화는 전쟁, 분쟁이 나라마다 일어나지 않고 각자 평온하고 갈등이 없는 상태다.

이승호: 평화는 배려하는 마음과 생각이다. 서로 배려한다면 어려운 문제와 갈등을 해결할 수 있다.

이재빈: 평화란 무엇과도 바꿀 수 없는 소중한 것이다.

전우진: 평화는 평범한 일상이다. 사람들이 평범한 일상이라고 느끼고 지금 이 상태라도 괜찮다고, 만족한다고 생각하는 것이다.

최시현: 평화는 연대다. 여럿이 모여서 무엇을 하면 재미있고 재미있으면 평화다.

작은 시민들이 바꾸는 일상

우리의 배움은 학교와 교실 안에서만 이루어지지 않았다. 학교 안팎을 넘나들었다. 다양한 현장에서 목소리를 냈고, 다양한 목소리를 내는 사람들도 만났다. 아이들은 이러한 경험으로 한 뼘 넘어 두 뼘, 세 뼘은 성장했다. 작고 어린 아이들, 책상에 가만히 앉아 교과서로 공부해야 할 학생이 아닌 우리 사회를 함께 살아가는 작은 시민으로 성장했다. 전쟁과 평화, 기후 위기와 난민처럼 거대 담론들은 물론 자신이 발 딛고 살아가는 삶의 현장에서도 목소리를 내고 변화를 만들고 있다.

평화를 배우는 과정은 자연스레 우리의 삶을 나누고 가꾸는 과정이었다. 학생은 행복한 삶을 경험하며 미래를 꿈꿔야 한다지만, 우리는 평화 안에서 희로애락을 모두 경험했다. 이는 미래 사회를 살아가는데 필요한 가치가 무엇인지 고민하고 익히는 과정의 연속이었다. 아이들은 평화라는 물음에 여전히 어떤 답을 해야 할지 고민한다. 스스로 평화를 정의했지만, 이 정의는 또 바뀔 것이다. 하지만 한 가지는 확실하다. 평화를 위해 나의 목소리를 내고 다른 사람의 목소리를 들어 소통해야 한다는 것이다.

크게는 평화를 위해, 작게는 자신의 삶을 위해 목소리를 내기 시작한 아이들의 성장은 거침없다. 학교 뒤편에 생기는 골재파쇄장 건설 공청회가 열린다는 소식에 면사무소를 찾았다. 골재파쇄장이 무엇인지 찾아보고, 골재파쇄장이 생길 경우 학교와 학생들에게 미치는 영향도 조사했다. 왜 우리 학교 뒤편에 건설하는지, 다른 지역에서는 왜 건설을 반대했는지 등을 공부하고 토론했다. 공청회를 다녀오고 나서는 주민들의 일방적 반대로 골재파쇄장 건설에 찬성하는 이들의 목소리를 듣지 못해 아쉽다고 말했다. 골재파쇄장 건설 반대에 자신들의 목소리를 낸 우리는 골재파쇄장 건설 취소라는 결과로 또 하나의 경험을 했다.

아이들이 하교할 때 이용하는 학교 앞 마을버스 노선이 갑자기 사라졌을 때도 아이들은 가만히 있지 않았다. 자신의 목소리를 냈다. 함께 민원을 작성해 제출했다. 시청에 직접 전화해 자신들의 의견을 묻지 않고 버스를 없앴다고, 학생들이 이용하는 버스를 다시 생기게 해달라고 말했다. 그 결과 11월 1일부터 다시 버스 노선이 생겼다. 작은 시민들이 바꾸는 일상은 어른들이 바꾸는 일상보다 더 의미 있고 확실했다.

골재파쇄장 건설 공청회에 참여한 아이들

작은 시민들이 살아가는 교실

아이들 마음속에 평화가 계속해서 커지고 있다. 아이들이 평화를 위해, 자신의 삶을 위해 내는 목소리도 점점 커지고 있다. 힘이 붙고 있다. 오늘을 살아가는 아이들이 오늘을 주제로 일구는 배움은 아이들이 시민으로서 성장하는 성장점이다. 시민으로 연대하고 목소리를 내며 행동하는 우리 아이들은 내가 어렸을 때와는 다른 삶을 살아가고 있다. 평화를, 평화로 연대를, 연대로 민주주의를 배우는 아이들은 배움의 주체 넘어 삶의 주체로 살아가고 있다. 우리 교실은 작은 시민들이 살아가는 교실이다.

평화를 어떻게 배울까로 시작한 우리의 프로젝트는 단순한 수치로 평가하거나 나타낼 수 없다. 배움의 과정 속에 나와 아이들이 함께 있었고 더불어 성장했다. 우리의 배움과 성장에는 학부모들과 동료 교사, 지역사회가 함께했다. 학급 단위의 교육과정에서 벗어나 '연대'로 확장했다. 학교 교육

골재파쇄장 건설 반대 현수막을 만든 아이들

과정 안에서 교육공동체와 함께 머리를 맞대어 생각을 모으고 영감을 주고
받아 더 의미 있는 배움을 일구었다. 작은 시민들이 살아가는 교실은 교육
공동체가 함께 만들 수 있다.

　시간이 흘러 아이들은 6학년을 어떻게 기억할까. 평화와 연대라는 말은
기억하지 못하더라도 우리가 함께한 순간들은 기억하면 좋겠다. 그 순간 속
에 함께 목소리를 내는 사람들이 있었다는 사실을 마음 깊이 간직하고 살아
가면 좋겠다.

　전쟁에서 차가운 전쟁의 단면만을 기억하던 13살의 나는 12시반 13살 아
이들과 함께 새로이 전쟁을 기억할 수 있게 되었다. 평화와 연대를 함께 생
각할 수 있게 되었다.

제3부

중등 수업사례

삶을 가꾸는 국어수업

양혜단 | 남평중학교

국어수업은 우리말을 배우는 교과로, 우리말을 배운다는 것은 우리말의 어휘와 어법들을 잘 이해하여, 그것을 사용하는데 어려움이 없도록 하는 것이다. 나아가 국어수업은 우리말로 된 글을 읽고, 글에 담긴 의미를 해석하고, 자신의 생각이나 이야기를 우리말이나 글로 잘 표현할 수 있도록, 배우고 익히는 과정의 반복이라고 생각한다.

국어교사로 성장해 가면서 나는 읽고(보고), 해석하고, 표현하는 능력을 신장시켜 나가는 국어교육의 본질에 충실한 수업을 하고 싶었다. 아이들이 즐겨 책을 읽고, 자신의 힘으로 글을 해석하며, 글의 주제와 관련된 생각을 말과 글로 잘 표현할 수 있도록 돕는 것이 나의 역할이라고 생각했다.

중요한 것은 주어진 검정교과서로는 이러한 것을 구현하기가 어렵다는 것이었다. 검정교과서를 살펴보면 '무엇 무엇을 하시오'라는 제시어가 거의 워크북 수준으로 나열되어 너무 도식적이고 재미가 없다. 문학의 비중은 예전에 비해 현저히 줄어들어, 교과서를 펼쳐도 그다지 읽을거리도 없다. 그러다 보니 교과서를 통해서 아이들이 자신의 삶을 찬찬히 들여다보고,

지금 내 삶은 어떤지를 성찰할 수 있는 시간을 갖기는 어렵다. 또 시대의 변화는 너무나 빠른데, 교과서는 변화된 시대를 따라가지 못하고 과거에 머물러 있다. 교과서에 수록된 글들을 살펴보면 지금의 이슈나 현실을 이야기하지 못한다. 내가 하고 싶은 수업을 하기 위해서는 교과서를 새롭게 만들어야 했다.

국어 교과서를 새롭게 만들다

현행 중학교 국어교과서는 대략 4개의 대단원이 있고, 각 대단원에 소단원 2~3개가 묶여 있는 구조를 지니고 있다. 그러나 추상적인 제목으로 묶은 대단원명과 그 아래 묶인 소단원들이 서로 연관성이 부족하여, 억지로 묶어 놓은 느낌이 강했다. 게다가 읽고 쓰고 말하는 과정이 한 단원에서 자연스럽게 함께 진행되는 것이 아니라, 독립된 단원으로 나뉘어 분절적으로 구성된 것이 일반적이다.

국어 교과서 구성의 원칙

교과서를 새롭게 구성할 때는 이런 형식에서 벗어나, 다음과 같은 원칙을 가지고 단원을 구성했다.

- 대단원 아래 묶인 소단원은 주제 면에서 동일한 내용으로 구성한다.
- 읽고(보고) 해석하고 표현하는 활동이 모든 단원에서 항상 함께하도록 한다.
- 읽기 자료는 문학과 비문학으로 나누고, 문학은 시와 소설 등 장르로 나

누어 구성한다.

● 비문학은 우리 사회 현안을 담은 주제 중심으로 구성한다.
● 문법이나 개념을 제시한 단원은 검정교과서에서 제시하고 있는 단원을 주 내용으로 하여 가르친다.
● 새 학기가 시작되면 첫단원으로 〈여는 마당〉을 구성하여, 관계를 열고 새롭게 시작하는 마음을 갖도록 한다.
● 아이들이 살고 있는 마을과 관련된 이야기를 국어수업에 담는다.

교과서를 구성할 때 가장 많이 하는 고민

교과서를 새롭게 구성할 때 가장 많이 했던 고민은 '어떻게 가르칠까?'보다는 '무엇을 가르칠까?'였다. 이는 '무엇으로(어떤 교재) 가르칠까?' '아이들이 배웠으면 하는 것이 무엇인가?' '아이들에게 어떤 질문을 던져야 할까?' '어떤 주제로 글을 쓰는 것이 좋을까?'라는 질문으로 이어진다.

이중 시간이 가장 많이 들어가는 일은 아이들 삶과 연결되는 수업 교재를 찾아 읽고 해석하는 일이다. 일단 수업 교재가 정리되면 '어떻게 가르칠까?'는 저절로 해결되는 경우가 많았다. '어떻게?'는 준비한 교재의 내용과 형식에 따라 달라지기 때문이다.

또한 수업하는 시간은 제한적이어서 이것을 할까? 저것을 할까? 고민이 될 때는 '어느 것을 배우는 것이 아이들 삶에 도움이 될까?'를 고민한다. 그러면 선택은 분명해졌다. '이것을 배우는 목적은 무엇일까?' '이것을 왜 배우지?' 이 질문 역시 수업을 계획하고 진행하다 막히는 순간이 오면, 스스로에게 계속 던지는 질문이었다. 그 질문에 대한 답이 정리가 되면 수업의 모든 것이 명확해졌다.

읽고(보고) 해석하고 표현하는 활동이 반복되는 국어 교과서

이와 같은 과정을 거쳐, 2022년도에 내가 가르치는 3학년 1학기 국어교과 내용과 운영계획이 다음과 같이 정리되었다. 자세히 보면 알겠지만, 이 국어교과서에서는 문법을 제외한 모든 단원에서 읽고(보고) 해석하고 표현하는 활동이 반복된다.

2022학년도 3학년 1학기 국어과 교과운영계획

성취기준	주제(단원)	교수 · 학습내용
[9국03-10] 쓰기 윤리를 지키며 글을 쓰는 태도를 지닌다. [9국03-05] 자신의 삶과 경험을 바탕으로 하여 독자에게 감동이나 즐거움을 주는 글을 쓴다.	1. 여는 마당 (10시간)	**(1) 첫 만남** (4시간) - 이름 소개하기, 국어수업 안내, 1학기 암송시와 노래 **(2) 나를 소개합니다** (2시간) ① 나의 성격 5 ② 내가 좋아하는 일 5 ③ 내가 잘하는 일 5 ④ 이런 점은 바꾸고 싶다 3 ⑤ 내 인생에 영향을 준 사람 **(3) 독서 토의 - 너는 특별하단다** (4시간) ① 읽기, 감정단어로 소감 표현하기 ② 질문 만들기 ③ 토의하기 ④ 질문 선택하여 글쓰기

[9국02-06]
동일한 화제를 다룬 여러 글을 읽으며 관점과 형식의 차이를 반영한다.
 	
[9국02-09]
자신의 읽기 과정을 점검하고 효과적으로 조정하며 읽는다.
 	
[9국03-01]
쓰기는 주제, 목적, 독자, 매체 등을 고려한 문제 해결 과정임을 이해하고 글을 쓴다.
	2. 주장과 관점
	(13시간)
		(1) 난민 아이들, 학교는 어떻게 (4시간)
		① 교재1 - 난민 아이들 품어준 폴란드 (한겨레)
		   교재2 - 왜 하필 우리 아이 학교에 (MBC)
		② 학습지 정리, 토의하기
		(2) 들어 봤니? 기후위기! (6시간)
		① 교재1 - 우리는 공부할게, 기후는 어른들이 (2시간)
		② 교재2 - 지구가 인간을 버릴 수도 있어요 (2시간)
		   교재3 - 위태로운 지구를 회복하는 사실상 유일한 방법
		③ 기후위기 관련 질문 만들기, 자료 찾기 (1시간)
		   - 탄소중립, 탄소중립 홈페이지
		   - 기후위기 사례, 기후위기와 산불, 해결책
		④ 발표하기
		⑤ 작지만 소중한 실천
		(3) 수필 쓰기 (3시간) (주제 선택)
		   - 기후위기시대, 멸종위기종 청소년들의 외침
		   - 기후위기시대, 어떻게 살아야 할까?

[9국05-07] 근거의 차이에 따른 다양한 해석을 비교하며 작품을 감상한다.	3. 문학과 감상 (10시간)	**(1) 봄** (2시간) - 교과서 14쪽 ① 해석하기 (학습지) ② 학습활동 풀이 **(2) 시화 만들기** (4시간) ① 시 읽고 고르기 (1시간) ② 시 해석하고 글쓰기 (1시간) ③ 시화 만들기 (2시간) **(3) 사람은 무엇으로 사는가?** (4시간) ① 소설 읽기 ② 질문하기, 글쓰기 　- 톨스토이가 중요하게 여기는 삶의 가치 　- 나는 무엇으로 사는가?
[9국05-05] 작품이 창작된 사회문화적 배경을 바탕으로 작품을 이해한다. [9국03-01] 쓰기는 주제, 목적, 독자, 매체 등을 고려한 문제 해결 과정임을 이해하고 글을 쓴다.	4. 시대를 담은 문학 (14시간)	**(1) 영화 <화려한 휴가>** (4시간) ① 영화 감상 (3시간) ② 질문하기, 소감문 쓰기 (1시간) **(2) 소설 『소년이 온다』** (5시간) ① 5·18기념재단홈페이지 방문 　- 안장실 살펴보기, 중·고등학생 사망자 확인 (1시간) ② 소설 읽기 (2시간) ③ 해석하기(학습지) (1시간) ④ 동호에게 쓰는 편지 (1시간) **(3) 자작시 쓰기** (4시간) ① 소재, 주제 정하기 (1시간) ② 자작시 쓰기, 고쳐쓰기 (2시간) ③ 시화 만들기 (1시간) **(4) 수업 평가와 소감** (1시간)
[9국01-03] 목적에 맞게 질문을 준비하여 면담한다. [9국01-02] 상대의 감정에 공감하며 적절하게 반응하는 대화를 나눈다. [9국03-05] 자신의 삶과 경험을 바탕으로 하여 독자에게 감동이나 즐거움을 주는 글을 쓴다.	5. 마을과 사람 (10시간)	**(1) 수업의 의미** (1시간) ① 예시글(마을과 사람) 읽기 **(2) 면담하기** (4시간) ① 사전 인터뷰 내용 정리, 면담 어른 정리 (2시간) ② 면담하기 (1시간) ③ 소감 정리 (1시간) **(3) 수필 쓰기 - 우리 마을 사람을 소개합니다** (4시간) ① 글쓰기 안내 　- 처음, 중간, 끝으로 문단 구성 　- 소개하는 인물 외양 묘사 　- 소개하는 인물 관계된 일화를 적을 것 **(4) 수업 평가와 소감** (1시간)

[9국04-06] 문장의 짜임과 양상을 탐구하고 활용한다.	6. 문장의 짜임과 양상 (7시간)	(1) 문장과 문장 성분 (3시간) - 교과서 58쪽 ① 주성분, 부속성분, 독립성분 ② 주어, 서술어, 목적어, 보어, 관형어, 부사어, 독립어 (2) 문장의 짜임 (3시간) - 교과서 64쪽 ① 홑문장, 겹문장 ② 안은문장, 이어진문장 ③ 대등하게 이어진문장, 종속적으로 이어진문장 ④ 안은문장, 안긴문장 (명사절, 서술절, 관형절, 부사절, 인용절) (3) 정리 (1시간)

평가 종류	지필평가		수행평가								
유형 / 영역	중간 고사	기말 고사	통합평가				글쓰기			문학	
			독서 활동 1	독서 활동 2	독서 활동 3	포트 폴리오	자작시	수필 1	수필 2	시 암송	
비율	20%	20%	10%	10%	5%	5%	10%	10%	5%	5%	

국어과 교과운영계획표는 학기 초에 아이들에게 나누어 주고, 수업전개 과정을 미리 알려 준다. 교과서는 함께 묶어 나누어 주지는 않는다. 문학은 한 반 학급 아이들이 함께 읽을 수 있도록 복본도서를 30권 정도 구입해서 도서실에 비치해 두고, 비문학 읽기 자료는 주로 신문기사에서 찾는데 시의성이 중요한 내용이라 해당 수업시간에 복사하여 나누어 준다.

각 단원 구성의 의미

2022학년도 3학년 1학기 국어수업 **첫 번째 단원** 여는 마당은 새 학년이나 새 학기가 시작되면 앞으로 전개될 수업을 준비하는 과정으로 편성한 단원이다. 새 학년이 되면 처음 만난 아이들과 관계를 열기 위해 맨 처음 하는 활동이 이름 소개하고 외우기이다. 이 시간은 게임하듯이 진행하는데, 나는 이 시간을 통해 내가 수업에 들어가는 반 아이들 이름을 모두 외우고, 잊지 않기 위해 아이들과 만나기만 하면 이름을 부른다. 그리고 1년 동안 한 달에 한 편씩 암송할 시와 노래를 안내하고, 국어 수업이 어떻게 전개되는지, 준비물은 무엇인지도 안내한다. 나아가 국어를 흥미 있게 경험하기를 바라는 마음에서 보통 그림책으로 수업을 열고, 모방시 쓰기를 주로 한다. 2022년도에는 맥스 루케이도의 그림책 『너는 특별하단다』라는 책으로 수업을 열었다.

두 번째 단원은 비문학에 해당하는 글을 읽고 공부하는 단원이다. 검정 교과서에 수록된 설명문이나 논설문 등이 여기에 해당한다. 비문학은 주제를 중심으로 편성하는데 기후위기는 계속 해오던 주제이고, 난민 문제는 2022년도에 새롭게 구성하였다. 대구에 정착한 아프카니스탄 난민 아이들이 학교에 등교하는 것을 반대하는 지역 주민의 이야기와 우크라이나 난민을 온 마음으로 품어준 폴란드 이야기를 같이 구성하여 아이들에게 어떤 선택을 할지 고민해 보게 하였다. 비문학은 글의 내용을 주제 중심으로 구성하여 사회적 현안을 아이들이 들여다보게 하고 싶었다.

세 번째 단원은 문학을 공부하는 단원이다. 검정교과서에 실린 시 〈봄〉을 편성하고, 아이들이 직접 시를 찾아 읽고 한 편을 골라 시화를 만드는 활동을 계획했다. 소설은 톨스토이의 『사람은 무엇으로 사는가』를 편성하였으나, 두 번째 단원에서 계획보다 시간이 많이 소요되어 실제 수업은 하지 못하였다. 2학기에 문학 단원이 다시 나오니 그때 보완하기로 하였다.

네 번째 단원은 시대를 담은 문학 수업이다. 검정교과서에 제시된 성취기준 '작품이 창작된 사회·문화적 배경을 바탕으로 작품을 이해한다.'에 맞춰 5·18민주화운동을 가져왔다. 5·18민주화운동은 한국현대사에서 빼놓을 수 없는 사건이고, 내가 근무하고 거주하는 광주 전남에서는 지역과 마을의 역사이다. 아이들 조부모님들, 친척들이 경험한 삶의 이야기이고, '작품이 창작된 사회·문화적 배경을 바탕으로 작품을 이해한다.'라는 성취기준에 아주 잘 맞는 학습 주제라고 생각한다. 또 관련된 문학 작품은 얼마나 많이 출판

되었는가? 문학을 통해 5·18민주화운동을 조명하고, 그에 대한 생각을 문학으로 표현해 보는 것은 이 단원에 가장 잘 어울리는 활동이라고 생각한다.

다섯 번째 단원은 마을과 사람이다. 예전 국정교과서를 사용하던 시절에는 전기문이라는 글이 교과서에 학기마다 실려 있었다. 전기문을 통해 우리는 만해 한용운과 이육사와 같은 역사적 사회적으로 위대한 인물의 삶을 반추하며, 내 삶을 돌아보았다. 오래전부터 이를 〈인물·인생 이야기〉라는 단원으로 재구성하면서 위대한 인물뿐만 아니라, 아이들 주변에 있는 평범한 사람들의 삶을 찾고 들여다보는 수업을 했다. 이 단원이 현재 〈마을과 사람〉 단원이다. 아이들이 살고 있는 마을의 평범한 사람들의 삶을 통해, 마을과 함께 자신의 삶을 성찰해 보는 시간을 갖고 싶었다.

여섯 번째 단원 문장의 짜임과 양상은 검정교과서에 있는 문법 단원을 그대로 가져왔다. 교과서를 새롭게 만들되, 문법이나 개념을 위주로 하는 단원은 그대로 가져와서 구성하였다.

다음은 2022년도에 실시한 실제 수업 내용 중 일부이다.

시대를 담은 문학 수업,
5·18민주화운동

내가 고등학교 3학년 때 5·18민주화운동이 일어났다. 그다음 해 전남대학교에 입학하고, 대학생활 내내 5·18민주화운동은 우리가 풀어야 할 과제였다. 대학을 졸업하고 선생이 된 후로 5·18민주화운동은 아이들에게 응당 가르쳐야 할 이야기였다. 언제부터 어떻게 5·18민주화운동을 주제로 수업했는지는 기억이 안 나지만, 처음에는 계기교육으로 시작했을 것이다. 시간이 흐르고 자료도 많아지면서 수업은 조금씩 변화했다.

최근 10년 동안 작은 학교에서 근무할 때는 3개 학년 모두를 가르쳐서 연도별로 주제를 달리하여 수업을 구성하였다. 〈중학생, 5·18을 이야기하다〉는 2019년과 2020년에 아이들이 공부하고 쓴 글을 문집 형태로 묶은 책이다.

그러다 학교를 옮긴 2021년도에는 3학년 수업만 맡게 되었다. 처음으로 한강의 소설 『소년이 온다』를 소단원으로 배치하여 교과서를 구성하였고, 2022년도에 진행한 수업도 이와 크게 다르지 않다. 다른 것이 있다면 수업의 마지막 표현활동에 2021년도에는 미얀마민주화투쟁이 있었다면, 2022년도에는 우크라이나전쟁이 있었다는 것이다.

<시대를 담은 문학수업, 5·18민주화운동> 수업전개과정

단원	시간	수업 내용
영화 <화려한 휴가>	4시간	영화 감상(3시간), 글쓰기(1시간)
소설 『소년이 온다』	4시간	<어린 새>읽기(2시간), 학습지 풀기(1시간), 글쓰기(1시간)
우크라이나를 위한 기도	5시간	우크라이나 전쟁 영상 시청(1시간) 자작시 쓰기, 시화 만들기(4시간)
수업 평가와 소감	1시간	
수행평가		자작시 쓰기는 글쓰기 수행평가로 10% 반영하였고, 다른 글쓰기는 포트폴리오로 포함하여 평가하였다.

영화 <화려한 휴가>를 보다

5·18민주화운동과 관련된 수업의 첫걸음은 항상 영화 〈화려한 휴가〉로 시작한다. 지금까지 5·18민주화운동을 다룬 영화가 몇 편 나왔지만, 〈화려

한 휴가〉는 5·18민주화운동을 시간 순서로 다루어, 아이들이 영화의 전개에 따라 5·18민주화운동 주요 전개 과정을 차근차근 접할 수 있다. 영화는 국어 블록수업 2시간에 다른 교과 수업 1시간을 빌려와 3시간을 이어서 감상한다. 한 호흡으로 보아야만 감정이 끊어지지 않고 감동의 폭이 크기 때문이다.

영화를 보기 전 아이들에게 영화에 대한 간단한 소개를 하고, 영화에 등장하는 인물들은 실제 인물을 토대로 만들어졌다는 것과 배우 이요원이 맡은 실제 인물에 대한 이야기에 덧붙여, 2007년 영화가 개봉되어 극장에서 영화를 보았을 때의 나의 심정을 말하면 아이들은 어느새 숙연해진다. 그리고 시간은 빠르게 흘러간다. 영화를 보고 나서 아이들은 소감문을 썼다.

> 영화를 보면서 가슴이 아프고 끔찍했다. 영화 속 한 장면 한 장면들이 정말 실감나게 표현되어 나에게 가슴이 아프고 끔찍한 감정들이 잘 전달되었던 것 같다. 5·18은 잊어서는 안 되는 역사라고 생각한다. 광주 사람들과 슬픔을 나누고 우리 모두가 함께 추모해야 한다. 많은 사람들이 희생했기에 지금의 '대한민국'이 있다고 생각하고, 지금의 민주주의도 많은 사람들의 희생 덕분이다. 나는 많은 분들에게 감사하며 살아가야 한다고 생각하고 있다. 그리고 우리는 5·18민주화운동에 참여했던 광주 시민들을 잊어버리지 않아야한다. (김00)

소설 『소년이 온다』를 읽다

두 번째 단원에서는 한강의 소설 『소년이 온다』 중 첫 장에 나온 〈어린 새〉를 함께 읽고 문학으로 표현된 5·18민주화운동에 대해 공부했다. 『소년이 온다』에 나온 여러 이야기 중 〈어린 새〉를 선택한 이유는 주인공이 아이들과 같은 연배이어서, 이야기를 이해하기 쉽고 주인공의 행동에 쉽게 공감할 수 있을 것이라 생각했기 때문이다. 하지만 영화 〈화려한 휴가〉를 보지 않았다면 아이들은 〈어린 새〉도 이해하기 어려웠을 것이다.

이렇게 학급 전체가 한 권의 책을 읽을 때는 모든 아이들이 번호대로 돌아가며 1쪽씩 소리 내어 읽는다. 단 자기 속도대로 앞서서 읽고 싶은 사람은 그렇게 하도록 하고, 자신이 읽을 차례가 되면 돌아와 해당 쪽을 소리 내어 읽게 한다.

소설을 읽고 난 다음에는 소설의 줄거리, 등장인물, 인물의 갈등 등을 정리하는 학습지를 풀었다.

단원	시대를 담은 문학 (2) 『소년이 온다』 중 1장 〈어린 새〉
학습 주제	* 역사적 배경을 토대로 작품 이해하기

교수 학습 내용

1. 소설 내용과 같은 0, 다른 것은 ×표시를 해 보자.

  ① 소설 속 '너'의 이름은 정대이다.
  ② 동호와 정대는 한 집에서 살았다.
  ③ 정미 누나는 중학교까지 졸업하고 고등학교에 가지 않았다.
  ④ 동호는 정대가 집에 들어오지 않아 정미 누나랑 정대를 찾으러 나갔다.
  ⑤ 동호는 정대가 총에 맞아 쓰러지는 것을 보았다.
  ⑥ 정대와 정미 누나는 죽었다.
  ⑦ 정대와 정미 누나는 죽은 채로 발견되었다.

2. 소설에 등장하는 인물들이 한 일을 정리해 보자. (15p ~ 16p)

등장인물	신분(나이)	도청에서 한 일
동호		
정대		
정미		
은숙 누나		
선주 누나		
진수 형		

소설 〈어린 새〉를 공부하고, 이 단원을 어떻게 정리할까? 아이들은 이 소설을 통해 무엇을 더 생각해야 할까? 고민하다가 〈어린 새〉의 주인공 〈동호에게 쓰는 편지〉를 쓰기로 했다. 친구 정대가 총에 맞아 쓰러지는 것을 보고도 빗발치는 총알이 두려워 도망갔던, 결국엔 도청에서 최후를 맞이하기까지 죄책감에 시달린 삶을 살아야 했던 어린 동호의 마음을 헤아리고 위로하는 것이 남아 있는 사람들이 할 일이라 생각했다. 그래서 이 편지는 단지 동호에게만이 아니라, 당시 항쟁에서 살아남은 모든 광주 시민들에게 전하는 말이기도 하다.

동호에게

동호야, 나는 너에게 이 말을 진심으로 해주고 싶구나. 너는 진짜 아~~무 것도 잘못한 게 없다고. 눈앞에서 정대의 죽음을 보고도 모른 척한 것은 네가 평생을 안고 갈 죄책감이 될 수는 있어. 하지만 나는 그런 일들을 일으키고, 정대가 총에 맞아 죽게 한 군인들이 죄의식을 가지고 살아야 한다고 생각해. 나도 친구가 총을 맞고 죽어가고 있으면, 구해주고 싶기는 하지만 절대 실천에 옮길 용기는 나지 않을 것 같아.

그것 때문에 너는 도청에 끝까지 남아서 죽은 거 아냐? 정대가 죽은 건

슬프지만, 네가 정대 몫까지 살아갔으면 좋았을 터인데 너마저 죽게 되어 너무 슬프구나.

동호야! 우리 모두가 네가 잘못하였다고 절대 생각하지 않아. 우린 네가 아니라 그 당시 사건을 일으킨 사람들이 죄책감을 가지고 살아야 한다고 생각해. 그런데 그렇지 않으니 분하고 억울해. 절대 네가 잘못한 게 아니라는 걸 알아줘. 그 곳에서는 이제 죄의식을 가지고 살지 않으면 좋겠어.

너를 응원하는 수많은 사람 중 한 명이. (윤OO)

미얀마를 위한 시, 우크라이나를 위한 기도

이 수업의 마지막 자작시 쓰기. 2021년도에는 〈미얀마를 위한 시〉라는 주제로 미얀마민주화투쟁을 지지하고 응원하는 시를 썼다. 5·18민주화운동이 갖고 있는 가치가 우리 안에 머물러 있지 말고, 세계로 세계평화와 인권을 염원하는 길로 나아가길 바랐다. 시를 쓰기 전 1시간 정도 미얀마 상황을 영상으로 본 아이들은 하나같이 5·18과 똑같다는 이야기를 했다. 시를 쓰고, 피드백을 하고, 완성된 시는 공책에 옮기고, 마지막 시화로 정리하는 것이 아이들 활동이었다.

2022년 2월 24일 러시아가 우크라이나를 침공하며, 수많은 민간인들이 집을 잃고 죽고, 수많은 어린이가 죽거나 난민이 되었다. 이 수업의 마지막에 2021년도에는 미얀마가 있었듯이, 2022년도에는 전쟁으로 폐허가 된 우크라이나를 상기시키고 싶었다. 5·18민주화운동을 평화와 연대로 확장시키고 싶었다. 우크라이나전쟁을 영상으로 보고 난 후, 아이들은 〈우크라이나를 위한 기도〉라는 주제로 시를 썼다.

시쓰기 수업을 시작할 때는 아이들에게 시란 무엇인가?를 묻는다. 그러면 아이들 대다수는 운율을 이야기한다. 거기에 덧붙여 시는 '운율이 있는 이야기'라는 점을 강조한다. 전하고 싶은 이야기를 운율을 넣어 표현하는 것이 시라는 것이다. 그리고 나서 운율을 만드는 가장 기본적인 요소가 무엇이냐고 물으면 누군가 '반복'이라고 말한다. 같은 말을 자꾸 반복하다보면 리듬감이 느껴지는데, 그것이 바로 운율이다. 반복은 시어, 시구, 시행 때론 연이 반복되기도 하는데, 그런 것을 생각하면서 시를 써보라고 이야기한다. 그래도 어떻게 써야할지 모르겠으면 한 줄에 하나의 사건이나 상황만 쓰고 계속 행을 바꾸어 써보라고 독려한다. 시간이 흐르고 아이들이 써서 가지고 나온 시를 피드백 할 때는 주로 불필요한 말을 함께 삭제하며 시를 압축하고, 시에 쓰이는 표현 방법인 반복, 대구, 점층, 수미상관 등을 이야기하며 시적 표현을 이해하도록 한다.

미안해 미얀마

박OO

미안해 미얀마
멀리서 싸우는지라
크게 도움을 줄 수 있는 게 없어
미안해

해가 지면 무섭고
해가 뜰 때까지 두려움에 떨어서
미안해 미얀마

미얀마에 더 이상 희생자가
나오지 않았으면 좋겠어
미얀마 민주화운동이 승리했으면 좋겠어

미안해 미얀마

미얀마를 위한 시

〈미안해 미얀마〉를 쓴 아이는 교과 공부에는 전혀 관심이 없는 아이였다. 공부시간이면 주로 멍을 때리며 손장난을 하고 있고, 시험을 치를 때면 모든 과목 답안지에 재빨리 아무렇게나 표시하고 엎드려 있는 아이다. 하지만 글을 쓸 때 표현해내는 따뜻한 감성과 공감력은 누구보다 특별하여, '이번에는 글을 어떻게 썼을까?' 기대되는 아이였다. 처음 〈미안해 미얀마〉를 썼을 때는 마지막 행 '미안해 미얀마'는 없었다. 마무리가 좀 허전해서, 시의 마지막에 첫 행을 다시 반복하도록 했다. 그러면 시의 의미도 강조되고 운율도 더 느껴진다 하니, "오, 좋아요." 한다. 그리고 이러한 표현을 시에서 '수미상관'이라 한다며 수미상관의 뜻을 이야기한다.

전쟁

박OO

하루 아침에 가족을 잃고 민간인까지 다치고
심지어 아이들까지 다치는 전쟁

아픔과 슬픔, 절규가 판치는 전쟁
아무것도 남지 않는 전쟁

아무리 노력해도 멈출 수가 없는 전쟁
일어나면 아수라장이 될 수밖에 없는 전쟁

얻는 것보다 잃는 게 더 많은 전쟁
협상은 불가능했나?라는 생각이 드는 전쟁

인간의 탐욕과 욕심이 만들어내는 전쟁

우크라이나를 위한 기도

〈전쟁〉이라는 시는 자신이 생각하는 전쟁이 무엇인지를 계속 나열하고 있는데, 이렇게 표현된 시 대부분은 처음에는 특별한 순서 없이 그냥 생각나는 대로 나열되어 있다. 그럴 땐 상황이 더 세거나, 의미가 더 큰 것을 뒤로 배치하면 시상이 점점 커지면서 느끼는 감정도 점점 고조된다는 것을 이야기한다. 그리고 그런 표현 방법이 점층법이라고도 알려 준다. 그러면 아이는 스스로 판단하여 시상이 더 큰 것을 뒤로 배치하며 흡족해 한다. 〈우크라이나를 위한 기도〉라는 주제로 쓴 대부분의 시가 전쟁의 현실이나 상처를 이야기하고 있는데, 이 시는 나름 전쟁의 본질을 꿰뚫고 있어 처음 시를 볼 때 내심 놀라웠다. 모든 전쟁의 위험 앞에서 아이가 말한 '협상은 불가능한가?'를 외치고 싶은 심정이었다.

시대를 담은 문학수업, 아이들의 배움

2022년도에 이 수업을 계획하면서부터 마무리하기까지 계속 고민했던 것은 과연 아이들이 5·18민주화운동을 배우고, 우크라이나전쟁으로 가는 수업을 하나의 주제로 자연스럽게 이해할 수 있을까 하는 것이었다.

그래서 이 단원의 수업이 모두 끝난 후, 아이들에게 두 가지 질문을 주고 수업을 평가하게 하였다. 하나는 '영화 〈화려한 휴가〉, 소설 『소년이 온다』 그리고 〈우크라이나를 위한 기도〉라는 세 개의 단원이 서로 연결이 잘 되었다고 생각하는가?'와 다른 하나는 '이 수업을 통해 내가 배우고 느낀 점, 아쉬운 점'이다.

> 추상적으로 사건 중심으로 배우는 게 아닌, 진짜 희생하신 분들과 개요, 감정들을 알 수 있어서 좋았다. 영화로 뼈저리게, 책으로 마음 저릿하게, 시로 적용해 앞으로의 우리를 생각하는 미래지향적인 태도를 갖게 되어서 좋았다. 전쟁과 민주화운동에 대해 어떻게 생각해야 하는지를 배울 수 있어서 좋

왔다. (현00)

이 수업을 하면서 '평화'에 대해 다시 생각해 보게 되었다. 평화는 우리가 가장 당연하게 누리고 있는 것이지만 또 가장 쉽게 잃을 수 있다는 것이라는 걸 알아차렸다. 우리나라는 분단국가이기에 금방이라도 전쟁이 일어날 수 있고, 작은 사회인 학교에서도 쉽게 평화를 잃을 수 있다는 생각을 했다. (한00)

수업하는 내내 혼자 고민했던 문제를 아이들은 별 문제없이 당연하게 받아들였고, 오히려 미래지향적이라고 말할 정도로 수업의 의미를 잘 이해하고 있었다. '5.18추모시를 쓰는 것이 좋았겠다.'라는 아쉬움을 드러낸 아이들이 몇 있었지만, 대다수 아이들은 나의 수업 의도에 공감하며 잘 참여했다는 것을 확인하고 안도감이 들었다.

국어 수업,
마을과 만나다

수업의 의미

마을은 아이들 삶의 공간이자, 아이들이 관계 맺는 사람들이 사는 공간이다. 오래 전부터 국어수업에서 마을의 공간이나 사람을 탐색하는 것을 즐겨했다. 소설의 표현 방법을 배우고 나면, 내가 사는 마을 풍경을 묘사해 본다거나, 마을신문 만들기, 우리 지역 답사신문 만들기 등 마을은 내가 하는 국어수업의 일부분이었다.

그리고 마을 사람을 면담하고 글을 쓰는 활동 역시 주제는 다르지만, 그

동안 해왔던 수업의 하나다. 다른 사람의 인생을 들여다보는 것은 결국 내 삶은 어떠한가? 어떠해야 하는가?를 묻는 일이어서 국어수업에서 중요하게 생각하는 내용이다.

그러다 보니 지역을 옮겨 새로운 학교로 부임하게 되면, 시간 나는 대로 마을 이곳저곳을 돌아다니며 마을에 무엇이 있는지 관찰을 한다. 마을을 관찰하다 보면 자연스레 사람도 보이는데, 그중 몇 분은 나의 뇌리에 깊이 저장해 둔다. 이 모든 대상들은 나중에 국어수업의 중요한 자산이 된다.

2020년, 벌교중에서 근무하던 마지막 해에 2학년들을 대상으로 학습자주도프로젝트수업 〈마을과 사람〉을 실시하였다. 그 수업의 마지막은 마을목공소에서 가구 만들기를 선택한 모둠의 아이들이 만나고 온, 100년 전통의 삼화목공소 목수 왕봉민 어른을 학교로 초대하여 면담하는 수업이었다.

목수 왕봉민님은 아이들 앞에 서서 첫인사를 이렇게 열었다. "어려서 저의 꿈이 무엇이었냐 하면, 아이들을 가르치는 선생님이 되는 것이었어요..... 저는 중학교를 못 갔습니다. 그래서 여러분을 보면 부러워요. 제 생에 오늘 중학교에서 강의를 하니 행복합니다...."

수업 1시간 동안 중학교 2학년 남학생들이 나이 지긋한 마을 어른 앞에 앉아서, 되도록 꼼지락하지 않으려고 최대한 참으면서, 그분 말씀에 귀를 기울이던 순간은 지금도 생생하고 감동적으로 다가온다. 그 수업을 마치며 아이들은 소감문에 이렇게 썼다.

마을을 돌아다니고 마을 사람들을 보면서 마음이 따뜻해지는 것을 느꼈다. 우리가 만난 어르신들에게 우리와 같은 중학생 때 하셨던 생각이나 경험을 이야기 들으면서 공감되기도 하고 '그때는 참 어려운 시절이었구나.' 해서 짠하기도 했다.

삼화 목공소에서 만난 목공소 아저씨는 정말 착하셨다. 그분을 보며 '이런 게 정말 어른이다.'라고 느꼈다.

2018년부터 2020년까지 벌교중학교 아이들이 면담한 마을 어른 다섯 분 이야기를 담아 2020년 겨울, 〈마을과 사람〉이라는 문집 형태의 책자를 만들었다. 각 마을 사람들 이야기 앞에는 아이들이 손수 그린 마을 어른의 가게나 관련된 장소를 그려 넣었고, 원본은 액자에 곱게 넣어 어른들께 전달하였다.

2021년 남평중학교에 부임하여 〈마을과 공간〉이라는 주제로 수업을 하였고, 2022년에는 〈마을과 사람〉이라는 단원을 구성하여 수업을 하였다. 〈마을과 사람〉 첫 시간, 나는 아이들에게 이 수업의 의미를 이야기하기 위해 벌교중에서 했던 수업을 소환하고, 목수 왕봉민님에 대한 이야기와 그 수업을 마친 아이들의 소감을 전달했다.

〈마을과 사람〉 수업 전개 과정

단원	시간	수업 내용
1. 수업의 의미	1시간	수업 안내 및 예시글 읽기
2. 마을 어른 면담하기	4시간	마을 어른 선정, 질문만들기(1시간), 질문 정리하여 역할 분담(1시간), 면담하기(1시간), 소감문 쓰기(1시간)
3. 우리 마을 사람을 소개합니다	3시간	수필쓰기, 고쳐쓰기
수업 평가와 소감	1시간	
수행평가		〈우리 마을 사람을 소개합니다〉는 글쓰기 수행평가로 5% 반영하였고, 소감문 등 다른 글쓰기는 포트폴리오로 포함하여 평가하였다.

교실에서 마을 어른을 면담하다

마을 어른과 면담하기 위해서는 각 반에 한 분씩 모두 3명의 어른이 필요했다. 아이들의 흥미를 높이기 위해 '어떤 사람을 모셔올까?'는 굉장히 중요했는데, 결과적으로는 모두 만족스러운 만남이었다. 남평에서 맛있는 마카롱가게를 운영하고 있는 학교 선배님 한 분과 아이들이 초등학교 때부터 학교가 끝나면 자주 들른 분식집 〈도서관마트〉 주인이자 천연염색 디자이너님, 그리고 남평에 정착한 지 30년이 되었고, 패러글라이딩을 하시는 마을 이장님이었다.

각 반에 면담 대상자가 선정된 후 질문할 내용을 함께 만들었다. 궁금한 내용을 포스트잇에 적은 다음 질문의 내용을 개별 신상, 학창시절, 직업과 관련된 이야기, 기타로 구분하여 분류하고 질문의 순서를 잡았다. 최종 질문을 정리하여 질문자를 정한 다음, 녹음과 녹취할 사람을 정하고 준비를 마쳤다. 정리된 질문은 마을 어른들께 사전에 보내드렸다.

면담 당일 우리는 책상을 반원형으로 만들고 들뜬 표정으로 어른들을 맞이할 준비를 했다. 면담은 수업 한 시간 동안 진행되었고, 면담이 끝난 후에는 소감문을 썼다.

도서관 마트 강선정 디자이너님을 만나고

도서관마트 강선정 디자이너님이 교실에 들어오실 때부터 어린 우리에게 예의 있게(?) 배려 가득한 말투로 말하시는 것을 보고 알았다. 아마 이분은 어른으로서 선한 영향력을 끼치고 있을 거라고. 우리가 하는 말 한 마디, 질문에 '감사합니다.' 하시고, 물가가 많이 오른 요즘에도 아이들이 적은 돈으로 배불리 먹을 수 있는 간식을 만들어 엄마처럼 돌봐주셨다는 이야기를 들으며 저절로 마음이 따뜻해졌다. 그마저도 다른 이를 돕기 위해 기부하셨다는 이야기를 들을 때 내 머리는 그럴 줄 알았다는 반응이었다. 세상 주변 사람에게 관심 없는 요즘, 그분은 우리 사회 안에서 선한 영향력을 끼치고 계셨다. 그분을 배울 수 있을 것 같고 배우고 싶다.

솔직히 '마을과 사람'이라는 단원을 처음 들었을 때 그렇게 반갑거나 재미있어 보이지는 않았다. 하지만 우리 주변 사람에게 관심을 가지고 베푸는 삶을 살기 위해서는 필요한 과정일 듯하다. 마을과 사람을 또 했으면 좋겠다. 다른 학년도 했으면 좋겠다. (현00)

오계리 윤영수 이장님을 만나고

오계리 윤영수 이장님을 만나고 가장 먼저 든 생각은 '나도 저렇게 살고 싶다.'인 것 같다. 나이에 비해 굉장히 젊어 보이셨고 삶을 재미있게 열심히 사시는 것 같아 부러운 마음과 닮고 싶다는 마음이 계속 들었다. 그리고 나 또한 이장님과 함께 패러글라이딩을 타보고 싶었는데 학원 때문에 못 가게 되어 매우 아쉬웠다. 나는 이번 국어시간이 정말 흥미로웠고 재미있었다. 새로운 사람을 만난다는 기대감, 다른 사람이 해주는 삶이야기 등을 듣고 느끼는 것이 너무 재미있었다. 다음에도 이런 수업을 또 했으면 좋겠다. (신00)

언니네 마카롱 설화영 사장님을 만나고

사장님은 일단 대게 열정적이신 것 같다. 어릴 때부터 꿈꿔오고 좋아하던 일을 이렇게 하고 계시다는 게 정말 대단했다. 장사가 잘 안 되어 가게를 접는 게 아니라 또 다른 음식을 연구해서 이어가셨다는 말씀에 사장님은 열정도 있고 요리에 대한 욕심도 있으신 것 같다고 느꼈다. 특히나 베이킹을 독학으로 하셨다는 것이 정말 대단했다. 쉬운 게 아님에도 포기하지 않고 계속 연구하신 그 열정이 대단하고 부러웠다. 나도 나중에든 지금이든 무슨 일 하나를 끝까지 하려는 마음가짐을 가지고 싶다. 아직은 그게 내가 좋아하는 일이 아니거나, 힘들고 안하고 싶은 일이면 피하려고 하는데, 그러면 안 되겠다. 사장님은 나중에는 미용실도 도전하신다고 하셨는데, '어떻게 무언가를 도전하시는 데에 두려움이 없으신가?'라고 생각했다. 하고 싶은 일을 해보려는 열정이 정말 부럽고 대단했다. (황OO)

학교에 와서 아이들과 면담을 한 날, 오계리 이장님은 자신의 취미인 패러글라이딩을 태워주신다며 희망하는 아이들은 모으셨다. 시간은 토요일 아침 7시, 패러글라이딩을 타기 위해 드들강 현장에 나타난 아이들은 모두 5명. 그 아이들은 그날 인생에서 새로운 경험을 하였다.

그리고 한 달 후, 학생회 환경봉사부 주관으로 하는 <마을 어른을 찾아가는 봉사활동> 첫 번째 장소로 우리는 오계리 마을회관을 선택했고, 패러글라이딩을 탔던 5명의 아이들이 함께 했다. 수업은 아이들 삶으로 연결되어야 하고, 아이들 삶은 자신이 살고 있는 마을 속에서 계속된다는 것을 되새기는 시간이었다.

우리 마을 사람을 소개합니다

<마을과 사람> 수업의 마지막은 <우리 마을 사람을 소개합니다>라는 주제로 마을에 살고 있는 누군가에 대해 이야기하는 글쓰기였다. 조건은 '처음·중간·끝으로 문단을 구분할 것, 소개하는 대상의 외모를 묘사할 것, 그 사람과 관계된 일화를 적을 것'이었다. 쓸 사람이 없다는 아이들은 친구 부모님이나 학원 선생님에 대해 쓰기도 했다.

아래에 소개하는 글 중 경비 아저씨에 대해 글을 쓴 아이는 국어시간이

시작 되어도 책상 위에 늘 영어나 수학 문제집을 놓고 학원 숙제를 하고 있어 그때마다 잔소리를 했던 아이다. 도대체 학원을 혼자 다니는 것도 아니고, 늘 보이는 모습이 한결같아서 나름 답답하기도 하고 걱정도 되었던 아이다.

우리 집 경비 아저씨 이야기

내가 살고 있는 아파트는 경비실과 가까운 동이다. 그래서 경비 아저씨를 자주 마주친다.

그는 나와 다르게 부지런해서 매일 아침마다 청소하러 나오신다. 내가 아파트 안에서 나와 인사를 하면 그 분은 매번 정답게 인사해 주신다. 그래서 그의 얼굴은 따뜻하고 어른스러워 보인다. 그의 나이는 60대 정도의 할아버지이신 것 같다.

언제 한번은 누나와 내가 아래층이 들리도록 신나게 놀았는데 아래층이 시끄럽다고 말하셨는지 경비아저씨께서 집으로 왔다. 처음으로 들은 화나신 목소리여서 무섭고 한편으론 미안해졌다. 앞으로는 절대 시끄럽게 놀지 않을 거라고 경비아저씨께 사과했다. 그분은 기분이 풀리셨는지 아이스크림을 사주셨다. 나는 요즘 그와 잘 마주친 적은 없지만 나는 아직도 그분을 존경한다. (백00)

피드백을 하기 위해 아이가 쓴 글을 앞으로 가지고 나왔다. 글을 읽다 내심 놀란 부분은 '그는 나와 다르게 부지런해서~' 라는 부분과 '그의 얼굴은 따뜻하고 어른스러워 보인다.' 마지막 '나는 아직도 그분을 존경한다.' 였다. 글을 읽는데 그동안 내가 몰랐던 아이의 선하고 순한 마음이 느껴졌다. 그러면서 그동안 아이에 대해 가졌던 부정적인 감정이 사라지고, '그동안 내가 너의 따뜻한 마음을 몰랐구나.'라는 생각에 미안한 마음이 들었다.

아이들 글을 읽는다는 것은 때론 새로운 세계를 만나는 것과 같다. 수업 시간에는 잘 볼 수 없는, 감추어진 내면의 감정과 교류하는 것이 바로 글의 세계이다. 그 내면의 감정을 글로 잘 표현하도록 돕는 것, 그러한 아이들의 감정을 들여다보고, 교감할 수 있다는 것은 내가 행복한 국어교사로 존재하는 가장 큰 원동력이다.

서산리 할머니 이야기

서산리 할머니는 내가 태어나기 전부터 남평에 살고 계셨던 할머니이다. 내가 아주 어릴 적, 남평에는 아이들이 많지 않았다. 우리 마을 서산리(큰마을)는 남평에서도 읍내와 조금 떨어져 있고, 아파트는커녕 빌라도 없던 곳에 심지어 나는 외동이라 마을에 아이가 나 하나뿐이었다. 그러다 보니 마을의 할머니 할아버지들에게 나는 이쁨을 많이 받았는데, 나를 이뻐해줬던 할머니 중 한 분이 그 분이었다.

서산리 할머니는 우리 아랫집에 사셨는데, 마을에서 연세가 있는 편이었음에도 연세가 많아 보이지 않았다. 허리가 굽지 않으시고 많이 돌아 다니셔서 그렇게 생각했을 수도 있다. 머리가 하얗게 새셨는데도 다른 할머니들과는 다르게 염색을 하지 않으셨다.

서산리 할머니는 마을 입구에 작게 닭농장을 하나 하셨다. 내가 학원이 끝나고 집으로 올라가는 길이면, 꼭 나를 부르시고 닭장 앞에서 달걀을 꺼낸 후 나에게 주셨다. 나는 "아니에요! 안 주셔도 돼요!"라고 거절해도 계속 가져가라고 하시니, 못 이기는 척 받아 집으로 돌아갔다.

초반에 우리 할머니는 왜 이런 걸 받아 오냐며 나를 나무라셨지만, 서산리 할머니께서 계속 달걀을 주시니 서산리 할머니께 잘 하라고 하셨다 그래서 나는 닭장 청소를 도와드리는 등 할머니를 도와드렸다. 솔직히 조금 귀찮기도 했다. 빨리 집에 들어가 유튜브를 보며 놀고 싶었기 때문이다.

그러다 어느 날은 닭이 닭장 지붕위로 올라가 있었다. 할머니는 막대기로 닭이 닭장으로 들어오게끔 하고 계셨다. 나는 할머니에게 다가가 상황을 여쭤본 뒤 할머니를 도와드렸다. 정확히 어떻게 했는지 기억은 나지 않지만, 닭이 닭장 안으로 들어갔다. 우리가 잘 유도한 건지, 그냥 닭이 들어오고 싶어서 그랬는지는 모르겠지만, 닭이 닭장 안으로 들어가서 우리는 함께 기뻐했다. 그 후에도 이런 일이 종종 있었는데, 잡지 못한 닭도 있고 다시 들어온 닭도 있었다.

그 후 우리 집이 양우 1차로 이사를 오고, 서산리에는 많이 가지 않아, 자연스레 그분의 모습 등을 잊게 되었다. 이사를 간 후 처음에는 우리 할머니 집에 들를 때 종종 뵈었지만, 요즘은 서산리 할머니가 보이지 않고 닭장도 할머니의 아들 딸 사위 며느리 분들이 번갈아 관리하셨다. 어디가 편찮으시진 않으신지 걱정이 된다. (오00)

서산리 할머니에 대한 이야기는 지나간 추억을 소환하고, 농촌의 풍경을 떠올리게 하며, 오랫동안 마을에 살아온 이웃에 대한 관심을 불러일으키는 이야기다. 글을 정리하고 나서 아이에게 "할머니 어떻게 지내시는지 한번 알아봐~"라는 말을 했는데, 한참 후에 아이가 전한 말, "할머니께 여쭈어보니 서산리 할머니는 아직 마을에 살고 계시다고 합니다."

<마을과 사람> 아이들의 배움

글쓰기까지 끝나고 수업에 대한 평가로, 아이들에게 이 수업의 의미와 배운 점, 느낀 점, 아쉬운 점을 쓰도록 했다.

나는 이번 '마을과 사람' 수업이 되게 특별한 수업이었던 것 같다. 왜냐하면 누군가의 인생을 이렇게 깊이 있게 들여다 본 적이 거의 없기 때문이다. 그리고 처음에는 이렇게 인터뷰를 하는 게 무슨 좋은 점이 있길래 하는 건가라는 약간의 의구심이 있었다. 그런데 그 한 사람의 별 것 아닌 것 같은 소소한 이야기와 살아온 이야기를 들어보니 생각보다 재밌고 의미가 있었다. 또 다른 마을 사람에 대해서도 알아보고 싶은 궁금증도 생겼다. (황OO)

이 수업 덕분에 이 '남평'이라는 곳에 대해 더 관심이 생기게 된 것 같다. 앞으로 남평에 대해 더 알아가 보고 싶고(물론 한층 더 가까워진 것 같고), 더 많은 사람들을 만나서 이야기 나눠 보고 싶다는 생각도 했다. 이번 수업은 정말로 나에게 가장 인상적이고 뜻 깊은 수업이었다. (김OO)

글쓰기 수업의 실제

내가 계획한 수업에서 글쓰기가 차지하는 비중은 매우 높다. 표현하는 활동 중에서 말하기보다 글쓰기에 시간을 집중하는데, 글쓰기를 통해 생각이 깊어지면 말은 그에 따른다고 생각하기 때문이다.

그동안 말하기 수업을 하다 보면, 대부분 아이들은 말하기 위해서 써 온 글을 그대로 읽어 말하기가 아닌 읽기가 되고, 토의나 토론은 소수 아이들이 주도하여 다수는 관객으로 소외되었다. 그러다 보니 모든 아이들이 동등하게 참여할 수 있고, 한 명 한 녕에게 피드백해 줄 수 있는 글쓰기에 더 집중하게 된 점도 있다.

글쓰기는 주로 시나 수필을 쓴다. 예전에는 교과서에서 제시하는 대로 설명문, 논설문 등도 썼지만, 지금은 자신의 삶을 담은 이야기를 주로 쓰고

있다. 제한된 수업 시간에 이것저것 쓰는 것
보다는, 자신의 이야기를 글로 잘 표현할 수
있으면, 설명문이나 보고서와 같은 형식을
갖춰야 하는 글은 필요하면 찾아 쓸 것이라
고 생각했다.

　이렇게 1년 동안 아이들이 쓴 글은 학년말
에 국어교과문집으로 만들어 한 권씩 나누어
주는데, 아이들과 함께 했던 수업의 내용이
모두 담겨 있어 내게는 소중한 자료가 된다.

쓰고 피드백하고 고쳐 쓰고 피드백하고

　모든 글쓰기는 수업시간에 진행을 하는데, 나는 아이들이 쓴 글을 읽고
피드백하고 고쳐 쓰기를 반복하면서, 아이들 글이 완성형으로 나아가기를
독려한다. 특히 중학생 때 글쓰기는 논리적인 글쓰기보다는 아이들 자신의
내면이나 감정을 표현하는 글쓰기를 주로 하여, 아이들이 자신의 마음을 들
여다보고 잘 표현할 수 있는 사람으로 성장할 수 있도록 도와야 한다고 생각
한다. 누군가는 그건 이미 초등학교 때 다 하는 것 아니냐고 말할지 모르지
만, 35년 차 중학교 국어교사로 살아온 내가 만난 대다수 중학생은 정서적
인 돌봄이 필요한 아이였고, 지금 자신의 감정이 무엇인지, 그 감정을 어떻
게 표현해야 하는지도 잘 몰랐다.

　그래서 글을 피드백 할 때 아이들에게 자주 하는 이야기 중 하나가 "사실
만 있고 네 생각이나 마음은 없네? 이 장면에서 네 마음은 어땠는지 가만히
생각해 봐. 그것을 표현해야 진짜 네 글이 되는 거야."라는 것이다. 그러면
어떤 아이들은 "마음이 뭐예요?"라고 묻기도 하고, 자신의 마음이 무엇인지
잘 모르겠다고 말하기도 한다.

아이들이 남의 이야기가 아니라 자신의 이야기를 글로 풀어낼 수 있도록 하기 위해서, 아이들 삶과 관련된 읽기 자료를 준비하고 이에 맞는 질문이나 주제를 제시하는 것도 나의 글쓰기 원칙이다. 글쓰기 사전에 읽기 자료에서 아이들 마음이 충분히 담금질되어야 아이들은 좀 더 쉽게 글을 쓸 수 있다.

글쓰기 시간이 되면 나는 복사지로는 재활용 불가능한 이면지와 학년말 아이들이 버린, 쓰다 남은 공책 등을 들고 교실로 간다. 아이들은 그 종이에 글의 초안을 쓴다. 글을 쓰기 전에 아이들이 쓴 글 몇 편을 읽어준다. 아이들은 "선생님, 얼마큼 쓰면 돼요?"라고 물으면 "길게~ 아주 길게~. 무조건 길게."라고 말한다.

시간이 주어지면 아이들은 처음엔 수다가 계속되거나, 또는 멍을 때리다가, 어느새 몰입하는 순간이 온다. 가끔은 사각사각 펜 굴리는 소리만이 교실을 감싼다. 지금 쓰고 있는 글이 방향을 잘 잡았는지 모르겠거든, 한번 가지고 나와 보라고 말한다. 아이들이 자신이 쓴 글을 가지고 교탁 앞으로 나오면, 나는 아이를 옆에 세워 두고 글을 읽기 시작한다. 줄이 너무 긴 경우는 순서대로 제출하고 자리로 들어간다. 그리고 한 명 한 명에게 고쳐 써야 할 점을 이야기한다.

처음에 아이들이 쓴 글을 보면 대부분 주어와 서술어가 불일치하고, 문장이 너무 길어 이해하기 어렵다. 이럴 때는 단문으로 쪼개어 글을 쓰게 한다. 문단 구분이 안 되어 글의 여백이 없으면 읽기 힘드니, 문단을 구분하는 방법을 알려준다. 시간이 달라지거나, 장소가 달라지거나, 사건이 달라지면 문단을 나누라고 한다. 그래도 어디서 구분해야 할지 잘 모르겠으면, 그냥 자주 줄을 바꾸어 문단 구분을 하라고 한다. 그래야 글에 여백이 생겨 읽기가 쉬워진다고. 문장이나 문단의 순서를 바꾸어 쓰게도 한다. 아니면 아예 글 쓸 순서를 다시 잡고 처음부터 글을 다시 배치하여 새롭게 쓰도록 한다. 어떤 땐 아이와 대화를 하기도 한다. 아이의 가족, 생활 등을 이야기하며 아이가 글의 내용을 어떻게 전개할지 이야기한다.

한 번의 피드백으로 끝나는 경우는 매우 드물고, 보통 아이들은 두 번 정도 피드백을 한다. 글에 욕심이 있는 아이들은 한 번 더 봐달라며 가지고 나오기도 한다. 그러나 이런 피드백은 본인이 원치 않으면 강요하지 않는다.

내가 글을 읽고 피드백을 하는 속도는 30명 정도 되는 아이들 글 쓰는 속도를 따라가지 못해, 글쓰기 시간이면 책을 가지고 교실로 들어간다. 기다리는 동안 아이들은 자리에서 내가 가져간 책을 읽거나 자신이 가지고 있는 책을 읽다가 이름을 부르면 앞으로 나온다.

글쓰기 수업은 개인차가 많아 누구에게는 모자라는 시간이고, 누구에게는 남는 시간이다. 주로 모자라는 시간에 맞추어 아이들에게 충분한 시간을 주려 애쓴다. 때론 마무리를 못 한 아이들이 집에 가서 써오겠다고 하면 그렇게 하도록 한다.

글쓰기는 개별 지도이다. 모든 아이들이 똑같은 수준에 오르도록 지도한다면 누군가는 계속 고쳐 써야 해서 그 아이는 지치고 말 것이다. 그래서 개인의 역량에 맞추어 적절히 피드백을 하고 있다.

모방수필 <난 내가 마음에 들어>

아래 글은 이번 2학기 개학하고 <여는 마당>에서 쓴 모방수필이다. 한비야의 책『그건 사랑이었네』맨 앞장에 실린 <난 내가 마음에 들어>를 아이들에게 복사해서 나누어 주고 함께 읽은 다음, 제목과 형식을 모방하는 모방수필 쓰기를 실시하였다. 모방시나 모방수필은 형식이 정해져 있어 쉬운 글쓰기이다. 모방된 형식으로 쓰인 글은 나름 재미가 있어, 학년이나 학기가 시작할 때 여는 마당에서 많이 활용한다.

이 글을 쓴 아이는 주제를 제시하면 글을 항상 빨리 써왔는데, 글이 짧았다. 짧아서 군더더기는 없으나 글에 맛이나 재미가 없었다. 그래서 이번에는 작정하고 아이에게 제안을 했다.

"○○아, ○○이는 글이 좀 짧잖아. 이번에는 글을 좀 길게 써보도록 하자. 시간
은 아주 많아. 앞으로도 2시간이나 남았어. 어때?"
"좋아요."
"자, 처음 네가 쓴 글을 보면 나는 나의 어떤 점이 마음에 든다는 뼈만 있어.
근데 우리 갈비 먹을 때 뼈만 있는 게 맛있어? 살이 좀 붙어야 맛있어?"
"살이 붙은 거요."
"그럼 각각 마음에 든다는 뒷부분에 내용을 좀 더 보충해 봐. 한비야가 계속
다른 것과 비교를 하면서 이야기하듯이 너도 키가 커서 마음에 드는 점 외에
키가 작았으면 어땠을 지를 보충해 봐. 그리고 지금 사는 곳이 마음에 들면
전에는 어디서 살아서 어땠는지를 보충하면 글이 훨씬 길고 풍성해져."

피드백을 받고 자리에 들어간 아이는 처음 썼던 종이 아래에 보충할 내용
만 따로 덧붙여서 써가지고 왔다.

"○○아, 잘 썼어. 근데 글이라는 것은 위에서 아래로 쭉 이어져야 글이 어떻게
써졌는지 더 잘 보여. 그러니까 종이를 한 장 더 줄 테니 이것을 이어서 완성
본으로 다시 써가지고 와 봐. 네가 글쓰기공책에 바로 옮기면서 보완하려면
그렇게 해도 되는데, 선생님 생각은 연습 종이에 한 번만 다시 썼으면 좋겠
어. 어때?"
"다시 해볼게요."
"옮길 때 각 항목에 내용을 덧붙일 수 있으면 덧붙여봐. 아주 사소한 것이어
도 괜찮아."

그렇게 해서 아이는 다시 연습 종이에 긴 글을 써가지고 나왔다. 아이가
쓴 글에서 문맥이 어긋난 곳, 단어 선택이 잘못된 곳을 골라 수정하고, 공책

에 옮겨 쓰게 했다. 공책에 옮긴 글은 문단이 바뀔 때 들여쓰기를 하지 않아 아쉬웠지만, 다음에 쓸 때 참고하기로 했다.

①이 맨 처음 쓴 글이고, ②가 더 보충한 글이다. ③은 다시 처음부터 끝까지 쓴 글이고, 마지막은 공책에 옮겨 쓴 글이다.

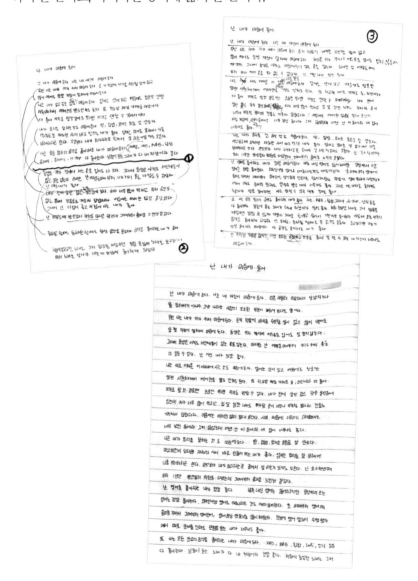

국어수업을 돌아보다

2학기가 시작되고, 아이들에게 1학기 수업에 대한 평가를 받았다. 질문은 모두 3개를 주었다.

Q1. 새로운 교과서로 진행된 국어수업은 어떠했나요?

"처음에는 당황스럽고 어색했다. 그리고 '아, 이게 시험 보는데 도움이 될까?'라는 생각이 들었다. 하지만 중간고사를 보면서 중학교 2학년 때 수업보다 더 잘 이해가 되고 시험도 쉬어진 것 같다는 느낌을 받았다. 여러 번 글쓰기를 하면서 문장을 이해하고 쓰는 활동에 익숙해지면서 '교과서가 정답은 아니구나.'라는 생각이 들었다." (박OO)

"교과서를 벗어났지만 우리가 배워야 할 것은 교과서에만 있지 않았다. 다양한 배울 거리와 볼거리를 경험할 수 있었고, 내 생각을 정리해서 글로 써보면서 많은 것을 배웠다는 생각이 들어 괜찮았다." (김OO)

"한 번씩 다른 과목들을 수업할 때 교과서에 나오는 내용이 정말 나에게 필요한 내용일까? 라는 의문이 생길 때가 종종 있는데 그때마다 그 내용이 일상생활에서 필요하지 않는 것 같고 무언가를 배운다기보다 그냥 의미 없이 지나가는 시간처럼 느껴졌는데 국어시간, 양혜단 선생님과 함께하는 수업은 가치 있는 수업처럼 느껴져요. 매번 새롭고 나에게 도움이 되는 내용이라 배운다는 게 뭔지 알게 된 것 같고 선생님의 수업은 다르게 나에 대해 생각해 보고 돌아보는 시간이 있는 것 같아서 교과서를 활용한 수업보다 이런 수업들이 더 알차고 나에게 유익한 것 같아서 만족하고 있다." (김OO)

Q2. 글을 쓰고 피드백하고 고쳐 쓰는 과정에서
   여러분의 글쓰기 활동은 어땠나요?

"평소보다 길게 써 보니 생각이 더욱 많아지고, 다음 문단으로 넘어가는 방법을 배워서 좋았다. 계속 쓰다 보니 더 길게 쓰고 싶고 더 잘 쓰고 싶었다. 또 글로는 나의 감정을 정확하게 말하고 고민할 수 있어서 좋다." (박○○)

"내가 쓴 글을 보고 선생님이 피드백을 해주실 때면 내 가슴이 콩닥콩닥 요동을 친다. 이 피드백 과정으로 인해서 내가 더 많은 생각을 하게 되고, 글의 길이가 늘어나고 발전하는 것 같다. 어쩔 땐 선생님의 피드백과 내 생각이 많이 달라서, 내가 혼자 또 그 글에 대해 생각하는 것이 너무나 당연한 일이 되어 버렸고, 그런 과정들이 나한테는 너무 기쁘다. 제일 기쁜 것은 피드백으로 인해서 나의 미완성된 글들이 점점 완성을 향해 간다는 것이다. 완성에 도달했을 땐 내 글이 완벽해졌다는 생각에 글을 보면 기분이 좋아진다. 그래서 난 글쓰기 활동 중 피드백이 제일 중요하다고 생각되고 꼭 필요한 과정 중 하나라고 생각한다." (안○○)

Q3. 국어시간을 통해 배우고 성장한 것이 있다면?

"글쓰기는 나의 내면과 대화를 하는 방법이라는 것을 배우게 되었다. 글쓰기를 안 할 때는 생각을 하다가도 그냥 잊고 넘어갔는데, 글쓰기를 할 때는 내 생각을 적어야 하므로 내 생각을 정리하는 유일한 방법이 글쓰기가 된 것 같다." (조○○)

"나는 마음이 성장한 것 같다. 나는 마음을 달래주는 방법도 기쁘게 하는 방법도 내려놓는 방법도 모두 글을 써 내려가거나 선생님과 대화하면서 얻은 것 같다." (김○○)

"가장 크게 변화한 것은 생각을 깊게 하는 것이다. 처음 이 공책에 글을 쓸 때 있는 말, 없는 말 다 쓰는 게 힘들었다. 물론 지금도 애써서 생각해야 할 때가 많지만 처음에 비하면 많이 좋아졌다. 그리고 감상평을 쓰거나 할 때 내 생각을 주로 썼는데 언제부턴가 마음을 적게 되었다. 선생님께서 마음을 적으라고 하실 때마다 '마음이 뭐지?' 했다. 너무 힘들었는데 지금은 나아진 것 같다." (현00)

아이들 글을 읽다 보면 마음이 충만해진다. 은밀한 사연에 놀라고, 생각지도 못한 표현에 반갑고, 때론 아이들 슬픔이 내게로 와 따라 슬퍼지기도 한다. 그 충만함을 느끼는 시간이 좋아 글쓰기를 애써서 하는지도 모른다. 글 속에서 성장해 가는 아이들 모습을 볼 때, "이제 글쓰는 재미가 느껴지니?"라는 물음에 "네."라는 대답을 들을 때, 나도 모르게 미소가 지어진다.

〈난 내가 마음에 들어〉 모방수필 쓰기를 할 때 아이들에게 말했다. "애들아, 나는 내가 국어 선생인 것이 마음에 들어!" 정말이다. 나는 내가 국어 선생이어서 정말 좋다. 다시 태어나서 선생을 한다면 그때도 국어 선생을 할 것이다. 국어 선생이었기에 누구보다 아이들 내면을 깊숙이 들여다볼 수 있는 행운이 있었고, 그 행운 덕에 내가 교사로 더 성장하고 발전해 왔다. 그 사실만으로도 감사하고 행복하다.

언제부턴가 미래교육이라는 화두가 교육을 지배하고 있다. 말 그대로 풀이하자면 미래교육은 아직 오지 않은 교육이다. 지금 학교 현장을 보면 병들어가는 아이들이 눈에 밟히고, 선생님들은 발등에 떨어진 불끄기에 바쁜데, 우리는 현재를 돌보기보다 아직 오지 않은 교육을 이야기해야 한다. AI나 VR로 대변되는 미래교육 이야기를 들으면, 교육의 본질이 무엇인가 스스로에게 묻는다.

교육의 본질은 과거든 현재든 미래든 똑같다고 생각한다. 교육의 주인공인 아이들 삶을 이야기해야 하고, 아이들이 자신의 삶을 잘 가꾸어 갈 수 있도록 도와야 한다는 것이다. 현재를 문제투성이로 놔두고, 미래를 잘 살아갈 수는 없다. '현재를 어떻게 살아갈까?'가 결국 미래를 결정할 것이다.

벌교중학교에서부터 나와 수업 이야기를 계속 나누어 온 선생님이 내 수업에 대해 한 이야기다. 정말 과분한 말이지만, 우리 아이들에게 필요한 말이기에 적어본다.

"아이들은 글쓰기를 통해 자기 자신을 들여다보고, 자신이 누구인지를 알고, 스스로 치유하며 성장하는 과정을 겪는 것 같아요. 국어교사로서 선생님은 그 과정을 돕고 계시는 것 같고요. 요즘 미래교육에 대해 많은 이야기가 오고 가는데, 미래를 위해 아이들에게 가장 필요한 것은 지금 내면의 힘을 기르는 것이지요. 불확실하고 예측 불가능하고 불안한 미래에 붙들려 있기보다는 현재의 나 자신과 나의 삶을 지켜나가는 것, 그 힘을 단단하게 기르도록 도와준다면 아이들은 유연하게, 흔들리지 않고 상처를 덜 받으며 금방 회복할 수 있는 어른으로 성장하겠죠. 그것을 도와주는 교육이 바로 선생님의 교육이라는 생각이 듭니다."

협력과 대화로 발견하고
생각하는 수학 수업

– 수학은 학생의 삶에 어떻게 기여하는가?

주희선 | 의정부여자중학교

수로 세상을 읽고 말하는 과목, 수학

최대공약수와 최소공배수를 배운다. 이 내용은 중학교에서 처음 나온 내용은 아니다. 자연수의 구구단 수준이라 못 하는 아이는 거의 없다. '왜 중학교에 또 나올까?'

학년 초 수학 수업의 이해를 위해 중학교 수학은 초등학교 수학과 무엇이 다른지 질문한다. "수학은 뭘 공부하는 과목이지?" "중학교 수학은 초등학교 수학과 뭐가 다르지?" 대다수 학생은 "어려워졌어요" "공식이 많아요"하고 답한다.

수학은 수로 세상을 읽고 말하는 과목이다. 수학 단원은 항상 '수'부터 시작한다. 수가 달라졌다. 자연수를 보는 시선이 넓어진다. 중학생은 자연수 8을 2의 거듭제곱인 으로도 볼 줄 안다. 8이 있으면, 그 반대의 개념인 -8의 존재도 알아챌 수 있다. 자연수만 존재하던 세상에서 음의 정수가 등장했다. 수의 확장은 세계관의 확장이다. 기존의 방식도 변화해야 한다.

"애들아, 수를 보는 시각이 넓어지고 수가 확장됐으니 방법도 변해야 하지 않을까?"

자연수를 소인수분해하고 거듭제곱으로 나타냈으면 최대공약수 최소공배수 구하는 방법도 달라져야 하는데, 거듭제곱을 다시 계산해서 초등학교 방법으로 구한다. '이렇게 해도 되는데, 왜 그러지?' 하는 눈으로 바라본다. 세계관이 확장됐는데, 여전히 예전의 익숙한 방법만을 고수한다.

"음수로 수가 확장되면서 어떤 변화가 생길까?"
"3-5는?"
"-2요."

거의 모든 아이가 직관적으로 안다. 초등학생은 3-5를 계산 할 수 없다고 배우지만 음수로 수를 확장하면 할 수 없는 것들이 가능해진다. '3에서 5를 뺀다.'에서 '3에서 -5를 더한다.'라고 연산이 바뀐다.

중학교 수학의 가장 큰 변화는 음수의 등장과 표현 방법의 변화다. 중3으로 가면 무리수가 등장하고 고등학교에선 복소수가 등장한다. 새로운 수의 등장은 변화다. 그것으로 인해 무엇이 변하고 가능해지는지 알아채야 한다. 어쩌면 우리의 삶도 새로운 것을 받아들이지 않고, 예전 방식을 고수하려는 습관과의 싸움이다. 수학은 삶을 사는 습뺼을 익히는 과목이다.

교사의 수업 철학과 고민

수업 쉽지 않다. 25년 넘게 수학 수업을 하는데 항상 고민이다. 수업은 생물이다. 수업은 여러 가지 요인으로 인해 변화하고 있다. 협력과 대화로 생각하고 발견하는 수업을 하고 싶다. 수업 철학과 고민은 이렇다.

가르침은 주로 듣는 것이고 배움은 주로 말하는 것

수업 시작할 때 열심히 설명한다. 오늘 할 것이 무엇이고, 어떻게 하면 되고…. 기타 등등. "자 이제 시작하세요." 아이들이 멀뚱멀뚱 보기만 한다. 그나마 관계가 편한 반은 옆 친구에게 물어본다. "뭐 하는 거야?" 교사가 말한다. "지금까지 설명했잖아. 듣지 않고 뭐 했어. 그러니까 설명을 잘 들어야지." 수업 시간에 있는 일반적인 루틴이다. 그러니 교사가 A부터 Z까지 설명할 필요 없이 모여 앉아 말하고 보면서 하면 배움이 더 크다. 실제 배움은 교사가 설명할 때보다 친구와 대화를 시작할 때부터 일어난다. 배움은 우리가 누군가와 대화를 나누는 순간부터 일어난다. '교실을 안전한 대화 공간으로 만들기'는 수업을 준비하는 첫 단계다.

교사 혼자 하는 강의를 넘어 학생 사이의 협력과 상호교류로 배움이 있는 수업을 만들고 싶다. 수학적 개념을 일방적으로 가르치는 것이 아니라 상호교류와 대화로 규칙을 발견하고 알아채며 배우는 협력적 배움이 있는 수업을 만들고 싶다.

도전과 시도가 배움

어떻게 하면 수학을 포기하지 않게 할 수 있을까? 수업에서 멀어지지 않는 것이 먼저다. 중1 수업에서 학생이 많이 하는 질문은 "~~해도 돼요?"이다. 내가 자주 하는 말은 "응. 한 번 해봐. 수업이니까 틀려도 돼. 모르니까 배우는 거지, 다 알면 왜 배워"이다. 해봐야 맞든 틀리든 한다. 그래야 배울 수 있다. 때로는 틀릴 때 배우는 게 더 크다. 내가 수업 시간에 학생의 매력적인 오답을 수업 도구로 활용하는 이유다. 그나마 하려는 생각을 하는 건 바람직하다. 학습에서 실패 경험이 많은 아이는 하기도 전에 '어렵다. 모른다.'라며 하지 않는다.

특히, 중1 학생이 겪는 어려움은 언어다. 일상 언어와 수학 용어의 괴리에서 오는 어려움이다. x, y만 나오면 생각을 멈춘다. 그래서 식을 쉬운 말로 해석하기를 많이 시킨다. 식을 쉬운 말로 바꿔주면 해내는 경우가 많다. 학생에게 자주 하는 말은 "초등학교 동생도 알아들을 수 있는 쉬운 말로 바꿔 말하세요. 식도 언어(문장)입니다."이다. 식을 읽고 해석할 수 있어야 한다. 수업에서 식을 쉬운 말로 바꿔 말하기, 말을 식으로 표현하기를 하는 이유다.

"방정식의 해는?", "몰라요.", "안 배웠는데요." 이렇게 말하다가 "더해서 5가 되는 숫자 두 개는?" 이러면 "아하? (1, 4), (2, 3)", "그렇지. 근데 중학생 수준으로 수를 확장하면?", "-1과 6이요." 갸우뚱한다. "응? 답이 하나가 아닌데요?", "답이 여러 개면 안 되나?"

이 문제에서 학생이 주춤거리는 이유는 답이 하나라고 생각하기 때문이다. 정답을 숫자 하나로만 찾던 습관이 배움의 확장을 막는다. 정답 하나를 빠르게 계산하던 습관은 식 세우는 걸 힘들게 만든다. 새로운 도전과 시도는 편견을 버려야 한다.

"사과와 배를 더해 100개 있다. 사과를 x라고 하면 배는?", "y요.", "응? 그럼 y는?" "배요." "배는?" "y요.", "..."

"사과가 10개면 배는?" "90이요", "사과가 25개면 배는?" "75요", "어떻게 알았지?" "100에서 25를 빼서요.", "그러니까 배는 100에서 사과를 빼서 나온 거지. 그럼 사과가 x면 배는?" "100-x요."

"그럼, 아까 말한 y랑 100-x는?", "같아요. y=100-x" "이건 중2가 배우는 건데? 중1이 알아냈어.", "답을 빨리 말하려고 하지 말고, 답이 어떻게 나왔는지 과정을 생각을 생각해봐. 그 과정이 식이야." 답을 빨리 말하는 습관을 버리고 답이 나온 생각의 과정을 천천히 생각하게 한다. 그래야 식을 세울 수 있다. 수학에서 식은 생각의 과정을 표현한 것이다. 중학교 수학부터 식이 본격적으로 나온다. 그래서 학생은 공식이 많아져 어려워졌다고 느낀다.

수학을 잘하든 못하든 수업에서 멀어지지 않고 도전할 수 있도록 직관을 배움으로 연결해 성공 경험이 쌓이는 수업을 설계하려 한다. 성공 경험이 있는 아이는 수업에서 멀어지지 않고, 도전할 마음을 갖는다. 도전과 시도가 배움이다.

직관을 배움으로 연결

그냥 아는 것들이 있다. 직관적 사고[1]는 대상을 인지하는 것이 다소 불분명하지만, 전체를 감지할 수 있는 사고 방법이다. 수학은 직관적 사고에 의해 발견되고 발명되는 경우가 많다. 그래서 현재의 지식에서 출발해 생각하고 발견하는 수업을 구상한다. 수학적 사고력은 직관적으로 습득된 지식을 추론하고 규칙을 발견해 식과 글로 표현할 수 있는 능력이다. 새로운 개념을 탐구하기 위한 도입과제는 현재 알고 있는 것에서 출발해 발견하고 알아채도록 사전 설명 없이 던져주고, 수업 마무리는 글로 정리하는 작업을 한다.

정비례 수업을 하기 전에 생활 이야기로 도입 활동을 하면 정비례 관계를 표와 그래프를 이용해 자연스럽게 수학적 언어로 바꿔 연결할 수 있다.

"우리 생활에서 관계가 있는 두 가지를 찾아 그래프로 표현해보세요." 정말 많은 것을 찾아 직관적으로 그래프를 그린다.

- 물을 많이 사용하면 수도 요금이 많이 나온다.
- 에어컨을 많이 사용하면 전기요금이 많이 나온다.
- 자동차를 오래 타면 기름을 많이 쓴다.
- 판서를 오래 하면 분필이 짧아진다.

---

[1] 교육부, 수학과 교육과정, 2015

수도요금 또는 전기 요금과 같이 사용량이 많으면 요금이 많이 나오는 것처럼 저절로 아는 것이있다. 사용량과 요금 사이의 관계를 직관적으로 이해해 그래프로 표현한다. 학생 학습지를 보니 그래프 표현은 모든 아이들이 했는데, 표는 못하고 있다.

　　"표는 왜 빈칸이지?"
　　"숫자를 몰라서요."
　　"그렇지. 표는 숫자를 알아야 하지. 그래프에 숫자가 있으면 둘 사이의 관계
　　를 좀 더 구체적으로 표현할 수 있겠지. 그러면 물 1L에 300원씩 요금이 올
　　라간다면 표와 그래프로 다시 그려보세요."

　　그래프는 둘사이의 관계를 한눈에 보기에 좋고, 표는 구체적인 숫자 값을 알기에 좋은 도구라는 것을 알아채는 순간이다.

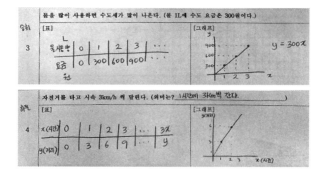

　　표를 만들던 아이가 질문한다. "물 1L에 300원 2L에 600원 3L에 900원…. 이걸 언제까지 해야 해요?" 직관이 질문을 통해 배움으로 연결되는 순간이다.

"표의 칸을 많이 만드는 것 보다 물의 양과 요금 사이의 관계, 규칙을 알아내
는 것이 중요하지. 무슨 규칙이 있지?"

"300씩 늘어나요." "물에 300을 곱해요."

"물이 1리터씩 늘어날 때마다 요금이 300원씩 늘어난다. 이걸 식으로 바꾸
면?"

"$300x=y$"

교사는 적절한 질문으로 학생의 직관을 끌어내 다양한 발견을 수학적 언
어로 바꾸고 학습과 연결하는 역할을 하면 된다.

디지털 기기의 활용 수업

문자와 식이 끝나고 방정식 수업을 시작한다. 방정식은 수학 학습의 기
본이다. 그래서 이 단원 수업은 기계적으로 풀 수 있도록 훈련과 연습을 많
이 시킨다. 쪽지 시험을 보고 통과하지 못한 아이들은 교과 보충을 한다. 그
런데 한 아이가 내게 다가와 말한다. "선생님 Photomath가 있는데 해야 하
나요? 풀이 과정도 있는데." 'Photomath'는 단순 연산 방정식 문제를 사진 찍
으면 바로 풀어 주는 스마트폰 앱이다. 이미 진화된 계산기 앱 'Calculator'는
아날로그 계산기를 대체해 사용 중이다. 디지털 능력이 중요시되고 있다.

특히 관계와 변화를 직관적으로 알고 추론하는 함수에서 연산이 중심인
수업을 해야 할까? 방정식의 해를 구하는 기계적 연산의 훈련은 함수를 관
계로 보는 통합적 사고로 전환하는 것을 막는다. 두 변량 사이의 증가 감소
등과 같은 관계와 변화를 사고해야 하는 함수 수업에서도 여전히 아이들은
x, y 해를 찾기에 바쁘다.

함수 관계의 특징을 알아내는 수업에서 그래프 그리기를 핸드폰 앱으로
하면 연산 과정에서 벗어나 그래프를 관찰해 변화와 관계에 집중하는 토의

토론이 활발히 일어난다. 토의토론으로 규칙을 발견하는 의사소통과 변화를 예측하는 추론이 수업에 중심될 수 있다. 특히 기초학력이 부진한 학생일수록 연산이 안 된다. 연산을 빼면 연산 능력과 상관없이 의사소통, 정보처리, 추론 등 수학적 역량에 집중해 모두가 수업에 참여하고 몰입할 수 있다.

학생은 언제 협력하고 몰입할까?

수업연구회로 만드는 수업문화

우리 학교에 오신 선생님들은 이렇게 말한다. "아이들이 정말 예쁘고, 수업 시간에 참 잘한다." 순회오신 선생님도 대체 강사로 오신 선생님도 한결같이 하는 말이다. 수업 문화가 잘 자리 잡았음을 느낀다. 저절로 되는 건 없다. 교사와 학생 모두 수업문화를 만들기까지 많은 경험과 이야기가 쌓여있다. 학생도 일 년에 2~3번 학급을 공개하는 것이다. 그래서 그런지 아이들은 오히려 수업에 다른 선생님이 들어와 관찰하는 것을 낯설어하지 않는다. 교실 수업 문화가 자리 잡기까지는 이러한 물리적 시간과 '선생님도 수업을 공부하고 학생의 배움에 구체적인 관심이 있다.'라는 정서적 교감이 쌓였기 때문이다. 수업 공개를 한다고 하면 그때부터 수업에 대해 고민을 하고 새로운 시도도 하고, 아이들과의 관계도 잘 유지하고자 노력한다. 수업의 변화는 수업 공개를 한다고 하는 그 순간부터다.

수업은 생물이다. 수업은 늘 여러 가지 요인으로 인해 변화하고 있다. 수업의 어려움을 극복하는 것도 수업을 성장시키는 것도 혼자 할 수 없다. 우리 학교는 전 교사가 본인의 수업 고민을 동료 교사에게 공유해, 수업을 열고 나누는 수업 연구회를 운영한다. 교사의 공통된 수업 고민은 하나다. 어떻게 학생을 수업에 참여시킬까? 학생은 상호작용을 통해 의미 있게 배우고 성장하고 있는가? 이다. 동 교과 동 학년 선생님들과 수업을 관찰해 학생이 수업에 참여하고 협력해 몰입하는 순간을 알아채 구조화하는 방안을 찾고자 했다.

몰입의 조건

수업 설계는 학생들이 헤매지 않을 만큼의 문장과 절차를 제시하는 것 vs 너무 친절한 설명으로 다양한 생각을 가로막지 않을 만큼 제시하는 것 사이의 고민이다. 의사소통의 혼란을 막아 수업에 집중할 수 있는 발문을 만들고 수업 목표에 도달하기 위한 질문을 만드는 것이 교사의 과제다.

구상과 설계를 하고 나면 수업에서 교사의 역할은 관찰이다. 아이들이 어느 지점에서 주춤거리고 헤매고 있는지 학습지 발문은 정확히 해석하는지 그렇지 않다면 이유가 뭔지를 관찰해 문제를 제거해주고 다양한 학생의 배움을 연결해 주는 것이다. 이러한 교사의 과제는 동교과 교사에게 수업을 열고 나누는 과정으로 해결한다.

학생이 수업에 몰입하기 위한 첫 번째 조건은 수업을 시작하기 전에 수업의 목표가 무엇인지 명확히 인지하는 것이다. 뭘 해야 하는지 어떻게 해야 하는지 방법과 목표에 대한 명확한 이해가 선행된 수업이 몰입을 높인다. 그렇지 않으면 어떻게 하는지에만 시간과 대화를 쏟다가 끝나는 경우가 많다. 그래서 수업의 시작은 그날 해결해야 할 수업 질문으로 하고, 활동 방법은 글로 써 보여준다. 수업 시간에 해야 할 것이 무엇인지 알 수 있는 명확한 과제제시와 학생 간 상호작용이 배움이 있는 수업을 만든다.

협력의 조건

할 만한 과제를 해결하는 과정에서 자연스러운 협력이 높아진다. 과제가 너무 어렵거나 많으면 협력할 여유가 없다. 상호 작용이 일어나지 않는다. 학습의 양을 적정하게 줄이고 나니 대화와 협력이 더 많이 일어난다.

정비례와 반비례를 다 배우고, 둘을 비교 관찰해 특징을 찾는 수업을 한다. 식과 그래프를 모두 배웠기 때문에 수월히 할 수 있다고 생각했다. 그러나 총 4개의 그래프를 그리고 비교하는 활동은 양이 많다. 그래프 4개를 그리기 바빠 다른 사람의 말을 듣고 답할 여유가 없어 대화가 없다. 의도했던 그래프 특징을 비교하는 대화가 일어나지 않는다.

양수 계수로 해서 정비례와 반비례 각각 1개만 그리게 했다. 그래프 그리는 시간을 줄이고, 특징을 비교하는 시간을 충분히 쓸 수 있도록 수업 내용을 줄였다. 시간이 충분하게 생기니 모둠 대화가 많아진다. 그래프 특징에 대해 더 많이 이야기 나눈다. 그래프 그리기는 반복 학습이다. 그래프 그리기와 비교 관찰 둘 다 해보려는 교사의 욕심을 버리고, 수업 내용을 절반으로 줄이니 훨씬 수업에 여유가 있다. 원래 계획했던 정비례와 반비례를 비교해 특징을 발견하고자 했던 본래의 수업 목표에 더 가까이 갔다.

협력적 배움을 만드는 모둠 구성

수업에서 학습 목표에 도달한 모둠의 관찰기록이다. 이 모둠의 상호작용을 관찰해 협력적 대화가 가능한 모둠 구성을 고민해 본다.

지우, 배희, 다해, 민지가 있다. 민지는 기초학력 부진 학생이고, 수학을 잘하는 학생은 지우다. 배희와 다해는 수학을 잘하는 아이는 아니다. 수학을 포기하지 않고, 해보려고 하는 아이다. 둘을 비교하자면 다해가 더 성적이 높다.

배희가 질문하고 다해가 기록하는 역할을 한다. 배희가 주로 모둠을 이끌어 가고, 정다해는 옆에서 도와준다. 정비례함수의 좌표를 찍는 활동에서 (1.3)

을 지나는 직선이기에 상식적으로 (3, 1)을 지날 것이라는 배희의 말에(오답) 모둠원이 모두 따라서 받아쓴다. 이 지식을 확장하여 (-1,-3)을 지나기 때문에 (-3, -1)도 지나게 되고, 모둠원 전체가 오개념으로 흘러간다. 결국 수업하는 교사에 의해 발견되어서 지금까지 한 전 과정을 수정해야 한다. 이때부터는 그래프를 이해하는 흐름이 제대로 작동된다. 어렵다는 반비례함수까지 특성을 파악하고 기본적인 개념을 생성하게 되었다. 교사 설명으로 개념을 마무리하였을 때 두 학생은 확실히 개념을 잡았다. 나머지 두 학생은 실제로 다른 학생의 도움을 받아서 빈칸을 채우는 정도로 학습을 마무리했다. 모둠원들이 새로운 법칙에 대해 발견하며 서로에게 칭찬하고 격려하는 장면이 인상적이다. [동 교과 교사의 수업 관찰]

모둠활동을 주도한 학생은 배희다. 배희는 계속 질문을 던지고(진심 자기가 몰라서) 그 질문에 다해가 성의껏 답하는 과정을 보인다. 다해도 잘하는 아이가 아니라서 둘의 대화가 오류로 흘러간 것이다. 교사가 오류를 발견해 수정해 주는 순간 오류를 깨닫고 어려운 반비례까지 스스로 확장해 해결했다. 이 중 공부를 잘하는 지우는 조용히 제 할 일을 하는 아이다. 지우는 배희와 다해가 틀렸다고, 창피를 주거나 대화를 끊지 않았다. 이 아이가 보여준 역할이다. 배희는 모르는 걸 질문하고, 다른 친구의 말을 듣고, 말 시키는 아이다. 이 모둠의 리더 역할은 배희가 했다. 서로 질문하고 대답하는 과정에서 사고가 확장된다. 서로 칭찬하고 격려하는 대화와 관계가 학습을 이끈다. 배희와 다해의 대화를 보고 들으며 민지는 학습에서 멀어지지 않고 그나마 함께할 수 있다.

수업 관찰과 나눔을 통해 알게 된 사실은 모둠 구성만 잘해도 수업이 한결 수월하다는 것이다. 모둠 구성은 리더 역할을 하는 친구, 리더를 받쳐주는 사람, 따라주는 사람, 낮은 수준 혹은 엉뚱한 질문을 하는 사람(나대거나 수업에서 멀어지는 아이)으로 4명으로 구성한다. 이렇게 구성하니 상호작용이 활발해 수업 참여만 아니라 과제 도달률도 높다. 리더는 공부를 잘하는 아이가 아니라, 대화를 잘 이끌고 경청해 주는 진행자이다. 리더의 역할은 진행자다. 협력적 배움은 잘하는 아이가 못하는 아이를 가르쳐 주는 것은 아니다. 이 수업 나눔을 통해 동 학년 교사가 다 같이 학급의 모둠 구성을 함께 고민했다.

관계와 모둠을 세우는 통계 수업

수업을 만드는 화목한 관계와 좋은 질문

같은 수업인데, 유독 힘든 반이 있다. 다른 이의 발표를 경청하지 않거나 '괜찮아. 계속해봐.'라는 시선을 친구로부터 받지 못하는 학급에선 더욱 그렇다. 모든 생각을 교사에게만 의존하고 검증받으려 하는 학급은 생각이 확장되지 못한다. 의외의 발견과 학습이 일어나지 않는다. 학급 친구들 사이의 관계를 세우고 모둠을 세우는 것이 먼저다.

이 수업은 교과 재구성으로 관계와 모둠 세우기를 위해 3월에 배치된 수업이다. 3월은 교사가 앞으로 어떻게 수업하는지 보여주는 탐색기이기도 하다. 교사가 어느 순간 어떤 행동에 긍정적 반응을 하는지 학생이 알아채게 하는 것도 이 프로젝트 수업의 숨은 목표다. 매시간 수업 마무리는 학생의 학습지로 한다. 잘한 학습지보다는 오류가 있는 학습지로 오개념을 잡아준다. 교사가 흔한 오답(매력적인 오답)을 좋은 수업 도구라 말하고, 수업 자료를 제공해줘 고맙다는 표현을 하면 학생은 오류에 대한 두려움과 부끄러움이 준다.

긍정적인 수업 태도 강화를 위해선 모둠활동을 관찰해 모둠을 칭찬한다. 결과가 좋은 모둠보다는 대화가 활발히 일어나는 모둠, 질문이 많은 모둠을 칭찬한다. 친구의 질문에 경청해 대화하는 순간을 포착해서 칭찬한다. 그러면 고개 숙여 자기 학습지만 하던 아이가 모둠원을 바라보고 대화하기 시작한다.

수업 설계의 주안점 및 학습 목표

교과 재구성을 통해 2학기 통계 단원을 3월 학년 초 수업으로 끌어왔다. 개정 교육과정은 통계를 주어진 자료의 수동적 처리가 아닌 실생활 맥락에서 활용하는 유용성을 중요시한다. 통계는 단계적 교육과정인 수학에서 비교적 독립적인 단원이라서 재구성하기 좋다. 실생활과 연결 짓기 좋은 단원이다.

이 수업은 교과 학습 내용을 생활과 연결해 '통계로 본 우리 반 친구들의 생활'이라는 주제로 평화로운 학급을 만들기 위해 한 학년 초 교과 프로젝트다. 협력적 배움을 위한 화목한 관계 만들기와 교사의 수업 방법 익히기가 수업 목표다.

- 학생의 현실에 맞는 과제가 집중력을 높인다. 주제와 내용은 학생이 결정한다.
- 자료 수집은 성취기준에 맞는 도수분포표, 히스토그램, 평균을 구할 수 있는 숫자 응답을 반드시 포함한다.
- 수학 수업에 입문하는 단원으로 생각과 대화에 집중하기 위해 계산기를 사용한다.
- 개별 보고서를 제출하고, 개별 보고서를 바탕으로 모둠 보고서를 완성한다.
- 수집한 자료를 통계적(도수분포표, 히스토그램)으로 정리할 수 있다.
- 자료 조사와 정리(통계)를 통해 알게 된 사실을 근거로 자기 생각을 말할 수 있다.

수업의 맥락과 흐름

1차시	계획 세우기	모둠 주제 정하기 - 자료 수집을 위한 질문 만들기
2차시	자료의 수집	질문을 가지고 주어진 시간 안에 교실을 자유로이 돌아다니며 반 친구 모두를 만나 인터뷰해서 자료를 수집한다. (학습지 활용)
3차시	자료의 정리	개인 보고서 쓰기 (도수분포표, 히스토그램, 평균, 분석 글 포함)
4차시	모둠 보고서 '수학신문 만들기'	각자 조사하고 정리한 자료의 내용과 통계를 발표(모둠원이 한 명씩 돌아가며)하고 통계 결과를 하나로 연결하는 토론·협업: 수학신문 만들기
5차시	발표 및 평가	갤러리 투어 : 모두 발표와 오류 찾기

1차시, 주제 정하고 자료 수집을 위한 질문을 만들고, 역할 분담까지 계획을 세우는 시간이다. 주제는 주로 친구 관계, 학교생활 만족도, 급식 만족도, 수업 만족도, 핸드폰 사용 시간, 잠자는 시간, 가족 등이다. 아이들이 제일 궁금해하는 것은 친한 친구, 인기 많은 친구 등 친구에 관한 것이다. 친구 관계 조사를 위해 친한 친구와 좋은 친구의 조건을 먼저 이야기한다. 좋은 친구는 대화를 많이 하는 친구, 뒷담화하지 않는 친구, 말을 잘 들어 주는 친구, 무시하지 않는 친구 등이 나온다. 통계 결과를 채울 수 있는 추가 질문도 만든다. 예를 들어 '친한 친구는 몇 명인가요?'와 더불어 '친하게 지내고 싶은 친구는 어떤 친구인가요?'를 조사해 '친한 친구는 평균 4명이고, 다정하고 착한 친구를 사귀고 싶어 한다.'와 같이 결론을 낸다. 이런 대화는 자연스럽게 학급 생활의 성공을 위해 어떻게 하면 좋은지 생각하게 만든다.

질문을 만들 땐 자세히 관찰해야 한다. '친한 친구가 몇 명이니?'에서 '우리 반에서 친한 친구가 몇 명이니?'로 '일주일에 가족과 식사하는 횟수는?'에서 '일주일 동안 평균 가족과 저녁 먹는 횟수는?'으로 '핸드폰 몇 시간 하니?'에서 '하루에 핸드폰 몇 시간 하니?'로 질문을 구체적으로 만들어야 한다. 모둠원들과 먼저 묻고 답하며 대화를 통해 질문을 수정한다. 이 과정이 없으면 쓸모없는 자료를 수집하게 되는 일이 종종 있다.

2차시, 자료 수집 활동이다. 주어진 시간 안에 교실을 자유로이 돌아다니며 본인이 만든 질문으로 반 친구 모두를 만난 인터뷰한다. 이름도 모르고 아직 한 번도 대화하지 않은 학급 친구가 있다. 그래서 이 과제의 목표는 반 친구 모두를 만나는 것이다.

3차시, 자료정리는 개별학습으로 교과 성취기준에 맞는 개인 보고서(학습지)를 완성해 제출한다. 통계를 통해 알게 된 사실을 쓰는 마지막 과제는 공식처럼 글쓰기 공식을 주고 그것대로 쓰게 했다. 글쓰기 예시를 주는 이유는 통계 기반 의사소통과 논리 순서를 익히게 하기 위해서다.

통계를 통해 알게 된 사실을 쓰세요. (아래 글쓰기 예시 참고)

000을 알아보기 위해 *****을 조사 한 결과 알게 된 사실은 다음과 같다.

1)

2)

3)

그래서 나는 0000에 대하여 ~~~ 생각한다. (자기 생각 또는 의견, 제안 쓰기)

4차시, 모둠 보고서 - 수학신문 만들기는 3개 이상의 통계 자료를 제시하고 연결해 프로젝트 주제의 결론을 낸 글을 포함해 제출한다. 작업 방식은 협업한다. 대자보에 배치를 의논하고, 각자 영역을 나눠 A4 용지에 작업하고 마지막에 붙여 완성한다. 혼자서 대자보를 붙잡고 있으면 나머지 모둠원들은 할 일이 없다. "혼자서 예쁘게 잘하는 것 보다, 협업하는 게 더 중요합니다. 혼자 하지 마시고 역할을 나눠 A4 용지에 각자하고, 마지막에 대자보에 붙여 완성하세요."

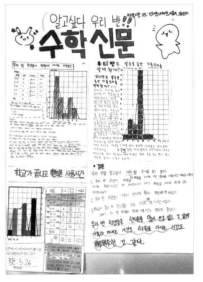
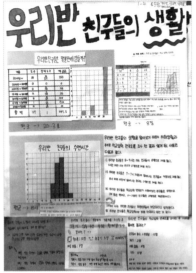

5차시, 프로젝트 수업은 오개념을 수정하고 교과 성취기준과 연결하는 마무리도 중요하다. 그래서 통계 수업의 마무리는 갤러리 투어 활동으로 한다. 갤러리 투어 활동은 다른 모둠에서 한 것을 자세히 보고 오개념을 찾는 시간이다. 그래프 해석을 통해 평균은 우리 반을 대표할 수 있는 숫자인지 생각할 수 있다. 대푯값은 3학년 교육과정이다. 통계를 이야기하면 평균에 관한 이야기가 자연스럽게 나온다. 우리 반을 숫자 하나로 표현하면? 우리 반은 평균 8시간 정도 핸드폰 한다고 했는데, 실제 8시간 이상 핸드폰 하는 아이는 거의 없다. 왜 그럴까? 자료를 잘 보면 극단에 있는 몇몇 아이의 높은 응답 때문이다. 평균은 우리 반을 대표하는 숫자로 보기 어렵다. 히스토그램의 가장 높은 구간의 계급값이 실제 우리 반을 나타내는 숫자다. 이 내용은 3학년 최빈값과 연결된다. 실생활 관련 프로젝트 수업을 하면 학년 수준의 내용으로 딱 끊어지지 않고 연결되는 경우가 많다.

갤러리 투어 활동은 다른 모둠의 보고서를 감상하고, 읽어보며 배우는 시간입니다. 다른 사람이 한 걸 보면 또 다른 배움이 있습니다. 수리 논술 보고서는 아래 내용을 중심으로 읽어 팩트체크 합니다. 아래 질문에 답하며 다른 모둠의 포스터를 점검하고, 아래에 댓글을 써주세요. 댓글을 쓰고 꼭 자기 이름을 달도록!!
※ 모두가 한 번의 호스트가 되어 발표하고, 세 번의 게스트가 됩니다. 10분간 발표 연습하고 시작합니다.

● 갤러리 투어 활동 방법

1. 모둠원들은 각자 1~4까지 번호를 정한다.
2. 1번 호스트 활동 시간엔 각 모둠에서 **호스트 1명**(각 모둠 1번)만 자기 모둠에 남고 다른 모둠원들은 **게스트가 되어 옆 모둠으로 이동**.
3. **호스트**는 자기 모둠 보고서 내용을 1분 **발표**하고,

3모둠	
호스트 (3모둠 1번)	게스트 (2모둠 2번)
게스트 (2모둠 3번)	게스트 (2모둠 4번)

   • **게스트**는 수학적 오류가 있는지 없는지
     (도수분포표, 도수분포다각형, 히스토그램, 평균, 분석 글)
   • 결론 글의 분석이 적절한지 **검토하고 질문**한다.
4. 질의응답이 끝나면 댓글 학습지에 댓글을 쓴다. 댓글의 내용은
   • 수학적 오류가 있는지 없는지(도수분포표, 도수분포다각형, 히스토그램, 평균, 분석 글)
   • 이 모둠 보고서의 강점(좋은 점)
   • 결론 글에 이은 자기 생각 한 문장 등
5. **다시** 2번 호스트 활동 시간, 각 모둠의 2번이 자기 모둠으로 돌아와 호스트가 되고, 나머지 모둠원들은 다음 모둠 게스트로 **이동한다.**

● 호스트는 어떻게 하는가?

※ 호스트 활동은(호스트는 발표와 진행자입니다. 진행요령)
   • 1분 발표
   • 게스트에게 아래 질문을 하고 게스트가 돌아가며 말할 수 있도록 진행
     - 통계 자료를 한눈에 알아보기 쉽게 정리하였나요?
     - 도수분포표, 도수분포다각형, 히스토그램, 평균 등 통계에 오류는 없나요?
     - 통계 자료의 분석은 적절한가요?
     - 우리 모둠 자료를 보고 새롭게 알게 된 사실과 인상적인 것은 무엇인가요?
     - 방금 말해주신 내용을 댓글로 써주세요.

● 이동은
   • 1번 호스트(자기 모둠+1로 이동) → 2번 호스트(자기 모둠+2로 이동) → 3번 호스트(자기 모둠+3으로 이동) → 4번 호스트(자기 모둠 +4로 이동)
   • 호스트 활동이 끝나면 자기 모둠원에게 돌아가 모둠원들과 함께 게스트로 활동합니다.

● 갤러리 투어는
   • 발표 연습 5분 후에 시작합니다.
   • 갤러리 투어는 1회당 5분씩 합니다. (1분 발표 → 질의 응답 2분 → 댓글 쓰기 2분)

수업 평가와 마무리는 매 수업 시간 학습지를 완성해 구글 클래스룸에 사진 찍어 올리고, 자신의 배움을 짧은 글로 정리 해 수업 댓글로 쓴다. 구글 클래스룸에 통계 프로젝트 수업을 통한 자기의 배움을 수업 댓글로 쓰고 수업을 마무리했다.

- 저는 우리 반 친구들의 급식 만족도와 가장 좋아하는 나라 음식을 조사했다. 우리 반 친구들이 우리 학교 급식에 대해서 꽤 만족하고 있다는 것을 알았다. 통계란 게 꼭 필요한 것이고 히스토그램, 도수분포표, 도수분포다각형을 어떻게 그릴 수 있는지를 배웠다. 조사하는 과정에서 친구들을 더 잘 알 수 있게 되었고 우리들의 모습을 통계로 나타내어서 더 재밌었다.

- 다른 모둠의 자료를 보고 수학적 오류가 대부분 계급값에서 생긴 애들이 있다. 통계가 한눈에 알아보기 쉽게 하는 것도 알았고, 이런 활동을 하며 수학적 오류가 생긴다는 것을 배워 나중에는 수학적 오류가 생기지 않도록 할 수 있을 것 같다.

- 저는 우리 반 친구들의 학교 입학 만족도를 조사했습니다. 그 활동을 통해 우리 반 친구들은 학교에 만족하고 있다는 것을 알게 되었고, 그 이유는 대부분이 친구들과 선생님이 좋아서 만족한다는 것을 알게 되었습니다.

- 친구들이 핸드폰을 많이 했단 걸 알았고, 통계 수업으로 인해 통계가 무엇인지, 히스토그램이 무엇인지 등등을 알게 됐고 조금은 힘들었지만 나름 잘한 거 같다.

● 저는 학교생활 만족도 조사에서 수업 시간 만족도를 조사하였다. 이 중 나는 도수분포표 다각형을 만들었다. 그러면서 자연스럽게 계급, 도수, 상대도수, 계급값 구하는 것, 또 그래프를 그리는 것을 정확하게 알게 되었다. 또한 통계 프로젝트를 통하여 친구들을 더욱 알게 되었고 친구들과 많이 소통하게 된 시간인 것 같다.

● 나는 우리 반 학생들이 학원 다니는 시간을 알고 싶어 통계를 만들었다. 그리고 우리 모둠은 가족과 식사 횟수 그리고 핸드폰 사용 시간 통계를 만들었다. 이 활동으로 알게 된 점은 우리 반 학생들은 핸드폰을 많이 사용하긴 하지만 가족 식사 횟수, 학원 다니는 시간은 비슷하다. 그리고 이 통계 수업을 하면서 배운 것은 평균을 구하는 법, 히스토그램, 도수분포표, 도수분포다각형 등을 배웠다. 그리고 우리가 배운 통계를 이용하여 우리 반 학생들을 알게 되어 좋았다.

이 수업은 학생을 이해하기 좋다. 모둠 발표를 종합해 결론 문장을 만든다. 통계로 본 우리 반의 학교 만족도는 9, 급식 만족도는 8이고, 평균 5시간 핸드폰하고 8시간을 잔다. 학급에서 친한 친구는 평균 4명이다.

"하루가 24시간인데, 학교생활을 7시간, 잠자는 시간 8시간, 핸드폰 사용 시간 5시간, 밥 먹고 씻고 등하교하는 데 2시간 정도라고 하면 공부하고 노는 건 언제 하니?" "핸드폰 하는 게 노는 거예요." 학교 가고 학원 가고 남는 시간엔 핸드폰 한다. TV 보는 시간도 없다. 코로나로 등교하지 않았던 2021년의 핸드폰 사용 시간은 평균 9시간이었다.

수업을 통해 알게 된 숫자들은 자기 생활을 돌아볼 수 있는 역할을 한다. 평균 안에 있다는 안심을 하기도 하고, 너무 많이 한다는 반성을 하기도 한다. '핸드폰을 많이 한다.' 보다 '평균 5시간 한다.'처럼 숫자가 주는 명확함과 객관성이 있다. 수학은 수로 세상을 읽고, 소통하는 과목이다.

통계 기반 의사소통을 위해 학급 회의에 활용

통계 수업이 끝나고, 5월 체험학습을 위한 학급회의 사전자료로 통계를 이용했다. 통계 기반 의사소통과 의사결정을 실생활에 적용할 수 있는 장면이다.

통계 결과에 따라 '스스로 생각하고 친구들과 단합하고, 서로 칭찬하며 자존감을 키우는 것을 목적으로 평균 5만 원, 1시간 30분 이내의 거리'로 체험학습 계획을 세운다. 구글 설문지를 이용하면 통계는 구글이 바로 해준다. 공학적 도구를 사용하면 중요한 것은 의사결정을 위해 알아야 할 질문과 결과에 대한 해석이다.

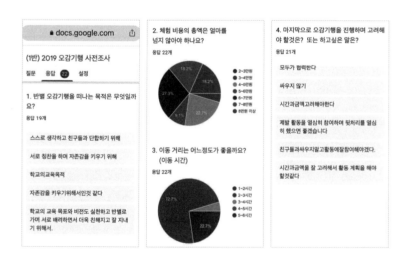

데이터 문해력으로 상상하고 추론하는
그래프 수업

그래프 읽기와 해석

이 단원은 변하는 두 양 사이의 관계를 나타내는 표, 식, 그래프에 관하여 학습한다. 모든 자연 현상은 변화에 의한 것이며, 변화의 규칙성을 찾는 활동은 함수 개념의 기초다. 함수적 사고는 관계를 통해 원인과 결과를 알아내고 변화하는 양상을 추론한다. 변화와 관계를 이해하기 쉬운 형태 표, 식, 그래프로 표현하고, 증가 감소 등 기본적인 변화의 유형을 이해해 특별한 변화가 발생할 때를 알아채 추론한다. 이러한 변화와 관계는 정비례·반비례함수, 일차함수, 이차함수, 지수·로그함수 등의 수학적 함수다. 대부분의 사회 현상은 수학적 함수로 곧바로 설명되지 않는 경우가 많다.

2015년 개정 교육과정은 중1 함수 단원을 좌표평면과 그래프로 바꾸고 실생활과 연결 짓는 그래프 읽기와 분석을 중요시했다. 다양성과 불확실성의 미래 사회에 필요한 수학적 소양으로 이산수학이 중요한 이유기도 하다. 오늘날은 수많은 정보로 넘쳐난다. 정보들을 주제와 필요에 따라 선별하고 읽을 수 있는 데이터 문해력이 필요하다. 의사소통을 위한 설득과 논리의 도구로 표, 그래프를 읽고 사용할 줄 아는 것이 이 수업의 의도다.

수업 설계의 주안점 및 학습 목표

- 다양한 상황을 일상 언어, 표, 그래프, 식으로 나타내고 이들 사이를 상호 변환할 수 있다.

- 그래프 변화의 유형(증가, 감소)을 읽고, 두 그래프를 비교해 의미 있는 변화가 일어나는 지점의 내용을 읽을 수 있다.
- 그래프를 읽고, 변화의 양상에서 미래를 예상(추론)하여 합리적 판단을 근거로 한 자기 생각을 표현하는 짧은 글을 쓸 수 있다.

평등한 대화를 만드는 학습자료

수학은 학습 실패를 경험 한 학생이 다른 과목보다 많다. 답이 아닌 말을 할까 두려워 입을 닫는다. 생각의 즐거움, 발견했을 때의 성취감은 대화와 토론을 통해 일어난다. 토론이 있는 수학 수업을 만들고 싶다. 선행하지 않고 생각하기 좋아하는 아이들이 수업의 주도권을 잡게 하고 싶은데 쉽지 않다. 수학 수업의 어려움 중 하나가 학원 다니는 아이와 그렇지 않은 아이가 수업에서 평등한 대화를 하는 것이다. 이럴 때 좋은 것이 낯선 수업 자료다. 교과서엔 없는 낯선 수업 자료. 문제집에서 볼 수 없는 자료로 문제를 제시하니 공평한 대화가 시작된다. "무슨 말이야?" 수업 대화의 시작이다. 그래프 읽기 수업은 뉴스와 웹 기사에 있는 자료에서 찾는다. 소비 성향의 변화에 따른 옷을 사는 백화점과 옷을 대여하는 스타트업의 매출 비교를 통해 미래사회를 예측하는 수업이다. 웹 기사를 읽고 해석해 '미래사회 우리 생활이 어떻게 변할 것 같나요?'라고 물어본 논술평가 수업이다.

이 소재의 매력은 그래프를 분석해 추론한 수학적 논리의 내용으로 미래사회 변화와 우리 삶의 모습을 상상할 수 있는 토론이 가능하다는 것이다. 우리 아이들이 일상의 익숙한 것들을 숫자로, 그래프로 가져와 다루고 이야기하는 것에 익숙해졌으면 한다. 학습지에 예상 매출액을 써보게 했는데, 사실과 예상을 구분하지 못해 모둠활동에 어려움이 있었다. 수업의 많은 시간을 연산하는 데 쓴다. 질문을 바꿔 두 상황을 모두 한 좌표평면에 그래프로 나타내라고 하니 본래 의도했던 증가, 감소, 크로스 등의 변화가 생기는 지점을 중심으로 그래프를 비교 분석하는 대화가 일어난다.

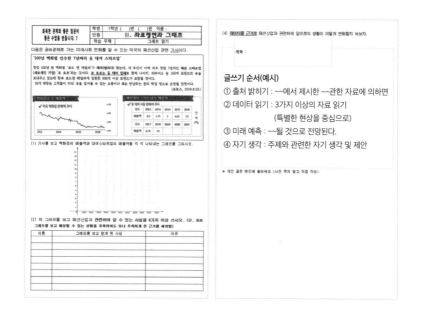

합리적 추론과 논리적 생각을 위한 글쓰기

두 그래프를 비교해 알게 된 사실과 변화를 추론해 자기 생각을 말하는 논술평가로 수업을 마무리했다. 읽기·쓰기·말하기가 수학적으로 잘 조화되는 것이 논리수학의 출발이다. 수학 시간에 글쓰기 작업을 하는 이유는 합리적 추론과 논리적 생각으로 의사소통하기가 수학 교육의 목적 중 하나라면 논리적인 글쓰기를 훈련하다 보면 그 목적을 달성할 수 있다고 생각하기 때문이다. 글쓰기를 시작해야 하는데 주춤거린다. 이 수업의 글쓰기는 감동을 주는 글이 아니라 데이터를 근거로 결론을 쓰는 것이다. 데이터 해석과 논리 순서에 집중하도록 글 쓰는 순서를(예시)로 주었다. 생각과 말의 순서를 훈련한다고 할까? 데이터 해석을 근거로 추론하는 글쓰기가 목표다. 논술평가지표는 증가, 감소, 크로스 등 의미 있는 변화와 상태를 중심으로 데이터를 정확히 읽었는가? 주장하는 결론과 생각이 데이터 해석의 타당한 결과인지 여부다.

수업 마무리로 학생의 글을 같이 읽고 질문한다.

패션 스타트업의 새로운 시작

패션 대여업체인 한 스타트업이 백화점의 매출을 역전해 나가고 있다. 먼저 포보스에서 제시한 자료를 비교해 본 결과는 다음과 같다.

1) 스타트업의 매출액은 그래프의 보기처럼 점점 상승하고 있다.
2) 백화점의 매출액은 그래프의 보기처럼 점점 하락하고 있다.
3) 2019년과 2020년 사이에 스타트업이 백화점의 매출액을 역전해 나갈 것으로 보인다.

그래서 앞으로는 옷을 사 입기보다는 빌려 입는 산업이 크게 펼쳐질 것으로 보이며 사회에 큰 변화를 불러오는 계기가 될 거 같다. [학생 글]

"그래서 우리 생활은 어떤 변화가 생길까?"
"장롱이 작아질 것 같아요."

생각지도 못한 답이다. 이외의 발견과 전개가 일어나는 순간이다.

"그럴 수도 있겠다."
"그럼 가구도 변화가 올 것 같아요. 미니멀라이프요."

그래프나 데이터에 기반으로 해서 뭔가를 판단하고 설득한다는 것이 수학적 즐거움이다. 의사결정과 판단의 순간에 분석이 일어난다는 것이 얼마나 매력적인 일인가!

쉽고 즐겁게 접근해
성공 경험을 쌓는 순서쌍과 좌표

실생활과 연결해 몸으로 익히는 수업

학생의 관심사를 연결해 자발적으로 학습하는 수업을 추구한다. 좌표평면과 그래프, 함수는 학생이 어려워하는 단원이다. 초등학교가 분수부터라면 중학교는 함수부터 수학과 멀어진다. 좌표와 좌표평면이 우리 생활과 떨어진 개념이 아니라 생활 가까이 있는 의사소통 도구라는 것을 말하고 싶었다. 그래서 이 수업은 어려워하는 단원을 쉽고 재밌게 접근했다. 수학은 숫자로 의사소통하는 과목이다. 숫자 2개로 위치를 나타낼 수 있다는 걸 몸으로 직접 뛰면서 알아내는 수업이다. 어려워하는 단원을 놀이처럼 쉽고 즐겁게 접근해 수업에서 멀어지지 않고, 해볼 만하다는 작은 성공 경험을 갖게 하는 것 또한 이 수업의 목표다.

수업 설계의 주안점 및 학습 목표

이 수업은 교과 재구성으로 2학기 시작 단원이다. 대화와 경청의 수업 규칙을 상기하고, 오랜만에 만난 친구와 벽트기 활동을 겸한다. 대화하고 경청하는 습관을 상기하고 어렵지 않은 과제를 모둠원들이 같이 해결하며 소속감과 수업에 도전할 마음을 갖게 만드는 2학기를 여는 수업이다.

> ● 순서쌍, 좌표의 개념을 수학으로 만나기 전에 생활에서 자연스럽게 접해 수학을 어렵지 않게 여길 수 있도록 하는 도입 활동으로 재밌게 접근한다.

● 실생활에서 좌표가 사용되는 예를 찾아 수직선과 좌표평면 위에 표현해 보며, 그 유용성과 편리함을 인식한다.

수업의 맥락과 흐름

1 차시	• 숫자판을 이용한 아이스브레이킹 '친해지길 바라' • 수업 질문 : 주사위를 던져서 나온 숫자는 어떤 역할을 했나요?
2 차시	• 순서쌍, 좌표, 좌표평면의 뜻 • 수업 질문 : 주어진 좌표에 해당하는 점을 찍고 차례대로 직선을 이으면 나타나는 것은 무엇일까?
3 차시	• 좌표평면 속 우리 학교 임무 장소를 찾아라. • 수업 질문 : 학교 배치도를 좌표평면으로 하는 평면도를 이용해 코드 속 장소를 찾아오세요.

● 아이스브레이킹 활동 유의 사항

• 친구가 발표할 때, 몸으로 눈으로 경청합니다.
• 발표가 끝나면 전체 모둠원이 다 같이 "아 그렇구나."하고 다음 순서로 진행합니다.

● 다 한 모둠은 아래 두 개의 과제를 합니다.

[모둠 과제] 모둠원들과 토의해서 아래 질문에 답을 찾아 쓰세요. (학습지 맨 아래에 적기)

"주사위를 던져 나온 숫자가 어떤 역할을 했나요? 주사위를 왜 던졌나요?"

[개인 과제] 그림판에 색칠하기
- 내가 대답한 질문 2개 & 공감이 제일 많이 된 친구의 질문 2개

1차시, 관계와 모둠 세우기가 교사의 수업 의도다. 숫자판을 이용한 아이 스브레이킹 모둠활동 수업이다. 모둠활동을 하면서 좌표의 역할을 자연스럽게 알게 되는 도입 수업이다. 주사위 던지고 질문을 찾고, 친구의 대답에 경청한다. 그래야 학습지에 쓸 수 있다. 수학 수업이라는 것을 잊고 재밌게 하는 놀이 같은 수업이다.

"주사위를 던져 나온 숫자로 우리가 뭘 알 수 있지?"
"질문의 위치요"

숫자 조합이 질문의 위치를 알려 주는 것임을 자연스럽게 알아챘다.

2차시, 이 수업은 순서쌍으로 좌표 찾는 것이 목적이 아니라 문제 읽는 습관을 알려 주기 위한 수업이다. 아이들은 문제를 읽지 않는다.

[2차시 학습지]

[모둠과제] _____ 반 _____ 모둠원: _____

모둠 협력활동입니다. 빨리하는것 보다 돌아가며 한 명씩 순서대로 하는것이 중요합니다.
한 사람이 다하면 아웃, 순서에 해야 할 친구가 잘 모르면 도와주면 됩니다. 그래서 그 친구가 할 수 있도록 도와줍니다. (이렇게 두 바퀴 돌면 그 다음 부터는 스스로 속도가 올라가겠지요)

순서쌍

※ 아래 주어진 좌표에 해당하는 점을 찍고 차례대로 직선을 이으면 무엇인가 나타난다. 무엇일까?

(2,-7) → (3,-4) → (1,0) → (4,-2) →
(7,-1) → (5,1) → (2, 2) →
(5, 3) → (6,5) → (3,5) → (1,3) → (2,6) →
(0,9) → (-2,6) → (-1,3) → (-3,4) →
(-6,3) → (-4,1) → (-1,1) → (-3,-1) →
(-3,-4) → (0,-3) → (1,0)

정답:

264 _____ 265

'주어진 좌표에 해당하는 점을 찍고 차례대로 직선을 이으면 무엇이 나타나는가?'를 수업 질문으로 하는 모둠활동 수업이다. 순서쌍으로 위치 찾는 것을 자연스럽게 알게 된 아이들이 손쉽게 좌표평면에 점을 찍는다. 점만 찍고 난 다음에서야 뭔가 잘못됐다는 것을 알아챈다. "문제를 다시 잘 읽어봐. 점을 찍고 차례대로 연결하라잖아. 문제 풀이 첫 단계는 질문을 파악하고 과제가 뭔지를 알아야 하는 거지."

모둠 협력 활동은 활동 방법을 자세히 알려 주지 않으면 본질에 다가가지 못하고 어떻게 하는 거예요? 에서 맴돈다. 활동 방법은 최대한 정확히 글로 알려준다. 학습지에 넣거나 화면에 띄운다. 안 그러면 같은 질문의 무한 반복이다. "어떻게 하는 거예요?" "학습지에 있으니 읽어보세요. 모든 정보는 글로 수집하는 습관을 지니세요." 수학 문제 풀이를 위해 학생에게 하는 말이 있다. 문제 풀이 단계는 ① 구하라고 하는 것은 무엇인가? ② 내가 알아내야 하는 것은 무엇인가? ③ 문제에서 알려준 정보는 무엇인가? ④ 관련 수학지식을 연결해 해결한다. 교실에 붙여 놓고 문제를 풀 때마다 서로 질문하며 풀게 한다. 이 순서에 맞춰 질문하다 보면 학생 스스로 풀이에 다가가는 경우가 많다. 문제를 읽고, 생각하고, 천천히 움직이라고 말한다.

3차시, 학교 배치도를 좌표평면으로 만들어 숫자가 알려 주는 장소를 찾는 런닝맨 수업이다. 모둠원이 함께 이동하면서 미션 장소에 있는 큐알코드를 인식해 나오는 구글 설문지의 미션을 수행해 제출한다. 이 수업은 가을이 시작되는 날씨 좋은 어느 날 야외 활동도 하고, 좋아하는 장소에 가서 인증사진도 찍는 즐거운 수학 시간이다.

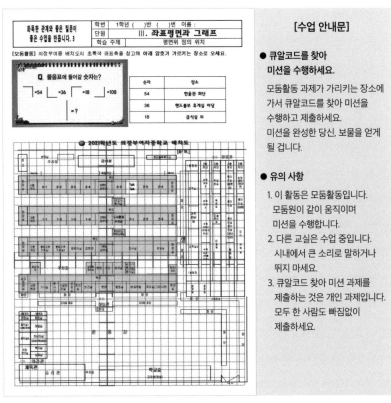

화목한 관계와 좋은 질문이 좋은 수업을 만듭니다. 3	학번	1학년 ( )반 ( )번 이름:
	단원	III. 좌표평면과 그래프
	학습 주제	평면위 점의 위치

【모둠활동】 의정부여중 배치도의 초록색 좌표축을 참고하여 아래 암호가 가리키는 장소로 오세요.

Q. 물음표에 들어갈 숫자는?

숫자	장소
54	한울관 화단
36	핸드볼부 휴게실 마당
18	급식실 위

[수업 안내문]

● 큐알코드를 찾아
미션을 수행하세요.

모둠활동 과제가 가리키는 장소에
가서 큐알코드를 찾아 미션을
수행하고 제출하세요.
미션을 완성한 당신, 보물을 얻게
될 겁니다.

● 유의 사항

1. 이 활동은 모둠활동입니다.
모둠원이 같이 움직이며
미션을 수행합니다.
2. 다른 교실은 수업 중입니다.
시내에서 큰 소리로 말하거나
뛰지 마세요.
3. 큐알코드 찾아 미션 과제를
제출하는 것은 개인 과제입니다.
모두 한 사람도 빠짐없이
제출하세요.

학교배치도에 좌표평면과 좌표축을 표시한 활동지를 만들었다.

좌표평면 속 우리학교, 미션 장소를 찾아라!

질문을 보고 좌표평면 순서쌍 (0,0)을 알아내서 미션을 수행해 보자 미션을 끝까지 수행해 보물을 찾아보세요.

ujbg.t200003@ggm.goe.go.kr 계정 전환

파일을 업로드하고 이 양식을 제출하면 Google 계정과 연결된 이름 및 사진이 기록됩니다. 이
메일 주소가 응답에 포함되지 않습니다.

* 필수항목

학번과 이름을 쓰세요! (예, 10627 김희선) *

내 답변

1. 이 장소에서 수업하시는 선생님의 이름은?

내 답변

2. * 순서쌍 (2,1)이 가르키는 장소에 가서 선생님께 인사하고 성함을 물어보고 다음
질문에 답하세요. (2,1)에 계신 선생님의 이름과 이 장소는 언제 오나요?

내 답변

3. 두 장소 (3, -7), (-4,-6) 중 1곳을 골라 이동해 연출샷을 찍어 올리세요.

⬆ 파일 추가

3-1. 위의 장소를 고른 이유는?

내 답변

4. 마지막으로 (0, -3)으로 가세요. 가서 마지막 미션을 수행합니다.

내 답변

우리 생활 속에 있는 수학

2학기는 1학기에 없던 미술 수업이 시작된다. 그래서 첫 장소를 미술실로 했다. 도서관 사서 선생님이 새로 오셨다. 도서관에 가서 선생님과 인사하고 이름을 알아 오는 과제를 줬다. 학교생활에서 의미 있고, 쉴 곳이 될 수 있는 장소(상담실, 복지실, 도서관, 그리고 아이들이 좋아하는 텃밭)를 좌표로 찾아 방문하고 인사하는 활동이다. 상담, 복지, 사서 선생님은 수업에서 만나기 어려운 선생님들이다. 이렇게 수업 활동하고 나면 이 장소를 좀 더 자연스럽게 이용한다. 마지막 지령은 구령대 마루에 앉아 수업 소감을 쓰는 것이다. 구령대 마루는 교사인 내가 제일 좋아하는 장소다. 돗자리를 펴 놓고 앉으면 학교와 운동장, 하늘이 시원하게 보인다.

아이들은 읽지 않는다. 수업 과제를 해결하기 위해 정보를 얻고, 힌트를 얻기 위해 질문을 읽고 이해해야 하는데, 읽지 않고 우선 뛴다. 질문을 제대로 읽지 않고 헤매고 뛰어 숨차고 힘들다.

"잘 읽고 움직이세요. 선생님에게 물어보기 전에 먼저 문제를 읽고, 또 읽고 하세요. 수학적 사고를 하면 그렇게 무턱대고 뛰지 않아도 됩니다. 힘들지 않아요. 수학은 우리 가까이에 있습니다."

삶을 사는 습慣을 익히는 수학수업

"반대로 하시는 것 같아요. 설명하고 문제 풀고 하지 않고, 먼저 해보게 하고 개념을 설명하세요." 같이 수업하는 협력 교사의 말이다. 공식과 문제 풀이를 중심으로 수업하지 않고, 다양한 생각으로 개념을 발견할 수 있는

제3부 중등 수업 사례

수업을 설계한다. 자주 하는 말은 "수학의 매력은 풀이 방법이 다양한 겁니다. 나도 맞고 너도 맞고, 선생님이 말한 방법 말고 다른 방법이 있나 의심하고 시도해보세요." 다르게 풀어보고, 삐딱하게 보고, 대화와 토의하면서 생각을 정리해 여러 개념과 사실을 통합적으로 이해했으면 한다. 수학은 이런 사고체계와 상황을 바라보는 시선을 훈련하는 시간이다.

아이들은 수업에서 재미와 어려움을 동시에 느낀다. 수업 평가에서 "학생에게 질문을 하며 수업을 이끌어 주신다. 수학이란 건 정말 이런 과목인데, 선생님만의 특별한 철학이 가득 담긴 수업을 들을 수 있다."라고 말한다.

"수학 왜 배워요?" 아이가 물어본다. 궁금해서 하는 질문이 아니다. "돈만 계산할 수 있으면 되지." 이 말은 수학이 사칙연산이 전부라고 생각하기 때문이다. 실제 학교에서 경험한 수학 또한 그렇다. 수학은 사칙연산이 아니다. 우리가 살아가며 부딪치는 모든 삶의 문제에 대한 논리적인 해결 과정과 추론 과정, 합리적인 판단은 모두 수학이다.

PISA는 수학적 소양mathematical literacy을 다음과 같이 정의한다. '수학적 소양이란 다양한 맥락 속에서 수학적 형식을 세우고 수학을 실행하고 해석하는 개인의 능력an individual's capacity to formulate, employ and interpret mathematics in a variety of contexts을 말한다. 수학적으로 추론reasoning하는 것, 수학적 개념·절차·사실·도구를 사용하여 현상을 기술·설명·예측하는 것이 이에 포함된다. 수학적 소양은 개인으로 하여금 세상 속에서 수학이 어떤 역할을 하는지 인지하고, 건설적이고, 관심 있고, 반성 적인 시민으로서 근거 있는 판단과 결정을 내릴 수 있도록 도움을 주는 소양이다.'(OECD, 2017)

수학 수업은 수학지식이 목적이 아닌 수학적인 삶의 태도와 자세를 키울 수 있는 수학적 경험을 만들어 주는 것이다.

삶의 태도를 배우는
관찰 수업

김영진 | 수곡중학교

수업으로 들어오게 하는 관찰

우리 아이들에게 필요한 수업은 현재의 삶을 넘어 '더 나은 삶'에 대한 가치와 의미를 고민할 수 있게 하는 수업이다. 더 나은 삶을 위해서는 무엇부터 시작해야 할까? 아마도 자신을 포함한 주변에 관심을 갖고 그것에 대해 관찰하고 객관적으로 인식하는 것일 것이다. 그것이 자기 삶의 주인으로 살아가기 위한 전제가 되기 때문이다.

하지만 많은 학생들은 '보고 있지만 관찰하지 않는' 경우가 많다. 나는 아이들을 수업으로 걸어 들어오게 하는 가장 기본적인 교육을 '관찰'이라고 보고, '관찰'할 수 있는 힘을 기를 수 있도록 수업 내용에 필요한 텍스트와 이미지를 다양하게 찾아 수업을 디자인하고 있다. 수업을 하는 도중에도 아이들이 '관찰'을 통해 탐구로 잘 이어가는지 살펴보고, 잘 이루어지지 않을 때는 과감하게 수업디자인을 바꾸기도 한다. 이 과정을 통해 아이들은 사물에 관하여 단순히 '보는 것'에 그치지 않고 자기 삶의 문제를 해결하는 중요한 부분으로 '관찰'을 받아들였으면 한다.

아이들은 학습 주제에 관하여 '보는 것'에 그치지 않고 '관찰한 사실 간의 관계'를 능동적으로 구조화해야 한다. 교사와 학생이 끊임없이 상호작용 함으로써 만들어가는 수업일 때 많은 아이들은 배움을 통해 자신의 삶에 대한 가치와 의미를 고민할 수 있다고 생각한다.

'관찰'에 대한 관점이 바뀌다

2014년에 김성호 작가의 생태 특강을 듣고 나의 '관찰'에 대한 관점은 바뀌기 시작했다. 큰오색딱따구리가 둥지를 짓고, 알을 낳아 품고, 어린 새를 키워 독립시키는 번식 일정 전체를 50일 동안 하루도 빠지지 않고 지리산 자락에 움막을 짓고 밤낮없이 기록한 내용에 관한 내용이었다. '관찰이란 내가 관심을 가진 대상에 가까이 다가서서 눈높이를 맞추고 오래도록 사랑하는 마음으로 보는 것'이라고 했던 작가님의 말씀에 그동안 내가 알고 있던 '관찰'의 가벼움이 부끄러웠고, '관찰'의 엄청난 무게가 온몸으로 느껴졌다. 작가는 또한 저서 『관찰한다는 것』에서 '관찰은 그냥 보는 것이 아니라 자세히 보는 것이며, 보는 것으로 그치지 않고 무언가를 제대로 아는 데까지 이르도록 두루 살펴서 생각하며 보는 것'이라고 설명하고 있다. 작가의 강연과 책을 통해, 아이들에게 아주 사소한 것부터 '관찰'할 수 있도록 기회를 제공하는 것은 자신의 삶에 몰입하는 경험을 가지게 함은 물론 주체적인 삶을 살아갈 수 있는 힘을 키우는 길이 될 수 있다는 확신이 생기게 되었다.

우리들의 삶은 '관계'이고, 이 관계는 관찰을 통해서 얻어질 수 있다고 생각한다. 교사가 아주 사소한 것부터 관심을 갖고 관찰하기 시작한다면 평소에 알지 못했던 많은 것을 알아차릴 수 있을 것이다. 학급에서 늘 아무 탈 없이 잘 지내고 있다고 착각했던 아이에 대한 숨겨진 문제의 발견도 가능해질 것이다. 내 수업에 어려움을 갖고 들어오지 못하는 일부의 아이들이 내 수업에 제대로 참여하지 못하는 이유에 접근할 가능성 또한 높아질 것이다. 이를 통해 마침내 학생은 수업 주제에 대한 관심을 갖게 되고, 더불어 새로운 도전으로 인한 성취감을 느낄 기회를 가짐으로써 마침내 자신의 삶에 주체적으로 참여할 가능성도 높아질 것으로 생각한다. 그렇다면 무엇을 관찰해야 할까?

'보는 것'과 '관찰'은 다르다

'보는 것'은 이미지를 자동적이고 무의식적으로 기록하는 과정이라면 '관찰觀察'은 똑같은 것을 보면서도 의식적이고 신중하고 진지하게 생각하면서 기록하는 과정이라고 할 수 있다. 인간의 시각과 지각에 관한 최신 연구를 한 프린스턴 대학교 서배스천 승 교수는 관찰을 통해 망막에 도달되는 정보는 지각의 첫 단계이기 때문에 '눈'으로 보는 관찰은 '뇌'로 보는 것과 같다고 하였다. 이는 일상생활에서 단순히 '보는 것'에서 벗어나 '관찰하는 것'이 얼마나 깊이를 더해주는 인지과정인지를 알려주는 말이다.

나는 매 학기 초 오리엔테이션 시간을 할애하여 '관찰'의 중요성을 알게 하기 위해 시간을 투자한다. 평소 아이들이 생각하는 '관찰'과 내가 전하고자 하는 '관찰'의 차이점을 알게 하고, 그것을 통해 아이들이 어떤 변화를 경험하게 해주고 싶은지에 대한 방향성을 주기 위함이다. 아이들이 생각하는 관찰이란 무엇일까? 많은 아이들은 지루함, 그냥 보는 것, 그리고 또 하나의 공부라고 생각한다. 교사가 생각하는 관찰과는 사뭇 다르다.

우선 릴레이 초상화 그리기, 사물 이어 그리기, 그림 이어 그리기 등의 시간을 통해 관찰이 그냥 보는 것과 어떻게 다른지를 인식시켰다. 혼자서 친구의 초상화를 그리는 방법이 아닌 모둠의 친구들이 릴레이로 친구를 관찰하여 그리게 하고, 크고 작은 다양한 종류의 사물을 관찰하여 그리게 하면서 평소와 다른 방법으로 보는 것을 경험시키기 위한 것이다.

릴레이 초상화 그리기

활동 방법	활동 결과
 1. 1인 A4 용지를 한 장씩 갖는다. 2. A4 종이 아래 자신의 이름과 내가 좋아하는 것을 하나씩 적는다. 3. 시계방향으로 자신의 이름이 적힌 종이를 건넨다. 4. 20초씩 종이에 적힌 이름의 친구 얼굴을 그린다. 5. 20초 후 시계방향으로 다시 종이를 건넨 후 다른 친구가 이어 그릴 수 있게 한다. 6. 20초씩 3번 그리게 한 후 자신에게 돌아오면 소감이 어떤지 말하게 한다.	

릴레이 그림 이어 그리기

활동 방법
1. 골드버그 장치 영상 중 하나를 선택하여 일시 정지 한다. 2. 모둠에서 그림 그리는 사람을 1명 정하고 나머지는 1~3번 번호를 정한다. 3. 1번부터 앞으로 나와 실제 그림을 30초 동안 보고 모둠으로 들어가게 한다.  4. 그림 그리는 사람에게 보고 온 것을 말로만 설명하여 그리도록 한다. 5. 2번, 3번 순서대로 나와 30초 보고 들어가서 그리도록 한다. 6. 활동이 마무리되면 모둠별로 그림을 그리는 사람이 결과를 발표하게 하고, 소감도 말하게 한다. 7. 그림을 보고 들어가서 전달했던 사람의 소감도 들어본다.

실제 그림	활동 결과

활동한 후에는 아이들에게 어떤 마음이 들었는지, 어려움은 없었는지에 대해 묻고 그 안에서 중요한 의미를 찾아보게 하였다. 아이들의 반응은 아주 다양하게 나타났다. '처음이라 어색한데 공식적으로 친구 얼굴을 볼 수 있어서 좋았어요', '혼자 친구의 초상화를 그리는 게 아니라 3명이 나눠서 그리니까 부담스럽지 않았어요', '큰 물체만 보고 그린다고 생각했는데 이렇게 작은 물체도 친구들이 보고 그리는 게 대단하다고 생각했어요', '저는 그림 그리는 역할이었는데 다른 친구들이 보고 와서 말로만 설명하는 것을 듣고 그리는 게 쉽지 않았어요', '그림을 잘 그리려면 친구의 말을 잘 들어야 하겠더라고요', '저는 그림을 잘 본다고 보고 왔는데 그림 그리는 친구에게 어떻게 설명해야 할지 너무 힘들었어요', '4명이 함께 보고 들은 것으로 실제 그림과 비슷하게 그리는 게 정말 신기했어요' 등등 아이들은 관찰을 통해 '서로 협력해야 한다는 것을 알게 되었으며, 친구의 말을 경청하게 되었고, 동시에 학기 초 공동체 생활을 하기 위한 기본 규칙에 대해서도 자연스럽게 배우는' 시간이 되었다는 것이다.

'미술작품 오래 보기'를 통한 관찰 능력 키우기

또 자신의 관찰 능력 정도를 인지함과 동시에 관찰 능력을 향상시키기 위한 방법으로 다양한 미술작품을 오래도록 보면서 기록하는 연습을 하게 했다. 이 방법은 미술가이자 변호사인 에이미 E. 허먼이 『우아한 관찰주의자』에서 추천한 것이다. '미술작품 오래 보기'를 통해 관찰 능력을 키우는 방법이야말로 아주 쉽게 그리고 빠르게 관찰 능력을 키울 수 있는 방법이라고 소개한다. 평소 우리가 미술작품 하나에 머무는 시간은 과연 얼마나 될까? 그 짧은 시간 동안 작품 속에 담긴 의미를 파악할 수 있을까? 아마도 오랜 시간 머물면서 한 작품에 담긴 사실들을 찾고, 그것을 통해 그 이면에 담긴 뜻을 파악해 보는 일에 대한 의미를 연습한다면 관찰의 의미가 깊이를 더할 수 있

을 것이란 생각이 들었다. 미술작품만이 아닌 교재로 사용되는 많은 이미지
와 사진을 통해 아이들이 집중하여 관찰하여 사실을 찾고 연결하는 시간을
마련하는 것이 중요하다.

기초적인 관찰력 테스트

이 사진에서 모든 것을 말해보자.	결과
	**1. 'C'를 보지 못한 사람** : 평범한 시력의 보통 사람 **2. 'C'를 보지 못한 50%의 사람** : 보지 못한 사람 중에 당신이 당한 강도 사건의 담당 형사나 당신의 수술을 집도하는 외과 의사나 직장의 사장이나 남자친구나 자녀의 통학버스 운전사가 포함되어 있다면 어떨까? - 『우아한 관찰주의자』 중 -

미술작품을 통한 관찰력 연습

이 그림에서 모든 것을 말해보자.	관찰 결과
	1. 한 사람은 서 있고 한 사람은 앉아있다. 2. 여자 무릎 위의 주황색 장식 띠가 있다. 3. 오른손에 깃펜을 쥐고 있다. 4. 왼쪽 끝에 파란색 테이블보가 접혀있다. 5. 여자의 뒷목에서 진주목걸이를 묶은 흰색 리본이 있다. 6. 빛이 왼쪽에서 들어오고 있다. 7. 잉크통과 컵에 비친 창문이 보인다. 8. 테이블 종이의 중간까지 글씨가 적혀있다. 9. 왼쪽 여자의 피부색이 더 검다. '두 여자의 관계는?' 얀 페르메이르 '여주인과 하녀' -우아한 관찰주의자 중-

수업을 통해서 배우는 관찰

학기 초 진행되는 오리엔테이션 수업을 시작으로 매 차시 교과 수업 활동지를 디자인할 때 풍부하게 관찰할 수 있도록 하는 텍스트와 그림을 선정하려고 노력한다. 그것을 통해 최대한 많은 것을 발견하게 하면서 동시에 좀 더 깊이 있는 질문까지 끌어내어 탐구할 수 있도록 하기 위해서다. 사실 아이들이 풍부하게 관찰할 수 있는 자료라고 하여 이전에 했던 수업 자료에서 아주 특별한 것은 아닐 수 있다. 다만 아이들에게 관찰에 대한 의미가 달라졌기 때문에 그 자료를 바라보는 관점이 달라졌고, 그래서 더 활발하게 자신의 의견을 내고 그 속에서 새로운 발견에 대한 믿음을 갖게 된 것이라 생각한다.

교과서 자료를 새롭게 바라보다

중3 과학 '생식과 발생'에 들어있는 체세포 분열 과정을 알아보는 수업의 일부다. 기존 수업에서는 체세포 분열 과정에 대해 기본 모식도를 바탕으로 아주 기본적인 특징에 대해 한두 가지 염색체 행동으로 설명했다. 관찰 중심 수업에서는 아이들에게 모식도의 각 단계를 실제 현미경 사진과 일치시키는 과정을 거쳤다. 이어서 각 단계별 모식도를 전후 비교하면서 염색체 행동을 중심으로 어떤 변화가 있었는지 충분히 관찰하고 기록하게 했다. 전체 과정에 대한 변화를 알게 하는 것이다. 또한 정보의 공유를 통해 모둠에 따라 놓친 것을 돌아볼 수 있게 하였다. 단순히 단계별 특징을 암기하는 것이 아니라 모식도를 보고 그 변화를 비교하면서 언제든 특정 단계를 찾을 수 있도록 하는 데 중점을 두는 것이었다.

체세포 분열 모식도 관찰 활동 결과

■ 실제 현미경 사진과 모식도 비교하여 관찰하기	■ 단계별 모식도 비교하여 관찰한 후 특징 찾기

■ 교과서 내 체세포 분열 과정 및 단계별 특징

핵막   모세포   염색체   염색 분체

세포 분열하기 전	전기	중기	후기	말기
핵막이 뚜렷하며 유전 물질이 복제되어 그 양이 2배로 늘어난다.	핵막이 사라지고, 두 가닥의 염색 분체로 이루어진 염색체가 나타난다.	염색체가 세포의 중앙에 나란히 배열된다.	두 가닥의 염색 분체가 분리되어 1개씩 세포의 양쪽 끝으로 이동한다.	염색체가 풀리고 핵막이 나타나면서 2개의 핵이 만들어지며, 세포질 분열이 일어난다.

■ 각 단계를 비교하여 아이들이 찾은 단계별 특징

세포 분열하기 전	전기	중기	후기	말기
· 핵막과 인이 보인다. · 핵막이 짧아지기 시작한다. · 중심체가 멀어진다. · 유전 물질이 2배가 된다.	· 중심체가 더 멀어졌다. · 방추가가 생겼다. · 염색체가 나타난다. · 핵막과 인이 사라졌다.	· 중심체가 양극으로 이동했다. · 염색체가 중앙으로 배열된다. · 방추가가 동원체에 부착된다.	· 염색체가 염색분체로 분리되어 양극으로 이동한다. · 방추사가 짧아진다. · 세포질이 안쪽으로 들어가기 시작한다.	· 방추사가 더 짧아진다. · 세포질이 더 잘록하게 들어간다. · 2개의 세포 모양으로 나뉘어진다.

아이들은 모식도와 실제 사진을 비교하면서 많이 고민하는 모습이 보였다. 쉽게 찾을 수 있는 것을 먼저 동그라미 치고, 모식도와 좀 다르다고 판단

되는 것에 대해서는 서로 의견을 내면서 찾았다. 또한 전 단계를 비교하면서 염색체 행동을 중심으로 특징을 찾을 때는 사진을 꼼꼼히 관찰하면서 특징 하나하나를 적어나가는 모습이 인상적이었다.

또한 아이들이 관찰하여 찾은 각 단계별 특징은 평가와 연계시켰다. 전기에서 중기로 넘어가는 과정의 모식도에서 각 단계의 특징을 서술할 때 단순히 교과서에 있는 것만 정답으로 처리하는 것이 아니라 수업에서 아이들이 찾은 특징은 모두 정답 처리를 할 수 있도록 하여 수업과 평가가 연계된다는 것을 알 수 있도록 하였다. 그 결과 아이들은 시간이 지날수록 자신이 관찰한 사실에 대한 신뢰를 갖게 되었고, 그 사실을 바탕으로 분석하고 유추하는 등의 더 깊이 있는 탐구를 해보겠다는 의지를 보이기도 하였다.

교사가 발견하지 못한 사례를 찾아내다

한 달, 한 학기, 일 년을 지나면서 "아이들이 관찰로 과제를 해결하는 힘이 향상되고 있는 건가?" 하는 생각이 들었을 때 아이들에게 허락을 구한 후 모둠별로 오디오로 녹음하여 분석하는 작업을 했다. 아이들은 생각했던 것보다 더 자세히 관찰하면서 의문점을 찾아냈고, 더 나아가 교사도 미처 인지하지 못한 오류까지 찾아내는 모습도 보였다.

'마찰전기' 개념을 설명하기 위한 과제였다. 실제 시범실험을 통해 마찰 전에는 달라붙지 않았던 털실과 고무풍선이 마찰 후에 달라붙는 현상을 보여주었다. 그리고 텍스트와 이미지로 마찰 전과 후에 달라진 점을 모두 관찰하여 찾고, 그 속에서 물체를 마찰시켰을 때 전기를 띠는 현상을 아이들이 설명할 수 있게 했다. 아이들이 이미지에서 어떤 것을 관찰하여 찾고, 전기를 띠는 현상을 어떻게 정리하는지 따라가 보자.

[활동 과제]

[가]는 털실로 풍선을 문지른 후 털실과 풍선이 붙은 그림이다. [가]의 현상을 [나]의 그림으로 설명해 보자.

털실과 풍선을 이용한 마찰전기 실험

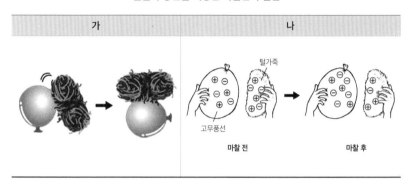

1) [나]그림에서 마찰 전후에 변화된 것을 모두 찾으시오.
2) 고무풍선과 털가죽이 마찰 후에 띠는 전기의 종류를 바탕으로 붙는 이유를 설명하시오.

[모둠 대화]

"털가죽으로 풍선을 문지른 거지? 하나씩 말해볼래?"

"마찰 전에는 풍선이랑 털가죽에 +와 -가 똑같은 양이 있네."

"근데 왜 똑같지?"

"원자가 원자핵과 전자로 이루어져 있다고 했잖아."

"맞네, 마찰을 안 시켰으니까 중성인 거지, 너는 뭐 찾았어?"

"마찰한 다음에 고무풍선은 -가 더 많고, 털가죽은 +가 더 많아"

"그럼 -가 이동한 거지?"

"맞아 +는 이동하지 않았다고 해도 되겠다."

"근데 왜 -만 이동해?"

"그 왜 원자핵은 무거워서 움직일 수 없다고 했잖아."

"맞네."

"아~그러면 고무풍선은 -가 더 많으니까 -전기를 띠고, 털가죽은 +전기를 띤다고 하면 되겠다."

"그런데 이상한 게 있어."

"뭔데?"

"선생님이 +는 무거워서 자기 자리에서만 진동하고 있다고 했는데 이 그림 에서 보면 마찰 후에 + 위치가 변했잖아."

"그러게~ 선생님한테 물어봐."

"선생님 근데요. +는 무거워서 자기 자리에서만 움직인다고 했잖아요. 그런 데 여기서는 왜 달라졌어요? 다른 물체로만 이동을 못 한다는 뜻이에요? 고 무풍선이나 털가죽 자체에서는 멀지 않으니까 자리를 조금 이동해도 되는 건가?"

"오호~ 정말 그러네. 너희 훌륭하다. 이렇게 관찰을 잘하다니. 맞아 너희들 말처럼 +는 무거워서 자기 자리에서만 진동할 수 있고, 선생님이 넣은 이 그 림에 문제가 있는 거다. 전체 공유할 때 이야기해서 고쳐볼게."

아이들의 관찰에서 교사의 그림에 오류가 있다는 사실을 발견하는 순간 이었다. 그래서 아이들의 교과서와 인터넷상의 자료를 찾았는데 아이들의 말처럼 시각 자료에서 마찰 전후에 +가 이동되게 그려 설명하는 자료가 많 았다. 그리고 아래의 자료처럼 정확하게 마찰 전후 +의 위치 변화 없이 설 명한 자료도 있었다는 것! 아이들이 꼼꼼하게 관찰하는 과정에서 정말 많은 것들을 관찰할 수 있었고 동시에 개념에 대한 이해, 그리고 교사가 제시한 자료에 대한 오류까지 발견할 수 있었던 소중한 대화였다고 생각한다.

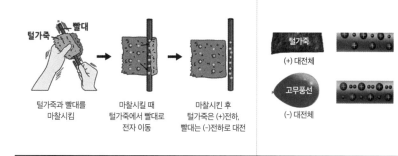

털가죽과 고무 마찰 시 원자핵과 전자의 이동
(개념에 맞게 설명할 수 있는 자료)

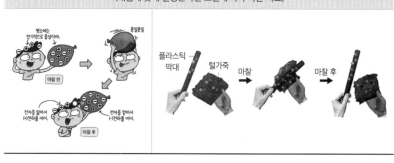

털가죽과 고무 마찰 시 원자핵과 전자의 이동
(개념에 맞게 설명한다면 고민해 봐야 하는 자료)

관찰을 통해 정전기 현상을 설명한 후 우리 주변에서 경험할 수 있는 일
들에 대한 상황에 대해 제시해 보았다. 빗으로 머리를 빗었을 때 빗에 머리
카락이 달라붙는 현상, 모자를 벗었을 때 머리카락이 뜨는 현상, 겨울철 치
마가 스타킹에 달라붙는 현상, 주유소에 방지 패드를 붙여 놓는 것 등이다.
우리가 경험했던 상황들을 과학적 원리로 설명하고, 혹 불편함이 있을 경우
어떻게 해결할 수 있는지 등에 대해 삶과 연계하여 접근할 때 더 아이들이
주체적으로 참여할 수 있었다.

관찰을 통해 개념이 드러나다

'물질의 상태변화'를 과학적 용어로 설명하는 실험이었다. 모둠별로 물에 얼음을 넣은 컵을 준 후 30분간 관찰되는 모든 현상을 기록하고, 그 사실을 상태변화인 것과 상태변화가 아닌 것으로 분류하여 과학용어로 표현해보는 것이었다. 무더운 여름 시원한 물을 마시기 위해 물에 얼음을 넣어 마셔보지 않는 사람은 없을 것이다. 다만 그 얼음이 어떻게 변화하는지를 관찰한 사람은 아주 적을 것으로 생각한다.

[활동 과제]

물에 같은 크기의 얼음조각을 5개씩 넣은 후 30분 동안 관찰해 보자.

물이 담긴 컵에 얼음을 넣은 후 변화 관찰

1) 얼음이 담긴 컵에서 관찰되는 것을 모두 적으시오.

2) 관찰한 사실 중 물질의 상태변화인 것과 아닌 것을 분류하시오.

3) 물질의 상태변화인 것은 상태변화의 용어로 설명하고, 아닌 것은 그 이유가 무엇인지 적어보시오.

[모둠 대화]

"컵에 얼음을 넣으면 그냥 녹는 거 아니야? 뭘 보라는 것이지?"

"자 봐봐, 컵 표면이 뿌옇게 흐려지고 있어."

"얼음이 자꾸만 움직여."

"얼음에서 기포도 나오는 것 같아."

"얼음에서 빠져나온 기포는 위로 올라온 후에 없어지고."

"근데 얼음 속이 왜 하얀 거야? 원래 얼음 속이 하얀가?"

"우리 집 얼음도 똑같아."

"근데 편의점에 얼음 컵 있잖아 그 얼음은 투명해."

"정말?? 그럼 왜 그런 거지??"

"몰라. 다른 거 관찰한 거 말해봐."

"봐봐 얼음이 떠 있는 부분에 물방울이 커지고 있어."

"얼음이 작아졌네. 이것도 써도 되나?"

"될 것 같은데, 그럼 얼음이 떠 있다고 써도 되겠지?"

"컵 아래쪽에도 물방울 크기가 커지고 있어, 얼음이 있는 곳에 물방울 크기는 더 커지고."

"종이도 젖기 시작했어."

"얼음이 떠 있는 위쪽에 물방울이 커지니까 무거워져서 미끄러지면서 내려오는 거지."

"그러네. 컵 벽면에 물이 흘러내리면서 줄이 생겨."

"종이가 젖는 면적이 점점 동그랗게 넓어져."

"얼음이 거의 녹아서 없어지고 있어."

"얼음이 녹아서 물의 높이가 높아졌어."

"아니야. 내가 물 높이 봤거든 근데 변함없어, 아닌가? 조금 많아졌나?"

"얼음을 처음 넣었을 때 부력 때문에 물 높이가 올라가고 나면 얼음이 다 녹아도 높이는 똑같아야 하는 거 아니야?"

"일단 변함없다고 쓰고 이따 물어보자."

"그럼 이제 다 찾은 것 같아? 더 있어? 없으면 분류해 볼까?"

"컵 주변이 시원해졌다는 것도 써야 할 것 같아."

"좋아!"

생각보다 아이들은 집중하여 눈에 보이는 사실을 잘 찾아 기록한다. 평소에 자신이 자주 먹는 음료의 형태지만 한 번도 이렇게 긴 시간 동안 컵의 변화를 관찰한 적은 없지 않았을까? 아이들에게 물어보았을 때 단 한 명의 아이도 5분도 관찰한 경험은 없다고 했다. 다만 어느 순간에 컵에서 흘러내린 물이 흥건하게 젖어있어 노트가 젖었던 경험이라든지 물이 흘러내리지 않게 하기 위해 컵홀더를 사용하고 있었다던 것 정도를 기억할 뿐이었다. 아이들이 관찰한 사실 중 물질이 상태변화를 나타내는 사실을 찾고, 그것을 과학용어로 표현하는 과정은 아이들이 과학 개념을 좀 더 쉽게 익힐 수 있도록 하는 시간이라고 생각한다.

또한 어떤 현상을 오감으로 관찰하는 활동은 다른 활동에 비해 아이들이 더 집중하고 대화가 활발하게 일어난다는 것을 알 수 있었다. 실제 물질의 상태변화 단원에서 제안 수업을 이 내용으로 한 적이 있다. 제안 수업을 보러오는 선생님 한 분이 수업 후 협의회 때 이렇게 말문을 여셨던 것이 생각난다. "사실 얼음이랑 드라이아이스 두 조각 가지고 뭘 하려고 저러나? 1차시 수업이 되긴 하려나? 하는 생각이 들었다. 그런데 아이들이 아주 사소한 것까지 찾아내는 것을 보고 놀랐다. 학급에서 어려움이 있는 아이들도 아주 적극적으로 참여하여 자신이 관찰한 것을 친구들에게 말하고 활동지에 기록하는 모습이 인상적이었다." 물론 그 말끝에 "머리를 쓰는 것이 아니라 어려움이 있는 애들도 모두 참여할 수 있었던 것 같다."는 말에는 동의하지 않는다. 배움이 느린 아이들이 머리를 쓰지 않는 과제여서 쉽게 참여할 수 있었던 것이 아니라 우리가 살아가는데 필요한 관심과 관찰의 중요한 요소를 아이들은 모두 갖고 있기에 가능한 시간이었다고 말해주고 싶다. 관찰이라는 건 단순 작업이 아니라는 말이다.

아이들이 관찰한 많은 사실을 물질의 상태변화인 것과 아닌 것으로 분류해 보면 그 속에서 또 다른 확장 질문이 나오기 마련이다. 예를 들면 아래와 같다.

"얼음이 녹으면서 왜 벽 쪽으로 이동할까?"

"얼음이 물에 뜨는 이유는 뭘까?"

"얼음에서 기포가 발생하는 이유는 뭘까?"

"집에서 얼린 얼음과 편의점 얼음의 차이점이 생기는 이유는 뭘까?"

"얼음이 녹아도 왜 물 높이는 변하지 않는 걸까?"

"종이가 젖으면서 번지는 이유는 뭘까?"

"A4 종이와 갱지에서 물이 번지는 속도가 다른 이유가 뭘까?"

"물방울이 맺히다가 아래로 흘러내리는 이유는 뭘까?"

"물질마다 표면에 맺히는 물방울의 모양은 같을까?"

"유리컵과 플라스틱 컵의 녹는 속도는 같을까?"

자연스럽게 다음 과제는, 우리가 여름이나 겨울에 사용하는 컵홀더의 역할은 무엇인가? 홀더의 모양이 다양한 이유는 무엇일까? 컵홀더를 디자인할 때 고려해야 할 사항은 무엇인가? 컵홀더를 꼭 사용해야만 하는가? 하는 질문처럼 삶과 연계하는 과제를 제시할 수 있지 않을까 생각한다.

관찰의 연습은 아이들을 성장시키는 지점을 만들다

아래의 사진은 물질의 상태변화 단원에서 찾았던 탐구 질문에 대한 학생의 촬영으로부터 시작된 것이다.

"선생님 그런데요. 주전자에서 물이 맺히는 것과 컵에 물이 맺히는 모습이

달라요. 주전자 표면에는 동글동글 맺히거든요. 그런데 컵은 처음엔 동그래
보이지만 시간이 지나면서 동그랗기보다는 모양이 퍼진다고 할까? 아무튼
좀 다른 것 같아요. 왜 그럴까요?"

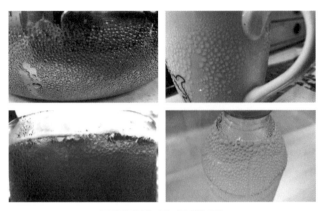

물체의 종류에 따라 다른 응결 모양

아이의 질문으로 우리는 여러 가지 표면에 맺히는 응결 현상을 사진으로
찍어보는 활동을 진행했다. 유리, 도자기, 플라스틱, 나무, 콘크리트, 비닐,
종이를 비롯하여 물체마다 맺히는 모습이 다르다는 관찰 사실을 찾았고, 스
포이트를 이용하여 유리와 플라스틱 샬레, 책상, 철판 등에 물을 떨어뜨리는
실험, 알코올을 떨어뜨리는 실험 등을 함으로써 물체의 재질과 표면의 매끄
러운 정도는 어떤 관계가 있을지 생각해보게 되었다. 또 실험하는 과정에서
관찰되는 다른 현상들까지 추가로 알게 되면서 아이들의 탐구 의욕은 더욱
향상되었을 것으로 생각한다.

여러 단계를 거친 우리의 궁금증에 대한 결론은 중학생이 이해하기는 다
소 어렵지만 응집력과 부착력, 표면장력으로 설명된다는 것을 알게 되었다.
또한 자신이 지닌 궁금함을 이렇게 해결하는 경험을 가진 것에 대해 스스로
매우 만족하는 모습을 보였다.

교실 밖에서 배우는 관찰

관찰이 있어야 새로운 발견이 있다

교실에서 하는 수업만이 아니라 아이들이 늘 만나는 식물, 동물들을 관찰함으로써 우리가 관심을 가질 때 더 많은 것들이 보이고 새로움을 찾을 수 있는 기회를 가질 수 있다는 것을 알려주고 싶었다. 식물이 살아가는 방법에 대한 탐구로 광합성의 과정을 알아보면서 직접 등하굣길에서 만나는 식물을 자세히 바라보는 시간을 기획했다. 8주간 내가 정한 식물을 1주일 간격으로 사진으로 찍고, 변화된 것을 관찰하여 기록하면서 느낀 점을 기록해 보는 활동이다. 늘 우리와 함께 살아 숨 쉬고 있는 식물들을 좀 더 인식하게 하고 싶었고, 그 변화에 대해 아름다움을 느끼게 하고 싶은 생각이 컸다. 또한 우리가 건강하게 살아가기 위해서는 애쓰는 도심 속의 식물들에 고마움을 갖게 하는 시간이길 바랐다. 자신이 관찰할 식물을 정하게 하고, 사진으로 그 변화를 찍으면서 식물의 특징을 기록하는 것으로 시작했다.

자신이 정한 식물을 매주 관찰하는 아이들 모습

매주 사진을 찍어 패들 셋에 올리면서 작은 변화를 기록하는 일은 결코 쉬운 일이 아니었다. 어떤 아이들의 관찰은 시간이 지날수록 신비함의 연속이었지만, 어떤 아이들의 관찰은 귀찮은 과제로 변해갔다. 교사 또한 아이들에게 주고 싶은 의미가 컸기 때문에 의심이 가는 아이들이 눈에 들어오기 시작했다. 한 번은 학교 옆 공원 소나무 아래에서 빈둥거리며 놀고 있는 남학생 무리에게 "애들아 무슨 변화가 보이니?"라고 말을 건넸던 적이 있었다. 사실 아이들이 소나무를 정한 이유를 "귀찮아서 그냥 아무거나 정한 거 아니야?"라고 생각하고 있던 터였다. 하지만 아이들은 이렇게 말했다. "선생님 이것 보세요. 요기서 싹이 나와요. 보세요. 저기 위에도 나오죠? 저희가 아무것도 안 하는 게 아니에요." 아이들이 보라는 소나무 기둥을 보니 정말 작은 싹이 올라오고 있었다. 쑥스럽게도 속마음이 들통 난 것이었고 부끄러움은 온전히 나의 몫이 되었다.

소나무 기둥에서 나오는 새싹 관찰

또 페튜니아를 찍어서 관찰하는 아이의 관찰기록을 보면서 의심이 들었던 적도 있었다. 매번 같은 사진을 찍어서 붙였기 때문에 새로 찍지 않고 같은 사진을 그냥 붙인다고 생각한 것이다. 하지만 아이는 관상용으로 페튜니아가 왜 사용되는지를 알게 되었다며 놀라워했다. "선생님 이것 보세요. 제가 찍은 사진 매번 똑같아 보이죠? 아니에요. 페튜니아는 계속 옆에서 꽃봉 오리가 다시 올라와요. 그래서 오래도록 관상용으로 사용할 수 있는 꽃인 것 같아요."라고 말이다.

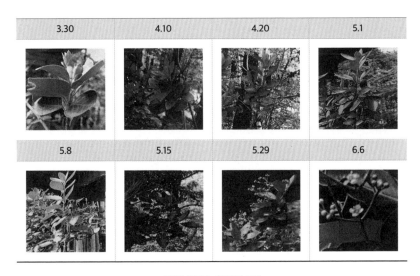

8주간 관찰한 제비꽃의 변화

학교 옆 공원의 홍가시나무를 8주간 관찰하면서 새로운 나뭇잎이 자랄 때 붉은 새잎이 올라오고, 잎이 점점 커지면서 가장자리가 선명한 톱니모양으로 변한다는 것을 통해 초록나부로만 보였던 나무에 '홍가시'라는 이름이 붙여진 이유를 알게 된 아이도 있었다. 그 아이는 등하교 길에 매일 홍가시 나무를 만났고, 아주 작아서 자세히 보지 않으면 보이지 않을 듯한 홍가시 나무의 꽃도 만나게 되는 감동의 순간도 경험하게 되었다. 길거리의 개망초를 아침, 저녁으로 관찰하면서 그 감탄을 실시간으로 전하는 아이도 있었다.

"선생님 정말 신기해요. 3일 만에 꽃잎이 자랐어요. 그런데 지난번엔 낮에 찍었거든요. 그땐 꽃이 활짝 피어있었어요. 그런데 어제는 학원에 갔다가 늦어서 저녁 무렵에 갔는데 잎이 다 오므라들어 있는 거예요. 왜 저녁에는 잎을 닫는지 궁금해졌어요. 그리고 전에는 개망초가 있는지도 몰랐고 보

는 시간조차 아깝다고 생각했었거든요. 근데 이제 한참 서서 관찰하는 시간
이 아깝지 않고 과학자가 된 것 같아요. 선생님, 그런데 왜 잎을 닫고 있을까
요?" 아이들은 '관찰'을 통해 새로운 것을 발견한다. 관찰하지 않으면 새로움
을 발견하는 기회는 그만큼 줄어든다.

삶에서 관찰을 통해 배우다

늘 일상생활에서 생기는 상처지만 그 상처가 어떻게 낫는지 관심조차 없
었던 아이가 자신의 상처를 들여다보고 그것에 신기함을 느끼게 된 것, 엄마
의 일주일의 모습을 관찰하면서 쉬지 않고 일하는 엄마의 모습을 안쓰럽다
고 생각하게 된 것, 자신과 가장 친한 친구를 매시간 관찰하면서 친구의 특
징을 더 자세히 알게 된 것, 동생의 옷 입는 스타일을 보면서 평소에 동생이
좋아하는 것이 무엇인지 동생에게 너무 무심했었다는 것을 알게 된 것, 늘
주변에 있어 미처 아무런 변화가 없을 것이라고 생각했던 물건조차도 변화
가 있다고 생각하게 된 것 등등. 평소의 삶에서 관심을 갖고 관찰하지 않으
면 보지 못했을 것들을 경험했다는 것이 참으로 의미 있다고 생각한다. 어
쩌면 교사가 생각했던 것 이상으로 아이들은 관찰을 통해서 그 무엇인가를
발견하고 있었고, 그 속에서 자신만의 배움을 하고 있었을지도 모른다.

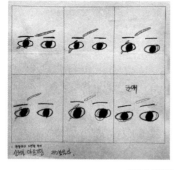

상처와 엄마의 생활 관찰하기

삶의 태도를 배우는 관찰

새 학기 시작하면서 '관찰'이 무엇인가? 라는 질문에 '보는 것', '공부', '선생님이 시키는 것'이라고 다소 부정적인 말을 했던 아이들이 많았다. 하지만 아이들에게 지속적으로 '관찰'에 대한 활동과 의미를 부여하여 수업하면서 아이들에게 '관찰'의 의미는 점점 변하고 있다는 걸 알게 되었다.

교사라면 누구나 학생들이 주체로 학습에 참여하여 깊이 있게 배우게 하고 싶은 열망이 있다. 그런 일이 가능하게 하기 위해서 무엇을 우선으로 해야 할까? 늘 고민이 많지만 가장 중요한 것은 자발성이 아닐까 싶다. 아이들에게 자발성이 생긴다면 학교에 오는 상상만으로도 즐겁지 않을까? 즐거운 마음으로 등교하고 수업 내용에 대해 관심을 갖게 하는 것이 필요할 것이다. 관심을 갖게 하기 위해서는 어떻게 해야 할까? 수업 내용이 우리의 삶과 아주 밀접하게 연계되어 있다는 것을 알게 해주는 것이 중요할 것이다. 그 출발선에서 나는 '관찰'하는 것이 시작이라고 생각한다. 관심을 갖고 관찰하게 하면서 그 속에서 관계를 맺어가는 것이 아이들을 주체적인 학습자로 세우는 일이라는 것을 경험하고 있기 때문이다. 한 명의 아이도 소외되지 않게 하는 수업, 그 수업에 중심에 관찰의 힘을 넣고 싶다.

관찰이 중요하다는 것을 아는 것 보다 실천이 더 중요하다. 왕명은 이 문제에 대해 다음과 같이 쓰고 있다. "참된 앎은 행하기 위함이요, 알고도 하지 않는 것은 알지 못하기 때문이다." 공기는 중요하지만 너무 익숙하다 보니 오히려 중요함을 모르고 지나치게 된다. 관찰은 누구나 중요하다고 이야기하지만 당연시되어 소홀히 되는 것은 아닌지 의구심이 든다. 관찰의 힘은 과학뿐만 아니라 모든 교과에서 학습주체자로 키우는 중요한 능력이며, 누구나 태어날 때부터 타고나는 능력이다.

'교사, 수업에서 나를 만나다'의 책에서 윤희상의 시, '화가'을 읽었다. '비평적으로 수업 바라보기' 부분에 있었던 시인데 시를 통해 이런 질문을 하게 됐다.

'나의 수업에서의 바람과 수선화는 무엇인가?'
'과연 수업에서 바람을 잘 넣어 수선화를 그리고 있나?'
'아이들은 그런 나의 바람을 잘 읽고 있나?'
'아이들은 바람을 보지 못하고 수선화만 보고 가는 건 아닌가?'

교사로 살아간다는 것은 무엇일까?

교사로 산다는 것은 지속적인 성찰의 시간을 통해 고민하는 수업을 만들고, 그 속에서 아이들이 주체로 참여하여 즐겁게 깊이 있는 배움을 갖게 하는 것이라고 생각한다. 아이들이 주체가 되는 즐거운 배움을 바람이라고 한다면 나는 그 바람을 위해 '관찰'에(의) 중요성을 더 많은 아이들이 알았으면 하는 것이 나의 바람이다.

생태전환 프로젝트 수업 설계

우리가 세상을 바꿀 수 있을까요?

안상임 | 소사중학교

나는 왜 프로젝트 수업을 하는가

'이거 배워서 어디에 써먹어요?'

여간해서 입을 열지 않는 중학교 교실에서 이런 질문이라도 해주는 아이들이 있다면 고마울 지경이다. 그리고 이 질문에 멋지게 답을 주고 싶다. "교육과정이란 한마디로 말하면 배움의 경험이다. 배움의 흔적이며 배움의 이력이다. 실제로 배움의 경험을 창조하는 것이다."[1] 사토마나부 교수의 말이다. 그래서 오늘도 어떻게 배움의 경험을 만들어 나갈 것인지 옆에 있는 선생님들과 함께 들여다보고 고민하고 이야기를 나눈다.

나를 포함하여 대부분의 교사는 교육과정이라 하면 일단 교과서를 떠올리게 된다. 교과서에 있는 내용을 하나도 빠짐없이 충실하게 가르치는 게 내가 할 수 있는 최고의 수업이었다. 하지만 수십 종의 교과서를 보고 또 보

---

1) 사토 마나부 지음. 손우정 옮김. 수업이 바뀌면 학교가 바뀐다. 에듀니티. 2011.

고 풀어낸들 그 속에 어떻게 우리 아이들과 내가 고스란히 들어 있겠는가. 예나 지금이나 교과서의 양은 방대하기 짝이 없고 가끔은 꼭 이런 걸 배워야 하나 싶은 것들도 있다. 그래도 교과서에 있는데 빼먹었다가 시험이라도 나오면? 상급학교에 진학해서 그것도 안 배웠냐고 하면? 등등의 고민으로 가볍게 훑고라도 가야 안심이 된다. 그러나 그건 나의 위안일 뿐, 아이들은 내가 열심히 가르친 것이나 가볍게 훑고 지나간 것이나 별 차이를 느끼지 못한 채 그냥 지루한 수업이었다는 기억으로 추억할 뿐이다.

눈부신 과학 발전의 결과 현재의 풍요로운 삶을 누리고 살게 되었는데 왜 세상은 점점 위태로워지는지, 매일 열심히 분리수거를 하는데도 옛날에는 존재하는지도 몰랐던 미세플라스틱이 왜 우리의 식탁을 위협하는지 교과서엔 없다. 시험문제로만 존재하는, 삶과 분리된 배움은 힘이 없다. 현재를 살아가고 있는 아이들과 수업을 마치고 교실을 나서면서 드는 감정 중 하나가 이런 무력감이다. 좀 더 삶과 연결할 수 있는, 아이들이 살아나는, 배움이 쓸모 있는 수업을 할 수는 없을까.

아이들을 배움의 자리로 다시 불러들이려면 배우는 즐거움을 알게 하고 그것이 자신의 이야기로 다시 되돌려져야만 가능하다. 혼자서는 너무 힘들거나 불가능할지도 모르지만 옆에 있는 교사와 함께라면 할 수 있다. 우리가 배운 것이 교과서에만 머무는 것이 아니라 내가 살고 있는 마을의 자원을 활용하여 진짜 세상에서 잘 살아가기 위한 능력을 키우고 실제 우리 일상에서 일어나는 문제를 해결할 수 있는 수업 말이다. 엎드려 있던 아이들을 깨우고 배움의 의미를 찾아내고 협력의 즐거움을 경험하면서 세상에 쓸모 있는 세상을 바꿀 수 있는 힘을 키워주고 싶다.

프로젝트 수업, 어떻게 시작할까

협력의 시작, 미리 준비하고 함께 고민하다

학교 비전과 철학을 공유하고 이것을 구현해 내기 위한 학년 교육과정으로 좀 더 실제적이고 맥락 있는 프로젝트로 펼쳐보고자 하는 움직임이 꿈틀거리고 있다. 많은 학교에서 2월에 새롭게 전입한 교사들과 새 학기 교육과정을 준비하는 워크숍을 진행하고 있는데 그 시간이 제대로 운영되기 위해서는 전년도 11월부터 교육과정 평가회를 준비하는 것이 좋다. 학교평가 결과를 활용해도 좋고 학년별로 교육과정과 전학공 담당 교사를 중심으로 TF팀을 구성하여 그해 펼쳐진 교육 활동을 정리해 보고 전체가 논의할 주제를 찾아 교사 대토론회 시간을 갖는 것은 차기 연도 교육과정을 탄탄하게 만드는 초석이 된다.

겨울방학 하는 날 신임부장과 담임 학년까지 발표한다면 방학 중 신임부장 워크숍도 할 수 있고 담임교사들도 미리 수업 및 평가계획을 세우고 학습자료를 준비할 수 있는 시간을 확보할 수 있다는 면에서 적극 도입해보기를 권한다. 방학 전에 관련된 도서나 읽기 자료를 미리 나누어 주면 방학 동안 자신의 수업과 연결할 다양한 방법을 여유 있게 모색하는 시간을 가질 수도 있다.

혼자 하면 한계를 뛰어넘기 어렵다. 프로젝트 수업을 설계할 때 가장 중요하지만 가장 어려운 것이 어떻게 동학년 선생님들의 참여를 끌어내는가 하는 것이다. 처음엔 생소함으로, 시간이 지나면 두려움으로, 나중엔 관성으로 거부하기 일쑤다. 프로젝트 수업을 해오던 학교들도 고민이 많다. 전부터 해왔으니 무조건 해야 한다고 밀어 부칠 수도 없고, 내가 고민해서 만든 것도 아닌데 의무적으로 참여하자니 의미를 모르겠고 굳이 바꾸거나 없애자니 부담스럽고. 여러 가지 이유로 선뜻 시작하기가 겁이 난다.

초등학교 6년 동안 교과의 벽을 넘나들며 배우고 활동하던 아이들은 프로젝트수업을 어려워하지 않는다. 오히려 교사들이 낯설어하고 특히 중등에서는 교과라는 프레임에 갇혀 지금까지 해오던 방식을 바꾸는 것을 두려워한다. 하지만 욕심은 금물, 첫술에 배부르랴 하는 마음으로 할 수 있는 만큼만이라도 해보자는 여유가 필요하다. 프로젝트 수업을 처음 시도할 때, 누군가 함께 하고 싶다고 할 때까지 먼저 강요하지 않고 일단 하고 싶은 사람들끼리 시작하는 것도 방법 중 하나이다. 프로젝트 수업의 설계에 필요한 선생님의 요구를 파악하고 그것을 지원할 방법들을 차근차근 준비하는 것이 좋은 해결 방법이 아닐까 생각한다.

방학 동안 신임부장 워크숍을 통해 전년도 교육과정 평가회에서 나온 내용들을 바탕으로 2월 새 학기 교육과정 만들기 연수를 어떻게 운영할지 논의하고 주제별로 팀을 나누어 관련 자료를 준비한다. 생태적 가치를 중심으로 각 학년의 수준과 특성을 고려한 연계교육과정의 필요성을 공유하고 학년의 특색 있는 생태교육과정 운영을 목표로 2월 새 학기 마중물 연수의 주제를 정한다. 전입 교사들을 위하여 전년도 학년말에 논의했던 교육 활동 평가회의 내용을 다시 한번 상기하면서 교과서에만 머무는 것이 아니라 아이들의 삶에서 진짜 실천할 수 있는 교육과정을 만들자는 목표에 도달하기까지 긴 흐름이 필요하다.

2월 연수에서 학년별 협의회 시간을 최대한 확보하여 가능한 한 수업으로 펼쳐내어 교육과정 내에서 통합적인 평가, 수상 및 봉사와도 연계할 수 있는 방법을 고민 해야 한다. 전학공 연수가 시작되는 3월 말까지는 매주 학년별 협의회 시간을 확보하여 2월에 논의했던 프로젝트 계획을 좀 더 구체화한다. 한 달여 동안 함께 논의한 흔적이 고스란히 남아있는 템플릿을 학년 교무실 벽에 붙여 놓고 서로의 교과서를 뒤적거리며 수시로 들여다보며 일상에서 다루어진다면 더욱 좋을 것이다.

프로젝트의 얼개를 미리 구상하다

생태 전환 교육과정을 맥락 있게 끌고 가려면 긴 호흡이 필수적이다. 교육과정의 전체 틀 속에서 프로젝트와 관련한 이론과 지식은 어느 교과, 어느 단원에서 해결할 것인지, 학년의 철학을 살리기 위한 실천 활동으로 무엇을 할 것인지, 프로젝트를 마치면서 어떤 결과물을 만들어낼 것인지, 어느 단계에서 평가할 것인지 등등 대략의 얼개를 짜놓아야 한다. 과학과 기술가정 교과에서 기후와 날씨, 플라스틱이 만들어진 배경과 현재 환경문제, 식생활과 무분별한 육식으로 인한 문제점 등 기후 위기 및 생태 전환에 대한 이론 수업을 진행하기로 하고 벼의 생산과정을 직접 경험하기 위해 9개 교과가 연결되는 벼농사 프로젝트를 함께 진행했다.

생태 전환 융합 수업의 얼개

생명의 경이로움을 알아가는 시간 (3~4월)	① 과학 : 생식과 유전을 통한 인류의 식량 문제에 대한 접근 ② 기가 : 흙 일구기, 물발자국, 감자 심기 ③ 국어 : 수시로 읽고 수시로 쓰기 (감자 시 쓰기)
내 몸과 지구를 사랑하는 시간 (5~6월)	① 과학 + 기가 : 기후 위기에 빠진 지구를 구하는 보드게임 교구 제작하기(기지게 프로젝트) ② 기가 : 지구하자프로젝트(기후 위기와 먹거리의 상관관계), 쌀의 영양, 육식과 동물권, 육식과 기후 위기, 채식/육식과 영양 ③ 영어 : 기후 환경 실천 보고서 쓰기 ④ 수학 : 콩 보드게임, 모내기와 통계 ⑤ 미술 : 감자 세밀화 그리기(잎, 꽃) ⑥ 정보 : 감자 알고리즘 ⑦ 역사 : 쌀, 수탈의 역사

일상을 축제로 만드는 시간 (7월)	① 기후 위기 보드게임 부스 운영 ② 최고의 채식레시피 만들기 ③ 채식(감자) 실습 부스 운영 ④ 환경영화제 운영 ⑤ 생태 동화 읽고 글쓰기
나눔과 공존을 실천하는 시간 (9~12월)	① 과학 : 지속가능한 지구의 에너지 사용 및 가능성, 　　　　NO 플라스틱 체인지메이커 프로젝트 ② 기가 : 신재생에너지, 마을에서 실천할 수 있는 적정기술(비전화공방) 　　　　무농사(깍두기, 김치 담그기) 및 나눔 ③ 수학 : 탈곡과 통계, 학교공동체 및 지역에 떡 나눔 ④ 국어 : 생태 독서 토론 ⑤ 교과 융합 : 생태 달력 만들기

함께 고민하는 과정에서 교사들은 '수업에서 생태를 배웠다고 생태에 대한 가치와 실천 의지가 가득한 생태 시민으로 성장했다고 말할 수 있을까? 교과(수업)에서 가르쳤다고 아이들은 생태 환경의 요소를 배웠다고 말할 수 있을까? 활동을 통해 생명을 알고 느끼는 마음이 커졌을까? 기후 위기의 원인을 알고 그 문제점을 해결하는데 자발적으로 실천하는 시민으로 성장할 수 있을까?' 등등 아이들의 성장한 모습을 어떻게 확인할 수 있을지, 자신의 수업과 어떻게 연결할 수 있는지 의미 있는 질문을 던지며 조금씩 깊이가 더해졌다.

전년도에 했던 수업의 경험을 바탕으로 기술가정과 과학이 주도적으로 끌고 가기로 하고 1년에 걸쳐서 기후 위기를 비롯한 생태 전환에 대해 탐구 – 내면화 – 공감 – 사회화의 흐름으로 수업을 설계했다. (1) 생태 전환에 대한 인식과 탐구활동, (2) 텃밭 농사를 활용한 시 창작, 미술 활동, 보드게임 만들기 등의 실천 활동을 통한 내면화, (3) 기후 위기 문제가 우리에게 미치는 영향을 지구온난화 보고서 쓰기, 게임 교구 제작 과정에서 확인하고 공감하기, (4) 문제 해결을 위한 생태 전환 사회적 실천 등으로 교육 활동을 재구성하였다.

① 사전 준비	② 문제 인식과 탐구	③ 생활 속 실천 활동을 통한 내면화 및 공감하기
- 주제(기후 위기) 선정 - 관련 교과 협의회 및 교육과정 재구성 - 과학, 기술가정, 수학, 국어 - 광명시청, 기후 에너지센터, 급식실, 지구 돌봄 협동조합 협조	- 플라스틱, 환경호르몬에 대한 독서 활동 - 육식 소비에 대한 과학 보고서, 동화책 등 - 동영상 '식탁 위로 돌아온 미세플라스틱', '시스피라시'	- 학교 텃밭 감자 키우기 - 생태시 창작 - 생태 미술 활동 - 기지게 프로젝트 - 지구온난화 보고서 쓰기

④ 학부모 연계 활동	⑤ 프로젝트 설계	⑥ 주제별 활동 실천 및 공유	⑦ 문제 해결을 위한 사회적 실천
- 지구환경을 지키는 체험형 프로그램 운영을 통하여 학부모 인식 개선 및 동참 유도	- 체인지메이커 프로젝트 - 주방 비누와 삼베 수세미 사용 후 보고서 작성 - 채식레시피 프로젝트 - 벼농사, 텃밭 경작	- 실천과 피드백 - 학급별 공유회 - 축제 코너 운영 1분 발언대 - 정책 제안서 작성	- 실천 활동 후 모둠별 제안한 정책 중 실천 가능하고 시급한 정책을 시청에 제안하기 - 김장 나눔(공유 부엌)

기.지.게 프로젝트 차시 흐름도 안내

차시	내용	활동
1~2차시	모둠 선정(4명) **보드게임 계획서 작성**	계획서는 모둠별 1장
3~4차시	보드게임 초안 **설계도 작성** 준비물 품목 제출	모둠별 활동 개인 보고서 작성
5~8차시	**보드게임 카드 작성(분야별 각각 4개씩 작성)** 모둠 내에서 카드 선별	모둠별 활동 개인 보고서 작성
9차시	모둠 내 이견 조율 후 **피드백 보고서 작성**	개인 활동 모둠별 활동
10~11차시	**보드게임판 제작**	모둠별 활동
12~13차시	보드게임 시연 및 모둠 간 피드백	모둠별 활동
14~15차시	모둠별 보드게임 발표 및 공유(동료평가)	모둠별 발표 및 공유

'NO! 플(라스틱) 체인지메이커' 프로젝트 차시 흐름도 안내

차시	내용	활동
1차시	'NO! 플(라스틱) 체인지메이커'프로젝트 활동 안내 플라스틱 A to Z (만들어진 배경부터 환경문제까지)	
2~3차시	플라스틱의 종류별 특징과 슬기로운 분리배출 알아보기	플라스틱 종류 카드 만들기
4~5차시	플라스틱으로 인한 문제 발견 - 미세플라스틱, 환경호르몬 착한 화학 반응(플라스틱을 줄이는 작은 실천) - 주방 고체 비누, 천연수세미 사용 후 나에게 생긴 변화	사용 후기 보고서
6차시	플라스틱 사용을 줄이는 다양한 시도들	활동지
7~9차시	체인지메이커란? 모둠 구성(4인) 'NO! 플(라스틱) 체인지메이커'활동 계획서 작성	모둠 계획서 작성
10~12차시	모둠별 주제에 따른 세부 활동 기획하기 모둠별 실천 활동 전개, 사진 또는 동영상 촬영 피드백 및 활동 수정	모둠 활동 보고서 작성
13~14차시	활동 내용 정리, 보고서 작성 '광명시에 바란다'정책 제안서 작성	개인별 보고서 작성
15~16차시	'NO! 플(라스틱) 체인지메이커' 활동 모둠별 발표 및 공유	모둠별 발표 및 공유

채식 레시피 프로젝트 차시 흐름도 안내

차시	내용	활동
1~2차시	기후 위기에 대한 인식(영상으로 전문가 만나기) 이상 기후 현상과 생물 다양성의 감소에 대한 현상 파악하기	글쓰기
3~4차시	잡식가족의 딜레마 영상시청 돼지 이야기 동화책 읽기 공장식 축산 환경과 윤리적 의미의 육식에 대한 의견 공유 설문: 육식을 어디까지 줄일 수 있을까?	글쓰기, 공유
5차시	기후 위기를 초래하는 육식의 문제점에 대한 내용 파악하기 고기를 좋아하는 나의 식생활이 기후에 영향을 미치는가에 대한 나의 생각 나누기	
6차시	과잉되어 섭취하는 육식의 문제와 채식으로 충분한 양을 섭취할 수 있는 방법 및 근거 조사하기	문제 만들기
7~8차시	우리 학교 식단 분석하기(채식의 정도) 우리 학교 채식 식단 분석하기 채식 급식 제안하기	급식 평가보고서 최고의 채식 급식 한 끼 제안서 작성
9-11차시	채식 실습 모둠 짜기 모둠별 채식 실습 메뉴 선정하기 모둠별 채식 실습	모둠별 채식 레시피 계발하기

프로젝트 수업을 시작하는 첫 시간, 무임승차를 하거나 자신의 역할을 찾기 어려워하는 아이들을 지지하기 위해 프로젝트 수업에 대한 각자의 생각을 나누는 시간을 가진다. '프로젝트 수업은 ☐이다', '프로젝트 수업의 장점은 무엇이라고 생각하는가?', '프로젝트 수업에서 가장 필요한 덕목은 무엇이라고 생각하는가?' 등의 질문에 대한 생각을 공유하며 긍정적인 마인드를 이끌어내고자 했다. '협력'과 '참여' 등 예상한 답변들이 나왔지만 교사가 아닌 아이들의 입으로 직접 말하는 힘은 생각보다 강하다. 재미와 의미 두 마리 토끼를 잡으려면 진정성 있는 참여와 협력이 필수인데 어떻게 이 역량을 키울 수 있는지 고민하고 실천할 수 있도록 유도하는 것이 중요하다.

'기후와 생태'라는 주제에 좀 더 쉽고 재미있게 다가가기 위하여 아이들이 좋아하는 보드게임이라는 방식을 이용한 '기후와 생태 보드게임 만들기', 일명 기지게(기후위기에 빠진 지구를 구하는 보드게임) 프로젝트 수업을 진행했다.

지구가 처한 기후 위기와 이것을 해결한다는 테마를 게임 속에 반영하고, 이기기 위한 다양하고 창의적인 플레이 방법을 고민하여 기후 위기라는 어려운 주제를 누구든지 쉽고 재밌게 접근하기에 안성맞춤일 것 같았다. 보드게임에서는 게임카드가 다양하고 많을수록 여러 가지 전략을 구사할 수 있는데 보드게임에 대한 이해가 부족했던 데다 꼼꼼하게 계획을 세우지 못하고 수업을 시작하다 보니 보드게임과 수업이 별개의 과정으로 진행되면서 재미도 의미도 반감되었다. 보드게임에 필요한 카드를 제작하려면 교과 내용에 대한 이해가 우선이라는 생각에 무리하게 진도를 나갔고, 단원을 마친 후 4개의 주제별로 4장씩, 1인당 총 16장의 카드를 만들어내는 것이 예상보다 어렵고 지루한 과정으로 다가왔다. 지난 수업 내용을 활용하거나 관련 자료를 찾아 만든 문제의 수준이 아주 단순하거나 단답식이 대부분이었다. 게임이라면 무조건 재미있어 할 것이라고 쉽게 생각하고 덥석 시작한 불찰이

빚어낸 시행착오였다. 이제 와 돌이켜 보건대, 보드게임 모둠을 구성하여 소단원이 끝날 때마다 배운 내용을 바탕으로 그때그때 게임카드를 만드는 방식으로 수업을 설계했더라면 교과 내용의 이해도 높이고 보드게임의 재미를 살리며 좀 더 쉽고 일관성 있게 프로젝트를 진행할 수 있었을 것 같다.

프로젝트 수업을 설계하면서 가장 어려운 문제 중 하나가 동기유발과 이것을 끌고 나가는 동력이다. 해당 학습 목표와 관련된 지식을 습득하면서도 어떻게 학습자의 흥미를 끌 수 있는 주제로 스스로 구성하게 하느냐가 관건이다. 너무 구조화된 틀을 주면 수동적으로 되고 너무 열어놓으면 방향을 잡기가 어렵다. 명확한 수업의 목표로서 큰 주제를 주고 그 안에서 모둠 또는 각자가 다양한 활동을 선택할 수 있는 여지를 두어 스스로 만들고 구체화하는 즐거움을 경험할 수 있도록 한다. 매 차시별 수업이 이러한 과정을 견인할 수 있도록 프로젝트와 긴밀하게 연결된 수업 설계와 활동지가 필수다.

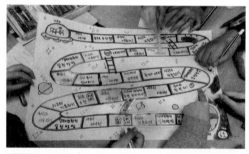

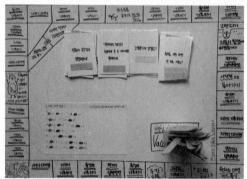

평가, 성장의 동력이 되다

진정성으로 승부하기

한 학기에 최소 한 번은 프로젝트 수업을 한다. 삶과 연계한 수업을 고민하다 보니 다양한 평가 방법이 필요하고 그 결과 수행평가 비율이 70%까지 늘어나면서 수행평가에 대한 나름의 운영 방식이 생겼다.

수행평가 운영 방식

1. 누구라도 도전해 볼 만한 과제로
2. 평가를 통해 성장이 일어날 수 있도록
3. 경쟁이 아닌 협력으로
4. 교사는 평가자가 아닌 지원자
5. 순서에 따른 불리함이 없는 미션을 제시한다

매 학기의 첫 시간을 OT 시간으로 정하고 우리가 과학을 공부하는 이유와 진도 계획, 그에 따른 평가 항목과 시기, 배점, 방법을 공지한다. 프로젝트 수행평가가 지필평가 이상의 비중을 갖는 만큼 이 활동에 집중하기 위해 관련 단원은 별도의 지필평가를 치르지 않는다는 것과 수행 기간 내내 오픈북, 오픈 활동지로 진행하며 모든 질문이 가능하다는 것도 공지한다. 배운 것을 이해하고 기억하는 역량만큼 중요한 것이 자료를 찾고 연결하고 활용하는 역량이라는 생각에서다. 실제로 고작 자기 이름만 써냈던 아이들도 책이나 활동지를 뒤적거리고 짝이나 교사에게 물어보며 수행평가지를 작성하는 시간 동안 최소한 자기가 할 수 있는 것은 채워내는 모습을 자주 목격한다. 여기에서 교사가 할 일은 이런 방식으로 평가가 가능한 과제를 찾아내는 것이다. 프로젝트 수행에서도 크게 다르지 않다. 실행 계획을 세우는 단계에서부터 각자 잘할 수 있는 역할을 찾아주고 구체적인 실천으로 이어지도록 수시로 피드백을 해주면 활동 보고서나 정책 제안서를 작성하는 것을 그리 어려워하지 않게 된다.

그럼에도 불구하고 프로젝트 수업을 진행하면서 몇 가지 고민의 지점이 있다. 여전히 아이들은 평가를 목적으로 접근한다는 점이다. 아이들의 실제 삶과 연결된 주제를 찾고 그것을 수업으로 디자인해야 하는 교사의 전문성이 부족한 것도 큰 걸림돌일 것이나 모둠활동에 소극적인 태도로 빠져나가는 아이들과 어떻게든 좋은 점수를 목표로 하는 아이들 사이에서 어떻게 진정성 있게 프로젝트를 끌고 가야 하는지에 대한 명쾌한 해답을 찾기란 정말 어려운 문제다. 결국, 이 문제에 대해 얼마나 진정으로 공감하고 있느냐를 끊임없이 묻는 것 외엔 뾰족한 방법이 없다. 그렇지 않으면 아이들 삶과 무관하게 그냥 하는 척하는 것이고 결국은 평가를 위해 한번 하고 그만인 일회성 이벤트로 끝날 뿐이다. 그걸 조금이라도 막아보기 위해 컨설팅에 최선을 다한다. 이 문제로 제일 힘든 사람은 누구일까? 그 사람 입장에서 바라볼 때 어떤 얘기를 하고 싶으냐? 누구를 대상으로 무엇을 알리고 싶은가? 이 활동이 나에게 어떤 의미인가? 어떤 가치를 담고 싶은가? 실제로 어떤 변화를 만들어 낼 수 있을까? 이후로도 지속가능하려면 무엇이 더 필요할까? 내가 살고 있는 곳으로 확장해서 생각해보자. 등등. 아이들의 삶으로 연결시켜 이 수업이 끝난 후에도 지속할 수 있게 하는 것, 그래서 세상엔 문제가 많지만 그 문제를 발견하고 해결하는 것도 우리임을 알고 깨어있는 시민으로서의 힘을 키우는 것이 수업의 최종 목표다.

평가계획을 미리 세우면 흔들리지 않는다

아이들에게 평가가 중요한 만큼 프로젝트의 목적과 그에 따른 채점 기준을 정확하게 제시하여 어느 시기에 무엇을 해야 하는지 제대로 안내하는 것도 좋은 방법이다. 학기 초 평가계획을 세우는 단계에서부터 그 부분을 인지하고 미리 작성하면 좋다. 총체적 채점기준표보다 분석적 채점기준표로 만들면 각 단계별 과제도 명확해지고 수업의 흐름도 파악하기가 쉽다.

'NO! 플(라스틱) 체인지메이커' 프로젝트 채점 기준 루브릭

평가영역	평가 요소		채점 기준
사전 활동	사전과제 수행 완성도	상	사전 과제수행의 목적과 의미를 정확하게 이해하고 체계적으로 수행하였다.
		중	사전 과제수행의 목적과 의미를 이해하고 주어진 과제를 수행하였다.
		하	사전 과제수행의 목적과 의미를 제대로 담아내지 못했다.
계획서 작성 단계	문제점 도출	상	실험 과정을 통해 화합물(플라스틱)로 인한 일상생활 속 문제를 3가지 이상 정확하게 찾아냈다.
		중	실험 과정을 통해 화합물(플라스틱)로 인한 일상생활 속 문제를 2가지 이상 찾아냈다.
		하	실험 과정을 통해 화합물(플라스틱)로 인한 일상생활 속 문제를 1가지 이상 찾아냈다.
	주제선정 과정	상	배려와 소통의 과정을 통하여 해결하고자 하는 문제에 적합한 수행과제를 선정하고 각자에게 적합한 역할을 분담하였다.
		중	의사소통을 통하여 해결하고자 하는 수행과제를 선정하고 각자에게 역할을 분담하였다.
	계획의 타당성	상	문제 해결에 필요한 정보 탐색 및 자료 수집 계획이 타당하고, 과제 수행과정이 과학적인 근거를 바탕으로 상세하게 드러난다.
		중	문제 해결에 필요한 정보 탐색 및 자료 수집 계획이 제시되었고, 과제 수행과정이 상세하게 드러난다.
		하	문제 해결에 필요한 정보 탐색 및 자료 수집 계획이 다소 허술하나, 과제 수행과정을 알 수 있다.

과제 수행 단계	타당성	상	활동의 목적에 맞는 다양한 자료를 수집하여 과제를 수행하는 데 있어 과학적인 근거와 과학적 연관성을 제시하였다.
		중	활동의 목적에 맞는 자료를 수집하여 과제를 수행하는 데 있어 과학적인 근거만 제시하거나 연관성이 다소 부족하다.
		하	활동의 목적에 맞는 자료를 수집이 부족하거나 과학적 근거가 부족하다.
	실제성	상	모둠원들이 수행한 내용이 실제 일상생활에서 지속적으로 실천 가능하다.
		중	모둠원들이 수행한 내용이 실제 일상생활에서 실천 가능하다.
		하	모둠원들이 수행한 내용이 실제 일상생활에서 실천하기가 다소 어렵다.
	완성도	상	과제수행에 필요한 역할을 스스로 찾아내어 적극적으로 참여했으며 결과물의 완성도가 높다.
		중	자신에게 주어진 역할을 해냈고 열심히 참여하여 결과물을 완성하였다.
		하	자신에게 주어진 역할을 해내는 것이 다소 부족하고 결과물을 완성하지 못하였다.
보고서 작성 및 공유 단계	보고서 완성도	상	활동 목적, 수행과정에서의 장단점과 활동 후 소감을 일목요연하게 정리하여 진정성 있게 서술하였다.
		중	활동 목적, 수행과정에서의 장단점과 활동 후 소감을 정리하여 진정성 있게 서술하였다.
		하	활동 목적, 수행과정에서의 장단점과 활동 후 소감을 다소 부족하게 서술하였다.
	내용 전달력	상	활동 목적, 수행과정, 활동 후 소감을 적절한 도구를 사용하여 효과적으로 전달하였다.
		중	활동 목적, 수행과정, 활동 후 소감을 도구를 사용하여 효과적으로 전달하였다.
		하	활동 목적, 수행과정, 활동 후 소감을 도구를 사용하여 평이하게 전달하였다.
	참여도 및 청중 호응도	상	공유 및 발표 과정에 모둠원이 즐겁게 참여하여 청중의 호응을 이끌어 내었다.
		중	공유 및 발표 과정에 모둠원이 참여하여 청중에게 전달하였다.

프로젝트 수업 평가의 채점기준표는 수행을 통해 학생이 성취하기를 기대하는 지식과 기능을 구체적으로 작성하여 채점에 활용하는 것으로서 아이들이 프로젝트 수행과정과 결과가 어떻게 평가되는지 이해하는 데 도움

이 된다.[2] 아이들에게는 프로젝트의 일정과 평가영역과 평가 요소, 배점까지만 제시하여 교실에 게시한다. 프로젝트의 주제가 가진 당위성만으로 끌고 가는 것이 아니라 목적에 맞는 수행 활동을 기획하고 모둠원 간 제대로 소통하며 자신의 역할을 찾아가는 과정을 제대로 경험할 수 있도록 설계해야 수업의 방향을 잃지 않을 수 있을 뿐만 아니라 단계별 적절한 피드백과 과정중심평가가 가능하다. 프로젝트의 경험이 쌓일수록 아이들은 점점 쉽고 재미있게 참여하고 자신의 강점을 잘 최대한 살릴 수 있는 활동으로 기획하며 여기에 필요한 요구사항도 많아지는데 이런 면이 아이들이 조금씩 성장하고 있다는 증거가 아닐까 생각한다.

성장을 돕는 평가

프로젝트 수업에서 평가의 형태는 다양하다. 모둠 평가, 개인 평가, 동료 평가, 자기평가 등 프로젝트 활동의 성격에 따라 가장 적정한 평가 방법을 고민해야 한다.

활동의 기획 단계는 모둠활동으로 진행하여 모둠원 간 활발한 의견 교환을 바탕으로 사고의 확장을 유도한다. 이런 것이 가능할까 싶은 생각도 자유롭게 꺼내놓다 보면 서로의 아이디어 속에서 건질 만한 것들이 모아지고 조금씩 구체화 되어간다. 그것을 잘 정리하여 모둠에서 하나의 계획서를 완성하도록 한다. 과제 수행 단계는 개인별 역량이 드러나는 과정이므로 모둠 내 역할을 나누고 자신의 장점을 최대한 발휘하여 모둠원의 구성에 따른 영향을 최소화하도록 한다. 각자 자신이 맡은 역할과 구체적인 실천 활동을 기록하도록 하고 나중에 활동 보고서나 정책 제안서를 쓸 때 활용할 수도 있다.

프로젝트 수업의 하이라이트는 뭐니 뭐니 해도 최종 공유 및 발표 시간이

---

2) 과정중심평가를 위한 프로젝트 수업(우치갑 외 11인, 2020)

다. 처음 계획했을 때와는 비교할 수도 없을 만큼 다양하고 실제적이고 직접적인 활동의 경험을 통해 가능성을 확인하는 시간이기도 하고 아쉬움을 털어놓는 시간이기도 하다. 모둠별로 15~20분의 시간 동안 한 달여 동안의 실천 과정과 결과를 발표하는데 인원수, 공유방법에 제한을 두지 않는다. 발표를 준비하는 시간도 가능하면 수업 시간으로 확보하고 거기에 필요한 준비물이나 인터넷 검색에 필요한 핸드폰, 노트북 사용을 열어주고 출력도 지원한다. 함께 준비하고 발표하고 공유하는 시간은 아이들이 한 뼘 더 성장하는 시간이기도 하다. 그동안의 기록을 모으고 정리하면서 의미를 되새기고 새로운 관점을 발견하기도 하고 다른 모둠의 활동을 보며 질문하고 배우고 박수를 보내며…. 평가의 시간이 아니라 학술발표를 하는 것 같은 기분이 들기도 한다.

모둠 발표를 듣고 나면 자신의 모둠을 제외한 다른 모둠에 각자 2개의 표를 행사하여 동료평가를 하는데 신기하게도 나의 예상에서 크게 벗어나지 않는다. 아이들이 보는 눈도 크게 다르지 않을 뿐 아니라 생각보다 공정하다. 구글 설문을 활용하면 익명성을 확보할 수 있어서 자유롭게 의사 표현을 할 수 있고 바로 그 자리에서 결과를 확인할 수 있어서 신속하고 투명하다는 이점도 있다.

수업은 아이들의 삶을 바꾼다

플라스틱, 덜 쓰고 안 쓸 수 있을까

1학기에 진행했던 기후 위기 보드게임 프로젝트와 2학기에 공부할 Ⅰ.화학 반응의 규칙과 에너지 변화, Ⅳ.자극과 반응 단원 사이의 연결고리를 무엇으로 하면 좋을까를 고민한 끝에 플라스틱이라는 소재를 선택하였다. 플라스틱이라는 화합물이 어떻게 만들어지고 어쩌다 온통 플라스틱이 넘쳐나는 현재의 구조로 자리 잡게 되었는지, 그 속에서 살아가는 우리의 모습과 생각지도 않은 미세플라스틱이라는 부메랑으로 돌아와 먹거리를 점령하고 우리의 식탁을 위협하는 현대사회의 심각한 문제를 함께 고민하고 해결방안을 찾는 것, 그리고 이것을 지역사회에서 지속적으로 실천할 수 있도록 시청에 정책으로 제안하는 것까지 해보고자 했다. 프로젝트 제목은 'NO! 플(라스틱) 체인지메이커'.

시간 운영은 교과수업과 조율하면서 필요에 따라 주당 4차시의 과학 수업 중 1차시를 자율과정으로 별도 운영하고 본격적인 프로젝트 수업이 시작되면 2~3주 정도는 4차시 모두 집중적으로 자율과정으로 확보하기로 했다. 체인지메이커라는 것의 의미를 알고 다양한 사례를 소개하는 것으로 시작하여 플라스틱으로 인한 문제를 찾아보고 플라스틱 사용을 줄일 수 있는 다양한 시도를 통해 우리 마을에서 지속가능한 실천 방법들을 정책으로 제안하는 것을 목표로 했다.

아이들의 배움이 교실에만 머물지 않고 삶으로 확장되기 위해서는 무엇보다 가정에서의 실천이 동반되어야 한다. 플라스틱이 주는 편리함과 이미 이러한 생활방식에 익숙해져 있는 습관을 하루아침에 고치기는 쉽지 않겠지만 아이들이 시도하는 다양한 노력을 좀 더 가능하게 하고 그것이 결국 아이들의 미래를 지켜주는 것임을 깨닫기 위해서 부모님과의 협력은 필수라고 생각한다. 수업을 하기 전 부모님들과 함께 미리 활동을 해보고 향후 보조강사로도 도움을 받으면 좋겠다 싶어 가정통신문을 내보내고, 지역에 있는 기관을 수소문한 결과 생협에서 일하고 계신 분과 연결되어 '주방 고체 비누 만들기', '친환경 고추장 만들기' 등 방과 후에 학부모 대상 연수를 실시했다. 만드는 과정이 생각보다 간단하고 반응이 기대 이상이어서 이후로도 계속 해보고 싶다는 피드백과 함께 학교에서 진행할 수업에도 관심과 협조를 약속하셨다. 이런 활동을 계기로 집과 학교에서 생태를 주제로 부모님과 이야기를 나누고 지역에서 함께 실천하고 해결할 수 있는 방안을 고민하게 된 것은 뜻밖의 수확이다.

수세미와 주방세제, 직접 만들고 사용하다

모둠별 활동을 기획하기 전, 모두가 공통으로 할 만한 활동을 고민하던 끝에 우리가 매일 사용하는 플라스틱에 무엇이 있을까 찾아보던 중 주방세제와 수세미를 떠올렸고 환경을 지킬 수 있는 새로운 대체용품 사용을 계획했다. 주방 비누는 과학 시간에, 천연수세미는 기술가정 시간에 만들기로 했다. 수업 준비를 하다 보니 집집마다 애물단지처럼 버리지도 못하고 사용할 수도 없는 폐유나 유통기한이 지난 식용유를 수거하여 사용한다면 수질오염도 막을 수 있고 비누도 만드는 일석이조의 효과를 얻을 수 있었다. 천연수세미 사용은 최근 불거지고 있는 미세플라스틱 문제의 심각성을 생각해 볼 때 거의 모든 가정에서 사용하고 있는 아크릴 수세미를 비롯한 플라스틱 수세미의 대체용품으로서 교체가 시급하다.

주방 비누 만드는 데 필요한 기름은 학교 급식실 영양사님께 부탁드렸다. 한 달에 2~3번 급식 메뉴로 튀김 요리를 만들 때마다 18L 통으로 3통이나 나온다는 것을 알고 요청을 하니 흔쾌히 내주셨다. 비누를 굳힐 틀도 따로 구입할 필요 없이 급식으로 종이 팩에 담긴 음료가 나올 때 잘 씻어 말려서 사용하니 쉽게 해결할 수 있었다. 찾는 자에게 길이 있다고 처음 수업을 설계할 때는 미처 생각지 못했던 학교 안팎의 협력과 재활용하는 것을 경험하고 나니 학교에서 이루어지는 수업 중 많은 부분을 지역이나 가정과 연계하여 일상적으로 실천할 가능성을 확인하는 계기가 되었다.

수세미는 생협이나 인터넷에서 팔고 있는 천연수세미를 사서 쓰려고 했다가, 누군가 시청 옥상에서 수세미를 키운다는 소식을 주셔서 직접 따와서 삶아 만들어 보려고 했으나 300여 명이 사용할 양을 얻기에는 무리가 있었고 고민 끝에 삼베 실로 직접 떠서 만드는 활동으로 결정하게 되었다. 처음 뜨개질을 접하는 아이들이 뻣뻣한 삼베 실로 수세미를 만드는 것은 예상보다 어려운 일이었다. 심지어 1,000원이면 쉽게 사서 쓸 수 있는 것을 왜 이렇게 어렵게 만들어 힘들게 하냐는 볼멘소리에 오히려 플라스틱의 편리함만 부각시킨 꼴이 되면 어쩌나 싶은 생각에 점심시간까지 가사실을 열어놓고 개별지도를 해주기도 했다. 주당 2시간인 기술가정 시간만으로는 어림도 없다는 것을 깨닫고 긴급하게 학년협의회를 거쳐 일주일 내내 과학, 수학 시간을 동원하여 간신히 손바닥 절반 크기로 기준을 바꾸고 평가 항목을 수정하여 배점을 조정하는 상황이 빚어지기도 했다.

우여곡절 끝에 만든 주방 고체 비누와 삼베 수세미를 가정에서 일주일 동안 사용하며 이전에 사용하던 액체 주방세제와 플라스틱 수세미와 어떤 차이가 있는지, 어떻게 하면 이후로도 지속적으로 사용할 수 있는지 불편한 점과 개선할 부분을 찾아보는 미션을 주고 이 활동을 바탕으로 사용 후기 보고서를 작성하는 과학-기술가정 연계 수행평가를 실시하였다.

처음엔 불편하고 거품의 양도 적어서 설거지를 하는 동안 두세 번 비누칠을 해야 한다, 비누를 담아놓을 트레이가 없으니 불편하다, 병뚜껑을 비누에 박아서 사용하니 불지 않더라, 좋은 향을 넣으면 좋겠다…. 등등 보고서를 읽어보며 미처 알지 못했던 다양한 의견들이 있었다. 자기가 만든 비누와 수세미를 직접 사용하며 플라스틱 사용을 줄이는 데 동참하는 것보다 더 의미 있었던 것은 가족 간 환경을 주제로 이야기를 나누고 미세플라스틱으로 인한 건강을 살피는 계기가 되었고 작은 것이라도 실천으로 옮길 때 변화를 만들어 낼 수 있다는 작은 희망을 갖게 된 것이다. 이 수업을 계기로 주방 비누와 수세미 만들기는 학부모회 특색활동으로 자리 잡으면서 해마다 있는 '지구를 살리는 플리마켓'이라는 학교 행사에서 어엿한 하나의 부스로 운영되고 있다.

작지만 위대한 실천, 나로부터 마을로

언제 어디서나 쉽게 사용할 수 있는데도 기꺼이 불편함을 감수하기란 쉽지 않다. 이때쯤이 아이들의 진정성을 끌어내는 중요한 변곡점이다. 지구온난화, 분리수거, 1회용품 사용 줄이기 등등 구호들로 넘쳐나는 뻔한 활동을 현재 우리가 살아가고 있는 실제 세상에서 실천해 낼 수 있도록 연결시켜 주는 것이 바로 교사의 역할이다. 단순히 아이들만의 프로젝트로 끝내지 말고 최대한 마을의 공간과 사람을 연결해 주어야 한다.

프로젝트를 할 때마다 신기한 것은 그렇게 얘기하는 횟수와 시간이 많을수록 정말 결이 달라진다는 것이다. 겉으로는 2% 차이일지 몰라도 그 활동을 만들어가는 아이들의 마음가짐이 달라지고 실천 방법이 달라진다. 그리고 점점 재밌어한다. 그런 모둠이 한 반에 하나만 생겨도 반에 공기가 달라진다. 그래서 학년 전체 상황을 자주 공유해 주고 조금이라도 있어 보이려고(?) 갖은 방법을 동원한다. 학년 복도에 아이들의 주제를 플로터로 뽑아 게시하고 아이들이 기획한 활동이 어떻게든 제대로 되게 하기 위해 학교뿐 아니라 연결 가능한 모든 사람들, 시설, 예산을 다 지원해 준다.

'우리 학교 태양광 발전'을 기획한 모둠은 처음엔 그냥 평범하게 화석에너지로 인한 문제점과 그에 대한 해결책으로 에너지를 절약하자는 정도로 시작했으나 우리 학교 옥상에 태양광 발전 패널이 설치되어 실제로 사용되고 있다는 것을 알려주고 학교관리를 하고 계신 운영소장님께 아이들과의 시간을 부탁드렸다. 아이들 뿐 아니라 운영소장님께서도 이 생소한 부탁에 열의를 갖고 직접 옥상까지 올라가서 설명을 해주시고 어찌나 진지하게 인터뷰를 해주셨는지 아이들의 열정은 마을까지 확산되어 태양에너지로 운영하고 있는 카페를 찾아가고 그 모든 과정을 영상으로 제작하였다.

플라스틱 사용 줄이기로 시작한 어느 모둠은 우리가 입는 옷 대부분이 플라스틱으로 만들어졌다는 것을 알고 새 옷에 대한 욕심이 줄어든 것뿐 아니라 집집마다 묵혀둔 헌 옷을 어떻게 재활용하면 좋을지를 고민하고 있었는데 지역에 있는 아름다운 가게와 연결시켜 주었더니 직접 매장에 찾아가 기부하고 1일 직원으로 일할 수 있는 기회까지 얻을 수 있었다.

쓸모없는 플라스틱을 모아 의미 있는 나눔을 실행한 모둠도 있었다. 가정에서도 배달이 일상화되면서 음식과 함께 딸려오는 나무젓가락이나 플라스틱 숟가락들이 집집마다 한두 개씩은 있을 터인데 이것들을 모아 쓸모 있게 사용해 보자는 기특한 아이디어를 낸 것이다. 전교생을 대상으로 집집마다 자리만 차지하고 있는 일회용품 모으기 운동을 벌여 일주일 만에 3박스가 넘는 양을 모아 사용처를 찾다 보니 지역의 독거노인들을 위한 도시락 봉사단체에서 필요로 하는 것을 알게 되었고 직접 사무실을 찾아가 기증하는 값진 경험을 할 수 있었다.

이런 활동들을 바탕으로 우리 마을을 바꿔보자는 정책 제안서를 작성하기로 했다. 인터넷을 검색하여 실제 구청이나 시청에서 사용하고 있는 정책 제안서 양식을 활용하였다. 우리가 4주 동안 실천하면서 알게 된 내용과 문제점들을 정리하여 제안의 필요성과 개선안을 제시하기로 했다. 학교라는 공간이 리필스테이션의 역할을 할 수 있도록 시청에 제안하여 학생들 뿐 아니라 지역 주민도 함께 할 수 있는 방안을 제안하기도 하고 젓가락의 모양과 비슷한 매월 11일을 집안에 쓸모없이 남아도는 나무젓가락이나 빨대를 모으는 날로 정해 생협에 기부하자는 의견도 내어 주민자치센터에서 진지하게 고민해 보겠노라는 답변도 얻어냈다. 처음부터 계획하고 시작한 활동은 거의 없었다. 고민하고 찾아내고 만들어가다 보니 몰랐던 것을 알게 되고 관심이 생기고 용기가 생기고 변화가 일어난다. 작지만 위대한 실천이 마을에서 하나씩 이루어지고 있고 그것이 조그만 변화를 만들어내는 중이다.

교실 난방온도를 낮추자

그토록 힘들어하던 뜨개질을 다시 하기로 했다. 이번엔 보들보들한 털실로 각자가 좋아하는 색깔을 골랐다. 학년말 지필고사까지 모두 끝내고 겨울방학을 앞두고 있는 시간, 어떤 활동으로 학년말을 마무리하면 좋을까 학급회의를 열었다. 어느 반에선가 우리가 1년 동안 플라스틱 사용을 줄이고 채식을 실천하자고 했는데 정작 겨울철 교실 난방온도가 너무 높은 것 같다고 건의했고 논의를 거친 결과 내복을 입자, 교실 출입문의 틈새를 메꾸자 등 다양한 실천 방안이 나왔다.

그중 목 부분이 체온조절에 아주 취약하다는 사실과 무엇보다 삼베 수세미를 뜨면서 갖게 된 뜨개질의 악몽을 씻어주고픈 마음에 다시 한번 뜨개질에 도전해보기로 했다. 옛날 수십 년 전 학창 시절에 커다란 주전자가 놓여 있던 난롯가에 둘러앉아 친구들과 수다 떨며 조끼며 목도리를 뜨던 기억들이 눈앞에 펼쳐졌다. 뜨개질이라면 넌덜머리를 냈던 몇몇 녀석들도 엉성한 솜씨에도 불구하고 제법 그럴싸한 목도리를 완성했다. 그 시절의 우리들처럼 지금의 아이들도 삼삼오오 즐거운 수다 속에서 폭신한 목도리를 목에 감고 뿌듯해한다. 그리고 무엇보다 한겨울 교실의 난방온도를 낮추어도 누구 하나 투덜거리지 않는 기적을 만들어냈으니 그야말로 기후 위기 수업의 진짜 목적을 달성했다 할 수 있을 것 같다.

남의 얘기로만 들리던 기후 위기가 당장 우리의 삶을 위협할 수도 있고, 지금 내가 있는 이곳에서부터 달라져야 한다는 것을 생태 전환 프로젝트 수업을 통해 자신의 문제로 느껴지면서 조금씩 행동의 변화가 일어나고 지속 가능한 삶의 방식을 고민하면서 '공동의 가치'가 만들어지는 순간이었다.

먹거리, 생태 전환으로 바라보다

내가 키운 벼가 떡이 되어 돌아오다

생태 수업을 설계할 때 이를 환경문제로 접근할 경우 아이들의 흥미와 관심을 이끌어내는 것은 생각보다 쉽지 않다. 초등학교 때부터 수없이 접한 환경 관련 훈화, 정보 중심의 교육, 캠페인 성격의 공익 광고의 영향으로 인한 식상함 때문이다. 어떻게 하면 아이들이 환경에 대한 관심을 가지고 자신의 문제로 인식하며 지역사회 문제로 확대해나갈 수 있는가에 대한 방법적 고민은 매우 중요하다.

우리는 일생의 대부분을 소비자로 살아간다. 매일 마주하는 먹거리가 식탁 위에 올라오기까지의 과정을 단지 교과서로만 접하는 것이 아니라 직접적인 경험을 통해 배운다면 생산자의 입장에서 문제를 바라볼 수도 있을 것이다.

우리가 매일 먹는 밥이 우리의 식탁 위에 올라오기 위해서 벼의 생산과정을 직접 경험하는 벼농사 프로젝트를 진행했다. 모심기부터 시작하여 어린 모가 아이들의 키를 훌쩍 넘을 만큼 자라는 과정을 지켜보고, 논에 미꾸라지를 풀어 주면서 생명의 상호작용과 상생을 배우며 가을에 추수하는 생산의 과정을 경험했다. 깨알 같은 벼 이삭이 달리고 알곡으로 고개를 숙인 벼를 베고 햇살 좋은 가을날 아이들 손으로 하나하나 낟알을 털어내며 탈곡을 하고, 도정을 해서 마지막 떡을 만들기까지….

3월에 세운 계획이라곤 '우리 이걸로 떡 해 먹자'라는 생각 하나로 시작하여 진짜로 11월 11일 농업인의 날에 전교생이 떡을 만들어 먹는 일을 실제로 만들어 냈다(물론 추가로 산 쌀이 더 많다…. 흐흐흐). 주먹 크기의 떡을 세 덩이씩 주고 두 개는 같이 등교한 1, 2학년 동생들에게 메시지를 적어 나누었다. 한 줌밖에 안 되는 벼를 쌀로 도전해주셨던 광명시청 공무원님께도 드리고 근처 소방관님들께도 드리며 일찍이 몰랐던 동네 사람들과 함께 나누어 먹는 즐거움도 알게 되었다.

우리가 제안하는 채식 레시피

여기에서 한 걸음 나아가 아이들의 일상생활과 밀접한 연관이 있고 생활 속에서 문제를 인식하며 이를 해결하기 위한 대안을 찾을 수 있는 식생활 주제로 급식을 다루어 보기로 했다. 특히 급식은 아이들이 매일 접하는 데다 메뉴에 따라 식사 여부까지 결정된다. 단지 학교에서 점심밥을 먹는 것이 아니라 교육적 관점으로 접근한다면 학교급식은 건강한 먹거리의 중요성을 인식하고, 다양한 먹거리가 급식식단으로 올라오기까지 생산과정까지 경험할 수 있다면 생생한 생태교육의 주제로 급식만큼 좋은 것이 없다. 건강한 음식이 왜 중요하고 육식 소비가 생태계와 어떤 관계를 맺고 있는지, 몸에 좋은 건강한 음식을 먹는 것의 중요성을 알고 지혜로운 소비자가 되는 것을 학교급식에서부터 경험한다면 그것이야말로 삶과 앎의 일치가 아닐까 하는 바람으로 채식레시피 프로젝트를 하기로 했다.

사전에 영양사님을 비롯한 급식실 직원들과 만나 6월 5일 세계 환경의 날을 맞이하여 채식 메뉴의 급식을 실시한 후 아이들의 피드백을 받고 이를 바탕으로 아이들이 개발한 채식 메뉴로 2학기 학교급식 식단에 반영할 수 있도록 협조를 부탁드렸다. 채소 반찬이 나오는 날 잔반이 많이 나오는 문제 때문에 해결 방법을 고민 중이셨는데 아이들이 직접 제안한다면 잔반이 줄어들지 않을까 기대가 된다고 하셨다. 거기에 성장기 아이들의 영양을 중요하게 생각하는 학부모의 인식과 협조 또한 꼭 필요한 과정이다.

채식 레시피 프로젝트 관련 기술가정 교과 성취기준에 따른 활동 계획

단원	성취기준	주요 학습(활동) 내용 및 목표
VI. 지속가능한 발전	[9기가 05-09] 지속가능 발전의 의미를 이해하고, 개발과 보존의 균형을 통한 환경적, 사회적 지속가능한 발전을 모색한다.	기후 위기의 심각성을 깨닫고, 기후 위기와 생물종 다양성 상실의 연결고리를 파악하고 지속가능한 지구에서의 삶을 위해서 할 수 있는 노력(실천)을 할 수 있다.
		잡식가족의 딜레마(영화), 돼지 이야기(동화책)를 고기가 식탁에 오르기까지의 과정을 살펴보고 비윤리적인 공장식 축산의 환경과 전염병으로 인한 살처분에 대한 내용을 접하고 윤리적 관점에서 육식에 대한 자신의 생각을 말할 수 있다.
II. 가정생활과 안전	[9기가 02-10] 가족의 건강과 환경을 고려한 식품 선택의 중요성을 이해하고, 식품을 안전하게 실생활에 활용한다.	육류, 생선의 소비 증가와 식량 위기, 온실가스 배출 증가로 인한 기후 위기, 생태계 파괴의 연결고리를 파악하고 자신의 식생활이 기후에 영향을 어떻게 미치는지 생각을 정리하도록 한다. 동물성 단백질 섭취 위주의 서구적 식생활의 보편화로 얻게 되는 것과 잃게 되는 것을 채소 중심의 한국 전통적 식생활과 비교·분석하도록 하고, 그 내용을 친구들과 공유하도록 한다.
	[9기가 02-02] 영양 섭취 기준과 식사 구성안을 고려하여 균형 잡힌 식사를 계획한다.	영양적인 면뿐만 아니라 기호, 환경, 효율적인 면을 고려하여 현재 우리 학교급식 메뉴를 분석하고 평가한다.
	[9기가 02-11] 가족 구성원의 요구, 영양적 균형을 고려한 한 끼 식사를 계획하고 평가한다.	영양, 기호, 환경, 효율적인 면을 고려하여 우리 학교 채식 급식 메뉴를 제안하고 그 메뉴를 소개 및 평가한다. 자신이 설계한 채식 메뉴로 건강한 식사 한 끼를 실천한다. 모둠이 함께 설계한 채식 메뉴를 직접 만들어 나와 지구를 위한 건강하고 맛있고 멋진 채식 요리에 대한 즐거운 경험을 한다.

육식, 불편한 진실을 마주하다

급식 메뉴에 고기반찬이 없으면 잔반 쓰레기가 많거나 아예 식사를 하지
않는 아이들이 많은데 이런 아이들에게 채식 급식이라는 주제를 제시하게
될 경우 자칫 수업에 대한 흥미와 참여도를 낮출 수 있다는 우려가 있다. 기
후 위기에 대한 문제 인식을 위해 여러 차시에 걸쳐 다양한 매체와 활동을

통해 스텝 바이 스텝으로 아이들의 생각을 전환할 수 있는 접근이 필요하다.

기후 위기에 대한 문제 인식을 위해 대기과학자 조천호 박사님의 '기후 위기, 대전환이 필요하다'라는 강연 영상과 그레타 툰베리의 '희망, 1.5도를 위한 싸움'이라는 동영상으로 문을 열었다. 이어서 다큐멘터리 영화 「잡식가족의 딜레마」를 함께 보면서 육류를 대량 생산하기 위한 공장식 축산이 사람과 가축, 지구 전체에 미치는 영향을 살펴보기로 했다. 영상은 최대한 자극적이지 않은 장면으로 신중하게 고르는 것이 중요한데, 가축에 관한 보도 내용이나 사진들만으로도 아이들이 받는 충격이 클 수도 있을 것 같아 아이들에게 미안하기도 하다. 청소년에게 맞는 엄선된 교육적인 영상이 있었다면 하는 아쉬움이 있다. 영상을 보며 공장식 축산 환경(스톨, 배터리 케이지)이 전염병 환경에도 취약할 수 있다는 것을 깨달으며 고기가 식탁에 오르기까지의 과정에 대해 동물권적 관점에서도 생각해 보고 서로의 의견을 나누었다.

다큐멘터리 영화 「잡식가족의 딜레마」 시청 후 소감 사례

공장식 사육에 대해 우리가 더 편리하고 빠르게 육식을 먹기 위해서 하는 것이라고만 알고 있었는데 이 영상을 보니 너무나 비인간적인 일이고 동물 학대라는 생각이 들어 심각함을 느꼈다. 다큐멘터리를 보면서 가장 속상했던 부분이 엄마 돼지가 저렇게 불행한 기억만을 안고 도살되어 우리 식탁에 오른다는 것인데, 나는 아무 생각 없이 고기를 먹었다는 것이 반성이 되었다. 앞으로 이 실태를 조금이라도 해결하기 위해 나는 무엇을 해야 하고, 어떤 생각을 가져야 할지 진지하게 고민해 보고 내가 할 수 있는 것에 대해서는 적극적으로 실천해야겠다는 생각이 들었다.

여러 차시에 걸쳐 영상을 보고 동화책을 본 후 육식의 윤리적 문제에 대한 토의 수업을 진행하였다. 아이들의 토의 주제는 다음과 같다.

4가지 윤리적 문제에 대한 토의 후 가장 딜레마를 겪은 문제에 대한 한 아이의 패들릿에 적은 의견이다.

동화, 「돼지 이야기」

육식의 윤리적 문제 3.
동물을 고통 없이 기르고 죽일 수만 있다면 그런 고기는 먹어도 되지 않을까?

동물을 고통 없이 기르고 죽일 수 있다고 해서 고기를 먹기 이전에 우리가 사육하는 과정에 대한 문제가 사라진다고 할 수는 없다. 동물들은 길러지고 죽여지는 것에 대해 선택할 수 있는 것이 없는데, 과연 동물들에게 고통이 없다고 해서 우리가 아무런 죄책감 없이 고기를 먹을 자격이 있는가에 대한 의문이 든다.

토의 과정에서 많은 아이들은 육식 섭취에 대한 딜레마를 겪는 듯했다. 하지만 대부분의 남학생들은 육식 섭취에 대한 의견을 고수하였다. 그 이유는 자신의 건강상의 이유 즉, 육식을 섭취하지 않을 경우 키가 크지 않거나 근육이 생기지 않을 거라는 걱정 때문이었다. 남학생들에게는 윤리적인 문제로 접근하기보다는 과다하게 많이 섭취하고 있는 동물성 단백질에 대한 객관적인 정보를 제공할 필요가 있다는 판단하에 수업 설계에 이에 대한 내용을 추가하기로 하였다.

어느 날은 학부모에게 민원전화가 왔는데 아이가 고기를 안 먹는다며 한참 자라야 할 나이에 이런 수업을 하느냐며 언짢음을 비치셨다. 육식을 먹는 것이 나쁘다는 입장이 아니라 너무 과다하게 섭취하고 있는 동물성 단백질에 대한 정확한 정보와 균형 있는 식사에 대한 접근으로 수업의 흐름을 다시 설계하기로 했다.

그 이후 「잡식가족의 딜레마」를 찍은 감독님이자 주연으로 나오신 황윤 감독님과의 대화시간도 마련했다. 영화 속에서 보던 모습 그대로 온화한 미소로 그러나 분명한 메시지를 전해주셨다. 아이에게 고기와 과자를 먹이지 않는 장면에서 아이들은 엄마의 시선보다는 아이의 입장에 빙의가 되어 선택권 없이 채식을 강요당하는 건 부당하지 않냐는 질문을 던지기도 했다. 육식을 하느냐 마느냐의 문제가 아니라 공장형 축산으로 생기는 부작용들, 건강한 먹거리와 동물권, 나아가 생명의 문제로 접근해보자는 답변으로 우리 모두에게 큰 숙제를 안겨 주셨다.

'사랑의 김장 특공대'
내가 키운 채소로 나눔을 실천하다

채식레시피 수업은 나름 큰 반향을 일으켰다. 앞서 진행한 벼농사 프로젝트, NO플 체인지메이커와 맞물리며 아이들이 직접 개발한 레시피로 점심이 나온 날, 고기반찬이 없다고 투덜거리는 아이들이 거의 없을 정도로 잔반이 거의 남지 않을 만큼 모두 즐겁고 맛있게 먹었다.

학교 텃밭에서는 무와 배추가 자라고 있다. 봄에는 상추와 감자를 심었고 가을에 심은 무와 배추가 어느새 실하게 자라났다. 우리 지역에는 '소이곳간'이라는 마을공유냉장고가 있는데 '누구나 가져가고 누구나 채워주세요'가 이곳의 슬로건이다. 아이들이 직접 수확한 무와 배추로 김치를 담그기로 했다. 일명 '사랑의 김장 특공대'.

배추와 무를 뽑고, 파도 솎고 장난을 치면서도 누군가는 흙을 털고, 초벌 씻기를 하고, 또 누군가는 먹을 수 없는 겉잎을 떼어서 텃밭 옆에 있는 토끼들에게도 나누어주었다. 가사실에서 씻고 자르고, 간을 보며 어설프지만 선생님과 함께 배추김치와 깍두기를 담가 공유냉장고를 가득 채웠다. 방학을 앞둔 12월, 눈발이 날린 날도 있었지만 수학 시간을 이용해 아이들이 쓴 손편지와 함께 따뜻한 마음을 전했다. '사랑하는 마음을 담아 텃밭에서 채소를 키우고 정성을 담아 김치를 담갔어요', '처음 만들어 본 김치라 부족한 점이 많지만 어려운 이웃분들에게 따뜻한 한 끼가 되었으면 좋겠어요', '맛있게 드시고 건강하고 행복하세요' 등 소박한 마음이 그분들에게도 전해졌으면 좋겠다는 마음으로….

스스로 도움을 요청하는 것이 서투른 누군가에게 작은 도움을 전해줄 수 있는 착한 냉장고가 우리 마을에 있다는 것도 알게 되고, 공유를 통한 나눔을 실제로 실천하면서 생태 전환 프로젝트가 배려를 통한 성장의 기회까지 마련해 주고 있다.

아이들이 꿈꾸기 시작하다

서투른 사람이 감자를 잘 못캐는 이유

- 이은진

흙은 감자를 품었으니 어머니가 된다
그래서인지 가끔 서투른 사람들이 날카로운 호미를 들이밀때면
감자들을 제 품 깊숙한 곳으로 숨긴다
나의 아이들이 상처입지 않도록.

그러나 조심조심 부드럽게 땅을 파내며
흙의 귀를 찾아내 괜찮다고 속삭여주는 능숙한 농부를 만나면
용기를 내 감자들을 내보낸다.

그래, 지금껏 축축하고 어두운 내 안에 있었으니
이제 나가서 푸르른 하늘과 농부 아주머니의 새빨간 몸뻬바지와
무성히 솟아난 초록 잡초들의 색채를 보아라.

그렇게 제 아이들이 가고 나면 흙은
마지막으로 눈에 담았던 감자들의 모습을 꺼내본다.
내게는 누구보다 예쁜 아이들이지만 울퉁불퉁 모난 탓에 어디 가서
채이지는 않을까,
조금 더 궁글게 키우지 못한 것이 다 제 잘못인 것만 같아서
날카로운 호미에 찔려 따끔이는 피부가 더 아려온다.

그러니 지나가다 만나는 흙들에게,

세상 모든 어머니들에게

심심한 감사의 말을 전하자

그들에게 그보다 더한 치료는 없을테니.

3학년 지구하자 프로젝트(국어 시 짓기)

텃밭에서 감자를 키우던 어느 여름날, 국어 시간에 쓴 시다. 시를 읽다 보면 엄마 품처럼 보드라운 흙 속에서 편안하게 살다가 낯선 세상으로 첫걸음을 내딛는 감자처럼 두려움과 설렘으로 콩닥거리는 아이들이 보인다. 그 아이들이 행여나 서투른 호미질에 상처받을까 조마조마한 마음으로 흙을 털어내 주는 농부의 마음을 어쩜 이렇게 잘도 그려냈을까…. 봄에 심은 씨감자 하나를 마치 새끼 돌보듯 하루가 멀다 하고 잡초 뽑으랴 벌레 잡으랴 텃밭을 오가던 아이들이기에 가능한 일이 아닐까 싶다. 이 아이들에게 생태라는 말은 거창하지 않다. 감자 한 알, 쌀 한 톨, 물 한 모금처럼 우리의 밥상이고 내가 매일 뛰어노는 뒷마당이고 매일 마주치는 친구들이다.

환경을 생각해서 비닐봉지 덜 쓰고 플라스틱 쓰레기를 만들지 말자고 외치는 것으로만 끝낸다면 아이들은 자기가 살고 있는 지구와는 상관없이 그저 시험이나 잘 보고 비닐과 플라스틱으로 넘쳐나는 세상 속에서 성공만을 꿈꾸며 살아가는 것이 최고의 삶이라고 생각할 수도 있을 것이다. 꿈쩍도 하지 않고 변하지도 않을 세상을 탓하며 꿈을 꾸는 일은 점점 멀어질지도 모른다.

그런데 지금 여기, 지구를 위해 우리가 해야 할 일이 무엇인지, 함께 하는 것이 얼마나 즐거운지, 세상은 어떻게 연결되어 있는지를 알게 되었다는 아이들도 있다. 이 아이들이 꿈꾸는 세상을 함께 만들고 싶다. 제대로 배워서 더 좋은 세상으로 바꾸고 싶다.

지구하자 프로젝트가 가장 기억에 남는다. 온라인뿐만 아니라 오프라인 수업에서도 진행을 했고 꽤 오랜 시간 했기 때문에 기억이 남았다. 특히 감자 심기는 유익할 뿐만 아니라 재미도 있었다. 지구를 위해 우리가 해야 할 것은 무엇이고 앞으로 어떻게 해나가는 것이 좋은지 배울 수 있어서 좋았다.

프로젝트 수업들은 모둠을 짜서 하는 활동이나 학급 친구들과 같이하는 활동이라는 점에서 재미있다. 아무래도 코로나 이후로 온라인으로 수업을 하게 되어 학급 친구들과 활동하는 수업이 많이 줄어들어서인지 모둠을 짜서 하거나 학급 친구들과 같이하는 활동이 가장 재미있었고 인상 깊었다.

우리가 참여가 중요한 수업이고 하면서 공부란 생각이 안 들고 자유시간 같이 한 것 같은 기분을 느꼈다.

수업인데 지루하지 않은 수업이어서 기억에 남는다.

기가와 수학, 과학에서 세 과목이 융합으로 모두 같은 생태의 주제를 공유한다는 점이 인상 깊고 좋았다. 한 주제에 대해서 여러 방면으로 체험하고 배울 수 있는 과정이 굉장히 체계적이었다는 생각이 든다.

학생이 주도하는 프로젝트 수업이 가장 기억에 남는데 지금까지 학교를 다니면서 이런 수업을 해본 적이 한 번도 없어서 정말 기대가 되었고 앞으로 이런 수업을 하지 못할 것 같아서 이번에 열심히 참여하였다.

하나의 주제를 모든 과목에 반영하여 그 하나의 주제가 가지고 있는 여러 면을 각각의 과목의 특성을 살려 배워서 하나의 주제를 알차게 배운 것 같다.

프로젝트 수업에서 정말 다양한 활동을 해서 인상 깊게 남았다.

수학은 계산하고 연산하는 수업을 할 줄 알았는데 프로젝트로 연결 지어서 수업하는 것이 인상 깊어서 좋았다.

프로젝트 수업은 내가 배운 것이 정말로 어디에 쓰이는지 의문을 가지고 있었는데, 이러한 의문들을 자세히 해소시켜 주어서 인상 깊다.

지구온난화에 대해 알고, 그것을 막기 위해 어떤 노력을 해야 하는지를 알게 되었고, 그리고 주생활, 식생활, 진로 수업을 통해 내가 미래에 어떤 것들을 하고, 이루고 싶은지를 알게 되어서 기쁘다. (김OO)

수업으로 설레입니다

새로운학교네트워크
권현정 | 보평초등학교

새로운학교네트워크는 학교의 존재 이유에 대해 질문하고 척박한 교육 현실에서 희망을 만들어왔으며 꿋꿋하게 학교혁신의 길을 걸어왔다. 새로운학교네트워크(이하 새넷) 선생님들은 긴 시간 어려움을 겪으면서 우리 아이들을 위한 학교를 만들기 위해 실천해 왔고, 함께 혁신학교를 일구기도 했다. 아이들의 행복한 배움은 선생님들의 진실한 가르침과 만나 더 크게 펼쳐졌고, 활기찬 학교에서 교사도 학생도 함께 성장해왔다.

교육은 홀로 존재하기 어렵다. 특히 우리나라는 정치, 행정과 깊이 맞물려 있기에 특정한 시기마다 변화가 예정되어 있으며, 코로나 팬데믹 등 예기치 못한 사건으로 학교는 늘 출렁인다. 이럴 때마다 학교 현장은 동요하고, 새로운 질문이 생기기도 한다. 그러나 그 질문은 본질적으로 학교의 본래 성격은 무엇이며, 교사의 정체성은 무엇이며, 교육은 어디로 가야 하는가에 대한 물음들이다. 새로운 시선, 성찰적 물음으로 다시금 우리가 '왜' 이것을 하고 있으며, '무엇'을 하고자 하는지 또 '어떻게'하는 것이 궁극의 목적에 대한 적합한, 최선의 방안일지에 대해 조망한다. 교사들에게 '왜', '무엇', '어떻게'의 답은 결국 '교육과정과 수업'으로 귀결된다.

'교육과정과 수업'은 새넷과 떼려야 뗄 수 없다. 새넷은 '삶을 위한 교육, 미래를 여는 교육'을 꿈꾸며, 학교혁신으로 우리나라 공교육에 파문과 변화를 가져왔다. 기존의 질서와 관행을 이겨내야 하는 어렵고 힘든 길에 선생님들이 자발적으로 나서고 학부모와 사회의 지지가 뒤따른 이유에는 '학생들의 배움과 성장'을 위한 교육과정과 수업에 대한 교사들의 성찰과 연구, 실천이 있었기 때문일 것이다.

새넷 선생님들은 각자의 교실을 벗어나 학년, 학교, 지역 단위의 선생님들과 연대하며 배움과 실천을 함께 해 나갔다. 그 공동의 실천적 경험을 체계화한 새넷의 10가지 교육원리는 혁신학교 이전부터 한국 사회의 교육적 이상을 학교 현장에 펼쳐온 교사들이 한자리에 모여 학교 현장에서 실현되어야 할 과제를 교육원리로 정리한 것이다. 새넷은 이 원리가 다시 교육적 실천으로 펼쳐지는 과정을 책으로 기록해왔다. 새로운학교운동의 의미, 도전과 변화를 꿈꾸는 새로운학교 이야기, 새로운학교의 교사들이 만들어가는 학습공동체 문화, 이제 드디어 수업이다.

이 책은 10가지 교육원리 중 교육과정과 수업의 구현 원리를 어떻게 이해하고 해석하여야 하는지와 현장에서 어떻게 실천되고 있는지를 총론과 8편의 수업 실천 사례로 소개하였다. 선생님들의 수업 실천을 모아보니 새넷에서 추구하는 교육과정과 수업 원리의 핵심은 '학생들의 삶을 가꾸는' 이었다. 학생 삶을 가꾸는 수업에 대한 의미와 실천 과정을 책에서 다루고 있기에 이 책을 읽는 선생님, 예비교사, 학부모, 교육자 등 모든 독자는 자신을 비운 그 자리에 아이들을 채우고 학생들의 삶을 위한 수업을 위해 치열한 삶을 사는 선생님들이 눈에 선할 것이다.

수업은 바탕인 교육과정과 삶의 양식인 교과가 서로 무늬를 이루는 것이라고 할 수 있기에, 책을 읽다 보면 교육과정을 이야기하고, 공동체 문화를 중요하게 여기는 것 같기도 하다. 딱히 구분하지 않으려고 하는 것은 학생을 위한 선생님들의 삶이 수업으로 펼쳐지기 위해 마차의 바퀴처럼 교육과정 연구와 기획, 교사의 협력적 실천이 함께 따라가야 하기 때문이다. 이 책이 나오기까지 전국 새로운학교네트워크에서 추천된 초·중등 선생님들이 모여 함께 학습하고, 수업 실천과 성장의 지점들을 공유하는 시간을 지속적으로 가졌다. 학생 삶을 위한 수업은 초등과 중등, 교실과 교과의 구분 없이 교사의 삶과 성장, 분투가 있기에 감동을 주고, 따라 실천하고 싶은 마음, 내 수업을 변화시키고 싶은 도전 의지도 불러일으켰다. 이들 선생님에게는 다음과 같은 공통점이 보였다.

- 교육과 수업에 대한 자기 질문이 있다. 자기 질문에서 출발하여 이것을 교육과정과 수업, 평가에서 일관성 있게 풀어나가고 있다. 이 책에서도 그 과정을 보여주고자 노력하였다.

- 학생 한 명 한 명을 고유한 존재로 이해하고, 성장을 지원하기 위한 교육 활동이 교사의 일상이 되어 상시 운영되고 있다. 학생들에 대한 세심한 관찰과 기록, 관계 형성을 위한 다양한 교육적 활동, 교실과 학교 공간의 개선 등이 이루어진다.

- 동료 교사들과 함께 연구하고 실천하며 협력해 간다. '학생들의 성장'을 중심에 두고 초등 선생님들은 학년 혹은 학교 단위에서 선생님들과 함께 교육과정을 설계하고 수업에서 실천한다. 중등 선생님들은 타 교과 선생님들까지 수업을 열어 학생을 다양한 관점에서 바라보아 입체적으로 이해하고자 한다. 학생 이해는 수업에서 새로운 시도를 가능하게 했다.

- 다른 과목과 분야에 대한 학습을 게을리하지 않아 사람에 대한 통섭적인 시선으로, 통합적인 교육과정 운영을 하고 있다. 이런 교사의 태도는 가르치는 사람과 배우는 사람의 구분이 없는 교실 수업을 가능하게 하고, 프로젝트 수업과 같은 교육과정의 통합적인 운영을 활성화했다.

- 쉬운 것을 정성스럽게 하고, 겉치레가 없고 솔직하다. 살펴보니 좋은 교사를 넘어 좋은 사람이고자 한다. 좋은 사람에 대한 정의는 다양할 수 있겠으나 현재에 집중하고 자신을 돌보며, 더 나은 공동체를 위해 자신이 할 수 있는 것을 찾아 실천하는 선생님들이다.

혁신 교육이 시작된 지 오래된 지금도 '삶을 위한 교육, 미래를 여는 교육'이 무엇이며, 교육과정과 수업의 실천은 어떠해야 하는지에 대한 물음도 여전히 유효하다. 학생들의 주도성이 강조되고, 학생들의 삶에 기반하는 수업, 학교 단위의 교육과정 개발이 요구되는 흐름은 학생에 대한 이해, 교육과정과 수업에 대한 전문성을 더욱 요구할 것이다. 물음에 대한 답을 찾는 선생님들의 삶과 이야기도 계속될 것이다.

학생 삶을 위한 수업을 집필하는 과정을 통해 선생님들이 자신의 수업을 성찰하고 새로운 의미를 찾아갔던 것처럼, 현장의 선생님들도 학생들의 배움을 새롭게 기대하는 마음으로 수업을 준비할 때 이 책이 참고되길 기대해 본다. 온 세상 학교도 함께 설레길 바란다.

[저자소개]

박혜진

학생과 교사와 토론하는 것을 좋아하고, 모두가 성장하는 행복한 학교를 만들고 싶다는 꿈을 간직하고 있다. 경기도교육청 정책기획관, 경기도교육연구원, 국가교육회의에서 장학사로 근무하면서 현장의 전문성과 자율성을 살리는 교육정책, 교육과정을 고민하였다. 22년부터 성남여자중학교 교감으로 근무하면서 선생님들과 학생의 삶을 보듬으며 삶의 주체로 설 수 있는 수업을 만들어가고 있다.

최봉선

교육경력 20년이 넘으며 생긴 진한 회의감을 혁신학교 근무를 하면서 이겨냈다. 경기도 의정부 솔뫼초등학교에서 혁신학교를 시작해서 10여 년을 연구와 실천으로 보냈는데 여전히 사회변화의 꿈무늬를 쫓는 것 같다. 교육이 사회변화를 이끌 수 있도록 아이들의 목소리를 키워서 어른들을 깜짝 놀라게 하고 싶다.

조현민

거산초, 남한산초의 이야기를 전해 들으며 새로운 학교를 꿈꾸기 시작했다. 2015년 천안차암초에서 함께 공부하던 선생님들과 개교준비를 하며 충남형 혁신학교의 첫발을 내딛었다. 혁신학교에서 만난 좋은 선배와 동료들과 함께 공부하고 고민하며 수업을 사는 교사로 살고자 애쓰고 있다. 지금은 작고 아름다운 거산초등학교에서 어린이들과 노래 부르고, 춤추고, 계절을 느끼며 하루하루를 살뜰히 지내고 있다.

김경희

교실에서 아이들과 책 읽고, 글 쓰고, 이야기 나누는 것을 좋아한다. 어린이책과 글을 읽고 선생님들과 나눈 이야기가 교사로 살아가는데 중요한 바탕이 되었다. 새로운학교네트워크를 통해 나 혼자 애쓰는 교실 변화를 넘어 동료 교사와 함께 일구는 학교변화를 꿈꾸게 되었다. 학교나 교육과정, 수업을 새롭게 하는 것이 빛깔이 다른 각자의 이야기를 새로운 이야기로 함께 써가는 일이라 믿는다. 이 책에 실린 수업 이야기는 달전초등학교 5학년 아이들과 수업한 이야기다. 지역의 교사로 살아간다는 것의 의미를 찾으며 살아가고 있다.

김기수

2019년 시골 작은학교 운양초등학교를 만나 삶이 재밌어졌다. 사회적 자아 넘어 본질적 자아로 동료 교사, 학부모, 마을 그리고 아이들과 함께 살며 제도 넘어 문화로서 혁신학교를 경험했다. 더 작은 학교를 찾아 2023년부터 운산초등학교에서 아이들과 살고 있다. 강릉청소년마을학교 날다 총괄교사로 학교 안팎을 넘나들며 아이들을 만나며 강릉에서 아이들과 함께 성장하고 있다.

양혜단

나를 지금의 국어교사로 키운 것은 전국국어교사모임과 새로운학교네트워크였다. 그 선생님들을 통해 배우고 성장하며 제대로 된 국어교사로 설 수 있었다. 글을 통해 아이들의 내면과 교감할 때 교사로서 가장 큰 행복을 느끼고, 마지막까지 아이들에게 충실한 안내자가 될 수 있기를 기대해본다.

주희선

2012년부터 천보중학교와 의정부여중에 근무하며 동료 선생님들과 수업 고민을 함께 나누고 실천하며 성장하였다. 2023년 새로운 다산한강중에서의 근무를 시작한다. 의미 있는 배움은 의미 있는 관계를 통해 일어난다. 그러기 위해선 학교와 교실이 아이들의 삶과 성장을 위한 안전한 배움의 공간이 되어야 한다는 수업철학을 실천하고 나누며 성장한 경험을 새로운 곳에서 다시 시작한다. 수업은 항상 아이들의 삶을 위해 진행 중이다.

김영진

아이들과 함께하는 즐거움을 더 적극적으로 실행할 수 있는 곳이 혁신학교라는 사실을 알게 되었고, 2014년부터 혁신교육에 대한 모임과 연수를 들으면서 설렘을 키웠다. 2016년 혁신학교인 수곡중에 전입하여 2022년까지 근무하며 구성원들과 함께 배우고 실천하여 행복한 학교를 만들기 위한 시간을 통해 교사로서의 성장을 경험했다.

안상임

2012년, 19년 차인 평범한 과학교사가 인생의 터닝포인트인 장곡중을 만나 더불어 함께 배우는 즐거움을 알아버렸다. 2019년 교원리더십미래교육 아카데미 과정을 이수하고 광명 충현중에서 마을과 함께 하는 교과융합 프로젝트 수업을 통하여 자기가 살고있는 마을을 좀 더 행복한 곳으로 만들고자 하는 꿈을 실천해오다, 2022년부터 부천 소사중 공모교장으로 새로운 역할을 수행하고 있다. 여전히 마을 속 다양한 사람들과 모이고 수다 떨고 새로운 프로젝트에 도전하는 것을 즐기며 열정을 불태우는 중이다.

학생 삶을 가꾸는 수업

학생의 기초소양과 성장을 이끄는 수업 원리

초판 1쇄 발행 2023년 3월 20일

지은이 새로운학교네트워크
　　　박혜진 최봉선 조현민 김경희 김기수 양혜단 주희선 김영진 안상임

발행인 김병주
기획편집위원회 김춘성 한민호　**디자인** 정진주　**마케팅** 진영숙
COO 이기택　**뉴비즈팀** 백헌탁 이문주 백설
행복한연수원 이종균 이보름　**에듀니티교육연구소** 조지연

펴낸 곳 (주)에듀니티
도서문의 070-4342-6110
일원화 구입처 031-407-6368 (주)태양서적
등록 2009년 1월 6일 제300-2011-51호
주소 서울특별시 금천구 가산동 371-28 우림라이온스밸리 A동 1208호
출판 이메일 book@eduniety.net
홈페이지 www.eduniety.net
페이스북 www.facebook.com/eduniety
인스타그램 www.instagram.com/eduniety/
　　　www.instagram.com/eduniety_books/
포스트 post.naver.com/eduniety

ISBN 979-11-6425-140-7

문의하기

값은 뒤표지에 있습니다.

투고안내